高等院校"十三五"教师技能系列规划教材

U0647241

教师口语训练教程

吴立刚 张庆华 钟雯 ◇ 主编
吴钰莹 刘淑婷 ◇ 副主编

人民邮电出版社

北 京

图书在版编目（CIP）数据

教师口语训练教程 / 吴立刚，张庆华，钟雯主编
. -- 北京 ：人民邮电出版社，2019.6
高等院校"十三五"教师技能系列规划教材
ISBN 978-7-115-51000-6

Ⅰ．①教… Ⅱ．①吴… ②张… ③钟… Ⅲ．①汉语－
口语－高等学校－教材 Ⅳ．①H193.2

中国版本图书馆CIP数据核字(2019)第051270号

内 容 提 要

本书立足于培养院校学前教育专业的学生及幼儿园一线教师的口语水平，以科学性、实用性和示范性为编写原则，采用"做中学、学中练"的方式，建立以训练幼儿教师职业口语运用能力为主线的教学体系，包含普通话训练、教学口语训练、教育口语训练、交际口语训练四大模块，并对幼儿教师口语表达中容易出现的错误进行了纠正，具有很高的指导性与实用性。

本书适合作为普通高等院校、职业院校学前教育专业、初等教育专业，以及幼儿师范学校相关专业课程的教材，也可作为广大幼儿园和幼教机构一线教师继续教育和进修的参考用书。

◆ 主　编　吴立刚　张庆华　钟 雯
　　副 主 编　吴钰莹　刘淑婷
　　责任编辑　古显义
　　责任印制　马振武

◆ 人民邮电出版社出版发行　北京市丰台区成寿寺路 11 号
　邮编 100164　电子邮件 315@ptpress.com.cn
　网址 http://www.ptpress.com.cn
　北京虎彩文化传播有限公司印刷

◆ 开本：787×1092　1/16
　印张：12.5　　　　　　　2019 年 6 月第 1 版
　字数：293 千字　　　　　2024 年 9 月北京第 4 次印刷

定价：39.80 元

读者服务热线：(010)81055256　印装质量热线：(010)81055316
反盗版热线：(010)81055315
广告经营许可证：京东市监广登字 20170147 号

前言
PREFACE

学前时期是人类认知发展最为迅速、最为重要的时期，尤其 3 ~ 6 岁是幼儿开发语言能力、思维能力及学习能力的关键时期。幼儿教师作为幼儿最初的启蒙者，对幼儿的一生都具有重要的影响。教师授业以口语为主，"无语，不足以自立；寡言，不足以养才。"幼儿教师必须具有出色的口语表达能力，这样才能在教学中游刃有余，更好地开发幼儿的潜能。

幼儿教师的职业语言就是普通话。首先，幼儿教师要掌握语音的基础知识，做到标准发音，为幼儿树立榜样；其次，幼儿教师要学会熟练应用教学用语与教育用语，在教学过程中采用幼儿式语言，在保证知识性与科学性的基础上，灵活运用各项教学口语与教育用语清除教学阻碍，开发幼儿潜能，培养幼儿良好的品格。此外，幼儿教师还要掌握口语交际的表达技巧，用合适的语言与幼儿沟通，学会在不同的活动中采用不同的交际语，同时面对不同的交际对象灵活运用幼儿教师口语，以增强教学效果。

幼儿教师口语直接关系到幼儿教育教学的质量，是幼儿教师必备的专业技能之一。国家教育部门对幼儿教师口语提出的要求与规范，使幼儿教师口语训练变得更加重要、规范。口语教育不仅是幼儿教师职前教育的重要内容，也是职后教育的重要项目。为了满足幼儿教师提升口语素养的现实需求，我们特别组织了一线专家与优秀教师编写了本书。本书倡导"以能力发展为核心"的教学理念，重点突出案例教学法、情境教学法，以激发读者的学习动机，切实提高教学效果。

本书结构清晰、形式多样，共分为七章，主要内容包括幼儿教师口语概述、幼儿教师普通话语音训练、幼儿教师口语交际训练、幼儿教师教育口语训练、幼儿教师教学口语训练、幼儿教师交际口语训练及幼儿教师口语常见问题与纠正等。

参与本书编写的专家与作者均长期从事幼儿教学口语训练的研究与教学工作，对"幼儿教师口语训练"课程的内容领会透彻，并在实际教学中探索和实践，摸索出了一套行之有效的教学方法和经验。这使得本书更具针对性与实用性。

此外，本书还配有微课视频和完备的教学 PPT、电子教案等，选书的教师可登录人邮教育社区（www.ryjiaoyu.com）下载并获取相关的教学资源。

本书在编写过程中，参考和借鉴了一些国内外学者的著述及优秀学前教育教师的一些实践案例等，在此一并表示衷心的感谢！

编者
2018 年 10 月

目录
CONTENTS

第一章

幼儿教师口语概述

【学习目标】

◆ 加深对口头语言的认识。

◆ 掌握常用的幼儿教师口语。

◆ 熟悉幼儿教师口语的主要内容和学习目标。

◆ 掌握幼儿教师口语的学习方法。

幼儿时期是人生的初始阶段，是培养幼儿良好行为习惯、形成幼儿良好品德的最佳时期，这一时期的教育对幼儿的健康成长和全面发展有着重要意义。幼儿的教育过程是教育者把道德规范、社会规则内化为幼儿德行的过程，要完成这个过程，离不开幼儿教师的教学口语。

一、幼儿教师口语基础

引导案例

幼儿园新购买了一批玩具，航航特别喜欢，但他玩着玩着就把玩具扔得到处都是。刘老师看见后并没有责怪航航，也没有要求他将玩具拾起来，而是拿出一个装玩具的箱子当成购物车，将它推到航航身边说："呀！超市的玩具可真多，我想买一个机器人，这个机器人看起来很好玩啊，我要买下来。"说着将航航身边的一个机器人放到了"购物车"中。航航见状，也拿起了一个玩具整理箱当成购物车说："我也要买玩具。"然后就推着"购物车"，边走边说："这个汽车，我喜欢，我要买下来，还有小熊、飞机、小黄鸭……"航航兴致勃勃地买着玩具，不一会儿，地上的玩具就都被航航捡到了玩具整理箱中。

幼儿教师的教学口语不仅要符合一般的语言规律，更要符合幼儿教育的特殊要求，适应不同年龄幼儿的心理特征和语言接受能力，这样才能达到预期的教学效果，实现教育教学目标。因此，掌握和运用教学口语艺术是幼儿教师的基本素质。

（一）以声音为形式的符号系统——口头语言

原始人的发音器官通过无数次的锻炼之后，就产生了语言。口头语言是以人类用发音器官发出的声音（语音）为形式的符号系统。它是指由音与义结合而成，以说和听为传播方式的有声语言。

语言是人类特有的交际工具。在人类历史上，口头语言始终伴随着人们的日常生活，是人类赖以生存的基本工具之一。对此，我国传统文化中有"一言可以兴邦，一言可以丧邦""一言之辩，重于九鼎之宝""三寸之舌，强于百万之师"的古训；美国当代著名演讲学专家卡耐基说："一个人的成功，15% 取决于知识和技巧，85% 取决于沟通——发表自己意见的能力和激发他人热忱的能力。"这些论述揭示了在一定的情况下语言的社会功能。当代社会科学技术的飞速发展、传播手段的日新月异及人们生产生活方式的改变，使口头语言得到空前的重视和广泛的应用。重新审视口语的功能，我们发现当代社会口语交际呈现以下四个特点。

1. 应用的范围不断扩大

现代传媒技术的发明和普及，使口语交流突破时空界限，人与人之间的交际交流不断出现更加快捷方便的方式，如介于口头语言与书面语言之间的手机短信、微信信息、视频聊天等形式。总之，在科学技术水平发展日新月异的当代社会，口头语言交际的应用范围越来越大，并且呈现快速发展的趋势，在某些领域已经取代了其他交流方式，如有条件使用电话、手机的人，很少再用书面语言联系，此外还有多媒体音像制品等有声语言的应用以及电视机、计算机的普及对纸质媒介的冲击等，"家书抵万金"的时代正在成为历史。

2. 口语表达要求的专业化、职业化

现代化的物质文明改变着人们的生存方式，激烈的社会竞争、快节奏的生活，使人们必须变"讷于言而敏于行"为"快于言而敏于行"。据说，在欧美国家收视率最高的电视节目就是谈话类的"脱口秀"；在我国传媒行业众多的播音、主持人中，那些知识渊博、思维机敏、口才超群的"名嘴"，往往一夜之间成为"明星"，受到亿万观众的欢迎甚至崇拜，主持播音也成为最令人向往的职业；在就业难、压力大的职场，口试是考核应试者综合素质的重要环节，有的大学毕业生为了找到理想的工作而专门参加语言交际培训进行语言包装，甚至有人到医院做声音美容手术；南方某大学专门开设淑女班、君子班，按魏晋文学家嵇康在《家诫》中"不须作小小卑恭，当大谦裕；不须作小小廉耻，当全大让"的标准，培养知书达理、大方得体、卑亢适度、刚柔并济的人才。

3. 理论研究向实用、实践方向发展

口头语言属于应用语言学的范畴。近十几年来，我国应用语言学的研究获得突破性的进展。首先，20世纪中叶，现代语言学突破了索绪尔的纯语言研究的藩篱，进入语言学动态研究的新阶段，20世纪60年代，欧美的应用语言学获得了蓬勃的发展。接着，20世纪80年代开始，在国外应用语言学理论的启示下，我国的语言学打破纯理论、静态描写的局面，逐步重视语言应用研究并朝着注重实践、注重应用的方向发展。同时，市场经济的繁荣使现实生活中的语言应用领域越来越广阔，语言现象越来越丰富，为理论与实践相结合的深入研究提供了丰富的语境，反过来积极影响语言学研究的价值取向和发展趋势。

4. 语言应用中母语的规范性亟待加强

现如今，中国每天都在发生着变化，世界的文化交流和现代资讯技术的使用，使语言交际出现了新的问题，如计算机打字致使很多人"提笔忘字"，汉语拼音与其他文字诸如英文字母的混淆，计算机录入的拼音汉字同音字导致大量同音错别字的出现，网络语言的滥用，从书面语言到口头语言的不规范现象十分严重。现实社会的语言不规范现象比比皆是，人们对此现象的习以为常、容忍和漠视更令人担忧。

2008年国家语委部署的汉字应用能力水平等级测试在全国十个省、市、自治区进行试点。汉字应用能力水平测试主要考查应试人对汉字字量的掌握，汉字形音义的辨识和使用，阅读书写的综合表现等，测试成绩分为三个等级。这是继普通话水平测试以后国家在语言文字规范化方面的又一重大举措。有关部门的负责人还表示，除了汉字应用能力以外，还将开发口语交际能力、汉字书写等级及其他相关的语言文字标准，以此作为教师教育教学的依据，也将会成为各职业从业标准的要求之一，同时为外国人到中国来学习、就业提供相应的标准。

（二）对幼儿成长至关重要的幼儿教师口语

语言是教师传道、授业、解惑以及与学生交流、联络感情的重要工具。在幼儿园这个相对特殊的环境里，幼儿教师的语言又具有一定的特殊性，对幼儿的成长和发展起着非常重要的作

用。幼儿教师的语言魅力就在于：它是与幼儿相互沟通的桥梁，也是幼儿进入知识殿堂的一把钥匙。它能够在活动过程中化深奥为浅显，化抽象为具体，化平淡为神奇，从而引发幼儿的学习兴趣，吸引幼儿的注意力，激发幼儿的求知欲，提高幼儿的审美能力，陶冶幼儿的情操。

教育部在《师范院校"教师口语"课程标准（试行）》中明确规定"'教育口语'是研究教师口语运用规律的一门应用语言学科，是在理论指导下培养学生在教育、教学等工作中口语运用能力的实践性很强的课程"。2011 年 10 月在《教师教育课程标准（试行）》（以下简称新《课标》）里，幼儿教师应"具有理解幼儿的知识和能力"中要求"掌握观察、谈话、倾听、作品分析等基本方法，理解幼儿发展的需要"；中华人民共和国教育部师范教育司、教育部考试中心在 2011 年 7 月公布的《中小学和幼儿园教师资格考试标准及大纲》中，对幼儿教师的基本素养提出了要求，如图 1-1 所示。

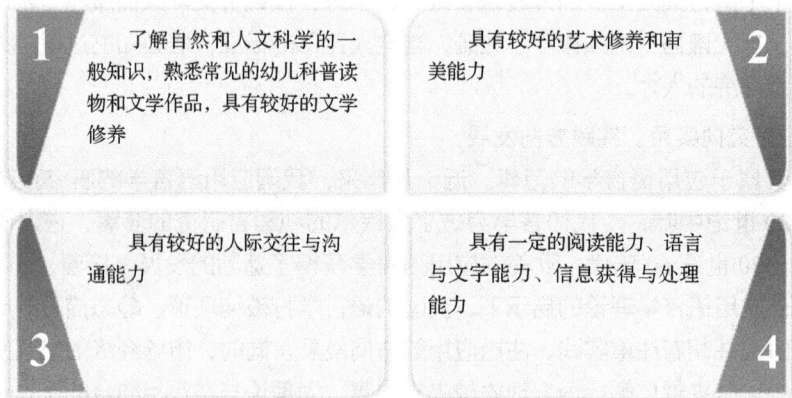

1 了解自然和人文科学的一般知识，熟悉常见的幼儿科普读物和文学作品，具有较好的文学修养

2 具有较好的艺术修养和审美能力

3 具有较好的人际交往与沟通能力

4 具有一定的阅读能力、语言与文字能力、信息获得与处理能力

图1-1　幼儿教师的基本素养

1. 幼儿教育口语的特点

在教学目的、教学内容及训练方式等方面，幼儿教师口语与其他类型的教师口语基本相同，如图 1-2 所示。除图中所指出的语言特征外，幼儿教师口语还应该注意突出以下三个特点。

（1）形象生动。幼儿阶段思维的特点是具体、形象，他们容易接受直观、生动、具体的事物，对概念的感知和理解需要借助于形象。因此，幼儿教师要善于运用语言创造直观形象，来帮助幼儿了解各种抽象的词语、概念。

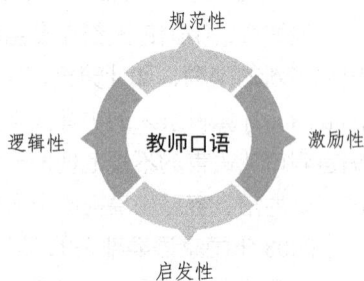

规范性　激励性　启发性　逻辑性　教师口语

图1-2　幼儿教师口语的特点

创作于 20 世纪 50 年代，影响了几代人的童话故事《小蝌蚪找妈妈》的开头是这样的："暖和的春天来了，池塘里的冰融化了，柳树上长出了绿色的叶子，青蛙妈妈在泥洞里睡了一个冬天，也来了……"形象生动的语言把人领入一个生机盎然、令人神往的童话世界，激起了幼儿的兴趣和想象，之后用小蝌蚪一次次找错妈妈的情节，把青蛙成长过程描绘得充满了诗情画意，使人终生难忘。

我国著名科普作家高士其的作品，不但幼儿喜闻乐见，连成人也十分喜欢，其原因就是语言的生动形象。

（2）生活化。语言的生活化是指幼儿教师在组织幼儿活动时应当较多地使用非概念化的生活交际语言。语言的生活化是由幼儿教育内容的生活化所决定的。幼儿在幼儿园学习的内容既包括了解和认识周围世界，也包括一些基本的生活、生存能力。在生活中学习与人交往，在生活中掌握基本常识，脱离幼儿现有生活经验的抽象概念是幼儿无法理解的。虽然幼儿教师可以偶尔使用一些书面语言或专业化的术语，但这些语言也必须是幼儿生活中常见的和符合幼儿认知水平的。例如，教师要求幼儿给桌上不同形状的插塑分类时，使用"下面请小朋友送三角形的插塑回家（画有三角形的小篮子），送正方形的插塑回家"，比"下面请小朋友按形状给这些插塑分类"效果好。"送……回家"是幼儿经常听到的生活语言，而"形状""分类"是比较抽象的概念，幼儿在日常交际中很少接触到，所以理解起来比较困难。

（3）结构简化。句法结构较为简短、词汇涉及的范围较小是幼儿教师使用语言时必须遵循的另一个标准。教师在与幼儿交谈时，所使用的词汇和语法结构应当有所调整：句子不宜过长，复句和并列句不宜过多，多用动词、形容词，少用抽象名词和副词，语法和语义关系也应限定在一定的范围之内。

例如，《小猪盖房子》的开头："猪妈妈有三只小猪，一只是小黑猪，一只是小白猪，还有一只是小花猪。"这一段故事共用了四个单句，后三句结构相似，都是由主谓宾句子主干成分构成的简单句式，"一只是……一只是……还有一只是……"的重复，看似啰唆，却与上句的"猪妈妈有三只小猪"相照应，符合幼儿的认知特点。又如，儿歌《爱护青草》："小兔小兔，轻轻跳。小狗小狗，慢慢跑。要是踩疼小青草，我就不跟你们好！"排比的句式、拟人化的对话、幼儿的口吻语气、直白的语言，使这首儿歌朗朗上口，好懂易记。

2. 教师口语对幼儿的影响

教师通过语言不仅向幼儿传递信息和知识，更重要的是它能有目的地影响幼儿的认知学习和思维过程，影响幼儿思考问题、表达思想、判断和想象等能力的发展。

（1）教师的语言能直接引起幼儿对被观察对象的注意，使他们有选择地感知被观察对象。在幼儿园，教师经常这样说话："今天啊，我要给小朋友介绍一位新朋友，你们想知道她是谁吗？""听一听，这是什么动物在叫啊？""请小朋友看这幅画。"教师的这些语言都能将幼儿的注意力集中起来。教师的语言可以使幼儿关注被观察对象的某些部分或某些特征。例如，"请你仔细看一看，这两幅图有哪些地方不一样？"使幼儿的注意力集中在"不一样的地方"；听到"看看这个小房子是用哪些图形的积木拼起来的"要求之后，幼儿会去房子中找"图形"。

（2）教师的活动指导语可以激发幼儿积极思考的兴趣。一位教师在组织活动时将幼儿熟悉的物品全部放到一个筐子里，用一块布蒙好，然后，教师将手伸入筐中，摸到一件物品后，故作神秘地说："哎呀，我摸到了一样东西，它圆溜溜的、小小的，很光滑，摸上去凉凉的。你们猜猜，这是什么？"用猜谜语的形式创设了一个活跃的活动情境。

一位教师在讲完《蚂蚁飞上天》的故事之后，问幼儿："如果小蚂蚁想上天旅行，请你帮忙，你有什么好办法呢？"将幼儿置身于故事之中，激发了幼儿创编故事情节的兴趣。

（3）教师的语言提示还可以启发幼儿，帮助幼儿回忆已有的经验，解决面临的问题，获得新的学习经验。在学完诗歌《春风》并到室外观察春天之后，教师通过提问："请小朋友想一想：春天来了，哪些东西变绿了？哪些东西变红了？哪些小动物又出来活动了？……"帮助幼儿有目的地回忆刚刚观察的情景，并在随后的仿编诗歌中利用这些观察经验，编出"吹绿了小草 / 吹红了桃花 / 吹来了蜜蜂 / 吹醒了乌龟"之类的诗句。

教师的语言启发实际上在传递这样一种信息：要想仿编好《春风》这首诗歌，需要经历"学习诗歌的语言结构""理解诗歌的内容""观察春天，获得对春天的新认识""将对春天的新认识与诗歌的语言结合起来"几个阶段，使幼儿既学会了仿编诗歌的方法，又丰富了诗歌的语言经验和对春天的认知经验。

（4）教师的反馈语言可以支持幼儿的探究活动。一次数学活动中，教师发现其他幼儿正在按照"数群"进行 50 以内数的计数游戏："20 里有 2 个 10，5 个 5 个地数要数 4 次……"只有凡凡小朋友在皱着眉头发呆。教师走过去问："凡凡，你在想什么？怎么没做游戏？"凡凡一本正经地说："老师，我在想能不能 3 个 3 个地数。""是啊，你真能动脑筋！可以数数看呀！"在教师的鼓励下，凡凡和其他小朋友开始吃力地 3 个 3 个地数，结果发现只有 30 才能 3 个 3 个地数整数。活动结束时，教师还特别表扬了凡凡爱动脑筋。教师对凡凡主动思考的发现和鼓励，对凡凡后来的探索过程起到了直接的支持和推动作用。

（5）教师的语言能够诱发幼儿思考并让他们有所领悟。教师运用具有启发性的语言，是调动幼儿学习思考的主动性和积极性、发展幼儿智力的有效手段。

几个男孩正在用积木搭建高速公路，教师开着玩具汽车过来，停下车来问："我的车在哪里交费？""对不起，还没建好呢，请过一会儿再来！"教师注意到他们只搭了两条同向通行的车道，于是又问："回来时我从哪里走？"孩子们一看不对劲儿。"哎呀！对面来的车要是也从这儿过，不是要撞上了吗！赶快在旁边搭条反向的车道吧。"可是，建筑区已经没有地方了。孩子们你看我，我看你，不知如何是好。教师在旁边出了一个主意："有没有什么资料可以查一查啊！"一句话提醒了他们。一位小朋友从一幅公路图片上受到启发："我们可以像搭立交桥似的，搭一个立体双层公路收费站！"

教师发现了幼儿游戏中存在的疏漏，就通过"我的车在哪里交费""回来时我从哪里走"的质疑，提出了具有挑战性、能引发幼儿新旧经验之间冲突的问题，引导幼儿找到问题的关键，再通过提醒和点拨提供了解决问题的线索，有效地启发了幼儿自己想出解决问题的办法：搭一个立体双层公路收费站。

二、幼儿教师口语的学习内容和目标

引导案例

小松的姐姐是一名幼儿教师，小松受其感染，也一直想做一名幼儿教师。大家都让他多看看这方面的书籍，小松却不以为然，认为当一名幼儿教师是一件很简单的事，只要喜欢小孩子、会说普通话就可以了。

这天姐姐有事，便叫小松来幼儿园看一天孩子。刚来时，小朋友们都很听话，认认真真地听小松讲鸡妈妈和鸡宝宝的故事，可是不一会儿，教室里除了小松讲故事的声音，还出现了小朋友们学鸡叫的声音，大家都不安分起来，比谁学得像，有的还学小鸡的动作，教室顿时乱成了一团。小松喊道："好好听故事，不要叫了！"可是孩子们都不理他。小松就使劲敲了敲桌子说："安静！"可是孩子们只停顿了一下，又开始打闹起来。小松手足无措，不知道怎么才能让他们安静下来，最后还是隔壁班的教师来救场，教孩子画小鸡，孩子们才安静下来。

　　幼儿教师口语并不只是要求教师会说普通话、发音标准而已，这只是教师进行教学的前提。幼儿教师口语的内容是庞杂的，幼儿教师必须充分了解其内容和目标，运用正确的学习方法，掌握幼儿教师口语的相关知识与实践经验。

（一）幼儿教师口语的主要内容

　　幼儿教师口语的内容主要包括教师口语涉及的基本原理、基本理论、基本知识；从一般交际口语训练到幼儿教师口语训练；幼儿教师口语常见问题与纠正；根据基础教育事业全面发展、公平普及的原则，适当介绍学前儿童语言非正常现象的早期发现与矫正。其中幼儿教师口语训练主要包括三个方面，如图1-3所示。

教学口语　　　　教育口语

交际口语

图1-3　幼儿教师口语训练内容

（二）幼儿教师口语的学习目标

　　幼儿教师口语必须以严格遵守科学原则和艺术原则为目标，图1-4是对这两项原则的基本阐释。

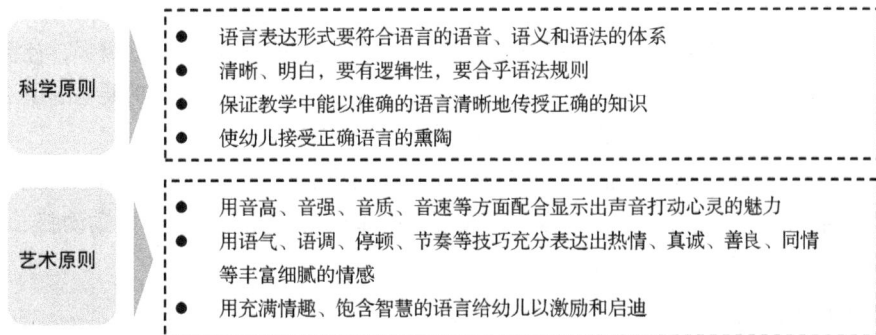

科学原则
- 语言表达形式要符合语言的语音、语义和语法的体系
- 清晰、明白，要有逻辑性，要合乎语法规则
- 保证教学中能以准确的语言清晰地传授正确的知识
- 使幼儿接受正确语言的熏陶

艺术原则
- 用音高、音强、音质、音速等方面配合显示出声音打动心灵的魅力
- 用语气、语调、停顿、节奏等技巧充分表达出热情、真诚、善良、同情等丰富细腻的情感
- 用充满情趣、饱含智慧的语言给幼儿以激励和启迪

图1-4　科学原则与艺术原则

其中幼儿教师口语的艺术原则可以使语言生动形象，更富表现力。一个合格的幼儿教师需

要不断锤炼自己的语言，让教师口语达到艺术美的层次，这样才能使幼儿把学习活动当作一种艺术享受，主动、愉快地学习。

幼儿教师口语的科学原则与艺术原则具有不同的表现特征，如图 1-5 所示。

图1-5　科学原则与艺术原则的表现特征

（三）学习幼儿教师口语的方法

口头语言表达能力的提高非一日之功，无捷径可走，必须经过认真学习、刻苦训练方能见效。为此，建议幼儿教师从以下三方面努力。

1. 提高自身文化素质

在物质文明发达的当代社会，现实生活丰富多彩，有些人变得心浮气躁，他们渴望成功，梦想一夜成名，却忽视了文化修养和内在品质的提高，不懂得"慧于心而秀于言"的基本道理。出色的语言表达能力以丰厚的文化积淀为基础，是一个人优秀内在素质的外在体现，具体包括品德、学识、表达能力这三方面内容。

（1）品德。与教育界的其他同行相比，幼儿教师有着特殊的职业特点。

第一，身为幼儿的第一任教师，开启鸿蒙，责任重大。面对天真无邪、纯如天使的孩子，要用一言一行春风化雨、润物无声般地向祖国的未来传承文明。

第二，教育对象特殊。学前阶段的幼儿如花蕾般稚嫩、幼芽般娇弱，需要教师有足够的细心、耐心，尤其是一颗慈母般的爱心，时时处处精心呵护，避免幼儿的身心遭受伤害。努力做到"爱孩子、爱一切孩子、爱孩子的一切"，像"老鹰捉小鸡"游戏里张开双臂保护宝宝的鸡妈妈一样，保护幼儿的身心健康，通过言传身教把人间的真诚、善良、慈爱播撒到幼儿的心田。

（2）学识。在科学技术和教育事业飞速发展的今天，随着国家物质文明和精神文明水平的提升，幼儿成长环境的改善，家长文化素质的提高，尤其是早期教育意识的增强，社会对幼儿园教育效果的期待和对幼儿教师的要求也逐步提高。因此，每个幼儿教师都要与时俱进，不断学习，不仅要精通本学科的专业知识，还应通晓相近学科的知识。

（3）表达能力。表达能力包括口头语言和书面语言两种形式。教师口语属于口头语言，但说与写相辅相成，相互促进。书面语言是口头语言的基础，因此幼儿教师要勤动脑、勤动笔、勤动口，提高自己的口语表达能力。

2. 提高思维能力

说话是将内部语言迅速转化为外部语言。内部语言也就是思维活动，课堂教学就是教师把自己思维的过程和结果转化成口头语言，从而使学生感知和领悟的过程。因此，良好的口语能力取决于教师思维的质量，取决于对内部语言转化的速度。当然，思维能力还是取决于教师的综合文化素质。教师要加强逻辑思维能力训练，提高语言的条理性和逻辑性；加强形象思维能力训练，提高语言的生动性和形象性；加强直觉思维能力训练，提高自身的应变能力，以保证不同语境即兴说话的自然流畅。

3. 口语训练要长期持久

口语表达能力的提高是一个长期渐进的过程，不能急于求成。从时间安排上，教师口语应从低年级开始进行梯度训练，每个学生应根据自身基础制订训练计划。学前教育专业的学生多数是女生，要充分利用女性语言感知接受能力较强的优势，经过不懈努力达到比较理想的普通话等级；语音发音技巧的掌握要根据发音要领逐一体会，在训练过程中掌握并熟练运用，从而形成稳定的技能；教学语言及交际口语更要经过与不同交际对象在不同语言环境的交流互动，在大量语言交际活动实践中逐步提高，从而运用自如，达到预期效果。

【思考与练习】

1. 口头语言与书面语言的联系与区别各是什么？
2. 提高口语表达能力要从哪些方面入手？

【拓展训练】

1. 寻找几本儿歌或童话故事书籍，为幼儿讲述故事或儿歌，然后用幼儿教师口语引导幼儿展开想象力。
2. 你认为自己的口语存在哪方面的缺陷？可以用什么方法解决？

第二章
幼儿教师普通话语音训练

【学习目标】

◆ 了解普通话对幼儿教师的重要性。

◆ 掌握普通话语音训练的基本技巧。

◆ 掌握语音发声的基本原理和基本技巧。

普通话是中国国家通用语言，是教师的职业语言。普通话语音训练是说好普通话的基础。学习普通话，首先要了解普通话的含义，认识普通话的重要性，同时掌握常见的语音基础知识及发声原理，将理论与实践相结合，提高自身的口语表达能力。

一、幼儿教师的职业语言

引导案例

小航是一名来自湖南株洲的幼儿教师，普通话不是很标准，闹出许多笑话。在一次讲课中，小航信誓旦旦地讲道："我们要坚决拒绝（自觉）遵守学校规章制度。"正巧校长从窗外经过，课后，校长严厉地批评了小航，要求小航好好练习普通话。

我国是一个多民族国家，民族众多的特征形成了我国多种语言并存的局面。语言是交际的工具，语言不通必定会妨碍人们的正常交往。如果教师用自己家乡的语言授课，就会影响来自教师家乡以外的众多学生的听课质量。作为教师，职业为授业解惑，以口相传，说出来的话代表的是一个教师的水准；作为学生，尤其是幼儿时期的学生，最容易受到教师言行的影响。教师能否说一口标准的普通话对学生的影响很大。

（一）普通话与方言

普通话是《国家通用语言文字法》规定的国家通用语言，也是联合国六种工作语言之一。"普通"是普遍、通用的意思，普通话以北京语音为标准音，以北方话为基础方言，以典范的现代白话文著作为语法规范。

同世界上其他民族的共同语一样，普通话也是在同一民族内部经过长期的使用选择，在方言的基础上逐渐自然形成的。图 2-1 所示为普通话的发展过程。

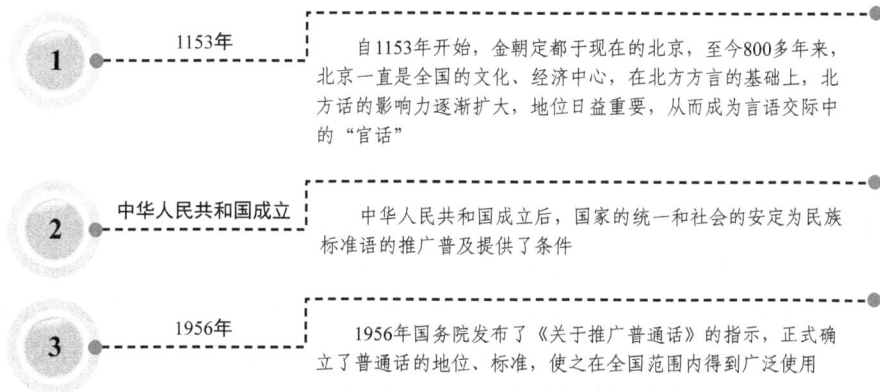

1	1153年	自1153年开始，金朝定都于现在的北京，至今800多年来，北京一直是全国的文化、经济中心，在北方方言的基础上，北方话的影响力逐渐扩大，地位日益重要，从而成为言语交际中的"官话"
2	中华人民共和国成立	中华人民共和国成立后，国家的统一和社会的安定为民族标准语的推广普及提供了条件
3	1956年	1956年国务院发布了《关于推广普通话》的指示，正式确立了普通话的地位、标准，使之在全国范围内得到广泛使用

图2-1 普通话的发展过程

普通话不仅是人们跨方言区的交际工具，也是国内各民族之间的交际工具。在经济腾飞、科技进步、文化繁荣的当代信息社会，普通话的作用和影响正日益扩大。

汉语方言是共同语在使用过程中出现的分歧和变体，分为地方方言和社会方言，一般的方言都是指地方方言。由于社会历史状况和自然地理环境等许多因素的制约，汉语在漫长的演变过程中形成了内部分歧明显的方言，语言学家根据方言的不同表现，对汉语方言进行了分区。继汉语方言分区的"八区说""七区说"的研究成果之后，1988 年，由中国社会科学院语言研究所李荣主持、中国社会科学院和澳大利亚人文科学院合作编纂的《中国语言地图集》，将现代汉语方言分为十个大区，图 2-2 所示为现代汉语方言十大分区。

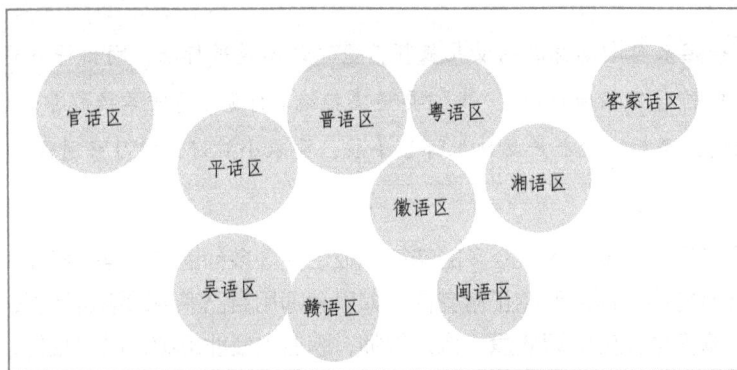

图2-2　现代汉语方言十大分区

其中官话区又分为八个分区，如图 2-3 所示。

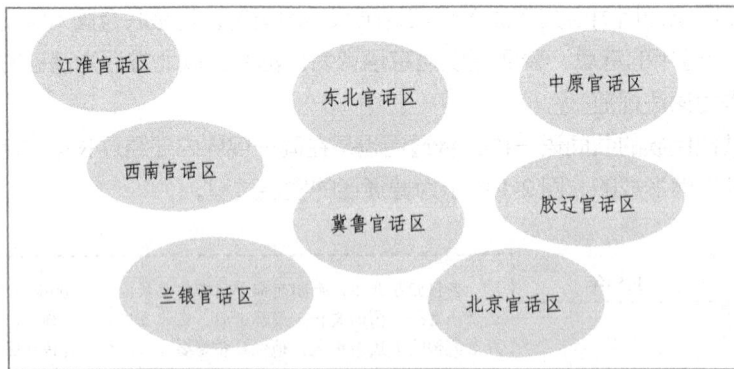

图2-3　官话区分区

方言是民族语言的地域分支。在物质文明发达、传媒技术先进、城市化进程加快的当代社会，各方言区的人们因交际的需要而积极学习和应用普通话，加上方言内部的不稳定，出现了全国各地方方言向民族标准语靠拢，各片点小方言向大城市权威方言靠拢的趋势，如吴语区方言向上海话靠拢、粤语区方言向广州话靠拢等现象，这些变化反映了语言发展去异求同的趋势。

作为以普通话为职业语言的幼儿教师，应该正确处理普通话与方言的关系。职业的示范性要求每个教师必须在教学活动中使用和推广普通话，同时也要认识到方言作为民族文化的"语言活化石"功能。我国是一个多民族、多语言、多方言的国家，共有 80 余种民族语言，以民族语言为依托的各民族文化源远流长，异彩纷呈，形成了多元统一的中华文化特性。同时，拥有 10 多亿人口以汉语为母语的汉族，也形成了种类多样、纷繁复杂的地方方言。除了上述几大方言区域外，还有许多种次方言和数不清的地方土语。

从情感依托和文化传承方面讲，方言是历史留给中华民族的珍贵遗产，是本土文化积累之后注入每个人灵魂深处的信息。无论现代文明如何洗礼，每个人都有一种很深的乡土情结和寻"根"意识，正所谓"乡音无改鬓毛衰"。方言还是一种文化的载体，一个地方独特的风俗、习惯往往在方言里有着种种体现，从这个意义上讲，方言还对不同历史年代地域文化演变的研究起到标本作用。

（二）普通话是教师口语的基础

在中华人民共和国教育部（简称教育部，原国家教委）颁发的《师范院校"教师口语"课程标准（试行）》中，关于课程内容的规定是："本课程由普通话训练、一般口语交际训练和教师职业口语训练三部分构成。"明确指出："普通话是教师的职业语言，普通话训练是前提，贯穿本课程始终。"正在试行的《全日制义务教育语文课程标准（实验稿）》，已经把"口语交际能力"与"识字写字""阅读""写作"并列起来，并提出具体的教学要求。作为幼儿学前阶段的启蒙教师，学好普通话，在教学活动中使用普通话至关重要，这是由学前教育的特殊对象和规律决定的。

1. 教学手段的有声性

面对不会认字、不会写字的教学对象，幼儿教师施教的主要工具是口耳相传的口头语言。口语以语音为载体，由语音表现的音节、词句及语调构成表音系统，借助语音的快慢强弱、千变万化来表情达意。

语音诉诸人的听觉，停留的时间非常短暂，有实验表明，人的耳朵接收到的信息，清楚地留在记忆中的时间仅有七八秒钟，之后便被新的语言刺激所代替，前面听到的话就模糊不清了。口语传播实质上是一个连续不断的语言流动、记忆转换的过程。

语音是千变万化的，不同的语音承载着不同的信息，语音上的"差之毫厘"，可能会造成语义理解上的"谬之千里"。语音稍纵即逝的特点决定着人们接收口语信息时无法像书面语那样反复阅读、仔细品味。为了使幼儿能够听得清楚，理解准确，幼儿教师必须吐字清晰、语音准确、语速适中，遣词造句要简明扼要，避免歧义，不能给听话人造成接收信息的困难，导致理解的错误；在句式选择上要多用口语化的短句，尽量将书面语言转换成通俗易懂的口语，同时充分使用语言的表达手段，如语调、语速、节奏、重音等，和语言的辅助工具——态势语，以完成语言交际的任务。

著名儿童教育家孙敬修老先生在给孩子们讲故事时，就特别注意故事语言的口语特征。他经常对故事的原稿做合理的改动，使之更适宜播讲。例如，有一个故事原稿是这样的：

蔚蓝的天空，没有一丝云。一条潺潺的溪水从卵石中间穿过，卵石在清澈的水中忽隐忽现，清晰可见。溪边端坐着一位长者，面庞清癯，双目炯炯有神！

这段话如果作为诉诸视觉的书面文字，写给一般人看，自然无可非议，但作为广播稿，讲给幼儿听，就难以取得理想的效果。孙敬修老先生播讲时改为：

嘿，这天可真蓝哪！一点儿云彩也没有。有一条小河哗哗啦啦地流着。这水可清亮啦！水里有好些圆石头，像鸡蛋似的，人们都管它叫卵石，这些卵石在水里可以看得清清楚楚！在河边坐着一个老头儿，长得虽然瘦，可是挺结实，那双眼睛可有精神啦！

这篇广播稿将书面语改为口语词汇，用词通俗，句式灵活，表达生动、形象、自然、亲切，使幼儿一听就懂，体现了口语特有的表现功能。

2. 教师语言的示范性

幼儿的语言发展大部分通过没有外界压力的自然观察和模仿而完成，没有语言范例，幼儿的语言得不到正常发展。在幼儿园里，教师的语言无疑是幼儿模仿的对象、学习的典范，因此教师所使用的语言客观上具有很强的示范性。

教师语言对幼儿语言发展的影响有时是有意识、有计划的，有时是无意识、无计划的。有意识、有计划的影响包括帮助幼儿理解学习和行为要求，学习一些规范性的语言表达方法、语言交往规则，纠正语言错误。例如，当某一幼儿无意间踩了另一幼儿的脚时，教师会提醒这位幼儿："丁丁，你应该对佳佳说什么？""对，应该说'对不起'。"再如，一幼儿对教师说："妈妈说我们明天去了外婆家。"教师通过重复幼儿的话来纠正幼儿语言中时态动词使用的错误："哦，你是说你和妈妈明天要到外婆家去呀……"教师说话的语气、风格等也可能成为幼儿模仿的对象，为幼儿所习得。幼儿经常会在家里和爸爸、妈妈等人玩"上课"的游戏，学着教师的样子说："小朋友们，现在我给大家讲个有趣的故事……我看哪个小朋友认真听？……妈妈小朋友听得最认真，我喜欢她，我要给她一朵小红花……"从幼儿的这段话中，能够看到教师的影子，不是教师有意识地传授，而是幼儿无意间自然获得的，是教师语言潜移默化影响的结果。

从教师的语言中，幼儿可以直接获得新的词汇、句式，学会理解生活指导性语言，学会与人交流的方法和技能。当然，只有良好的言语示范才能对幼儿语言发展、良好语言习惯的养成起到积极的促进作用，而不良的言语表现可能会产生消极的影响。教师坚持说普通话有利于幼儿学习普通话，养成用普通话回答问题的习惯。如果教师在与家长交流时经常使用方言，则有可能引起幼儿的好奇和注意，产生负迁移。因此，每一位教师必须清楚地意识到自己的语言行为可能对幼儿产生的榜样作用，从而更加自觉地说普通话。

3. 教学内容的综合性

口语表达是一种创造性的精神活动，它综合了人的多方面素质和才能，调动了说话人的语言、思维等各种因素，以达到交际的目的，其过程是一个由语言到思维，再由思维到表达的多重转化过程，是调动说话人的多方面素养和潜能综合而成的系统工程。这个过程离不开观察、记忆、思考、联想、想象等智力因素的参与，同时也受说话人知识、阅历、经验、情感、气质、性格等非智力因素的制约。

与中小学教师不同，幼儿园教学活动虽然有纲要、计划的具体要求，但仍具有很大的机动性。教学内容和课外活动的安排往往受客观条件影响，如时令气候、场所等，认识雨雪等自然常识活动最好安排在下雨、下雪的日子，计划中的户外活动也可能会因为气候的变化而临时取消，这就要求幼儿教师口语表达具有应变性和综合性。

普通话水平测试中的"说话"，是没有任何文字凭借的即兴命题说话，是用 3 分钟左右的时间说约 500 字的口语测试，要求应试人语音准确、用词规范、语句流畅、紧扣题目、言之有序、结构完整，是难度最大的综合测试，也是幼儿教师口语训练的模拟课堂，对提高自身的语言综合能力、临场发挥能力、思维应变能力有很大的作用。每个幼师专业的学生都要在普通话水平测试的过程中锻炼自己，提高自己。

（三）普通话水平测试

1. 普通话水平测试是国家级考试

鉴于现代汉语内部分歧大，影响交际效果的情况，我国政府始终重视语言文字的规范化工作。几十年来，普通话的推广工作在不同历史时期和不同社会群体中经历了提倡、推广、普及、提高几个阶段。

2000 年 10 月 31 日，《中华人民共和国国家通用语言文字法》颁布实施，提出了包括幼儿教师在内的有关行业从业人员必须使用普通话的要求和相应的等级标准。根据相关规定，幼儿园教师和师范类学前教育专业的学生，合格的普通话水平测试成绩不能低于 80 分，即二级乙等，否则应视为不合格教师或影响办理教师资格证书。

总之，普通话水平测试作为一种语言测试，成为国家立法、执法内容，足以表明国家对语言规范化的重视。作为未来的人民教师，必须自觉地学习和使用普通话。

2. 普通话水平测试是对应试人普通话应用程度的综合评定

普通话水平测试是语言界学者在借鉴有关对外汉语教学及汉语水平测试方面的研究成果的基础上创立的，它不是语言知识的测试，不是表达技巧的测试，也不是写作水平的测试，但又与语言知识、语言技巧和写作能力有关系，所要测试的是应试人在从方言向标准语转换的过程中，掌握和运用普通话所达到的规范程度，并通过三级六等的方式予以定量、定性评价。

3. 普通话水平测试是提高教师口语水平的有效途径

首先，测试的内容与形式科学合理。单、双音节，短文朗读和命题说话的内容，以及现场抽签面试的形式，使应试人在考前的学习训练等"应试"教育过程中，普通话水平迅速提高，为达标做好充分的准备。同时，普通话水平测试全部以口试的方式进行，接受测试的过程既是对自己母语水平的展示和检验过程，又是对自身普通话进行强化提高的过程。应试人对被测试的内容，尤其是测试过程中出现的失误印象深刻，甚至终生难忘，所以对语言规范化的各项要求更加具体明确，之后通过成绩反馈对自身的普通话水平有了清醒的认识，找到差距，明确了日后继续努力的方向，将测试作为达标或提高等级的新起点。测试实践中有很多普通话成绩达一级水平的人，他们就是通过一次次的测试逐步提高的。

4. 普通话水平测试能提高中文信息处理能力

生活在现代社会，中文信息处理与人们的工作、生活密不可分，师范院校的师生离不开计算机打字、制作课件、QQ 聊天、微信聊天等，而汉语拼音是这些媒介的汉字录入方式之一，但拼音输入法必须做到熟练地掌握汉语拼音和准确地使用普通话，否则，分不清平舌音和卷舌音声母，前鼻韵母和后鼻韵母，再先进的设备使用起来也会很费力。

（四）语音基础知识

语音即语言的声音，是从人的发音器官发出的能表达意义的声音符号。作为语言的物质外壳，语音具有社会属性、物理属性和生理属性。语音主要由以下内容组成。

1. 音节

音节是语音的基本结构单位，是听觉上能够自然分辨出来的语音片断。一个汉字记录一个音节，音节和文字基本一致是汉语的特点。

现代汉语的基本音节有 400 多个，学习和运用普通话必须熟练掌握这些基本音节。

按照汉语音韵学的传统分析方法，汉语音节可以分成声母、韵母和声调三个部分。声母是指音节开头的辅音，韵母是指音节中声母后面的部分，声调是音节的高低升降变化。

2. 音素

音素是语音的最小单位。将音节从音色的角度加以分析，就会得到一个个最基本的不能再进行划分的语音单位，这就是音素。汉语的音节最少由一个音素构成，如"啊"a 和"哦"o；最多由四个音素构成，如"黄"huáng 和"迥"jiǒng。

普通话的音素共有 32 个，根据不同的发音情况和发音特点，音素分为元音和辅音两大类。

元音是发音时气流在发音器官内不受阻碍而形成的音素，如 a、u、i；辅音是发音时气流受到发音器官一定的阻碍而形成的音素，如 b、t、g。元音和辅音的区别主要有三点，如图 2-4 所示。

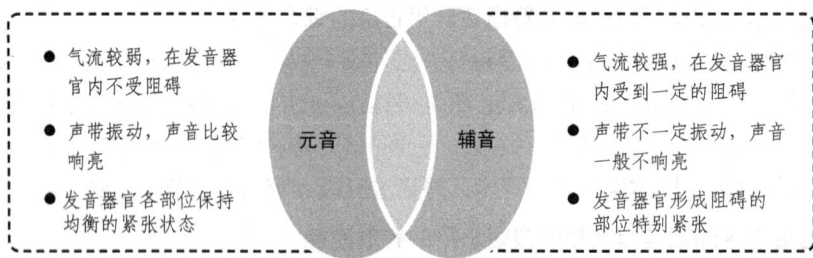

图2-4　元音与辅音发音区别

普通话语音以北京语音为标准音，它具有五个特点，如图 2-5 所示。

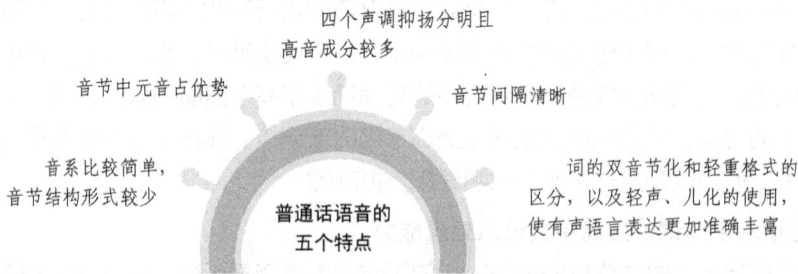

图2-5　普通话语音的五个特点

3. 国际音标

国际音标是国际语音学会制定的一套记音符号，是用来研究和记录各民族语言的工具，基本上采用拉丁字母，现有 100 多个符号。国际音标的最大特点是一个符号只表示一个音素，一个音素只用一个符号表示。由于它记音精细简明，所以在国际上应用广泛。为通俗易懂，便于发音和识记，本书普通话采用《汉语拼音方案》记音，方言中出现的无法用《汉语拼音方案》描述的音节或音素用同音、近音汉字描述。

4. 汉语拼音方案

世界上的文字大致分为拼音文字和非拼音文字两类，因汉字是表意性的非拼音文字，音形义结合，读写不一致，给使用者造成困难和不便。为此，1958 年 2 月，由第三届全国人民代表大会第五次会议批准并正式公布使用汉语拼音方案。

汉语拼音方案是现代汉语普通话的注音符号，它是诠释北京语音音位系统、辅助标准音教学的有效工具，对语音规范化、推广普通话、纠正方言具有十分重要的作用，也是人们日常生活中计算机系统的中文录入及手机等现代语言录入系统之一。汉语拼音方案包括五部分，如图2-6 所示。

图2-6　汉语拼音方案

二、声母训练

引导案例

小涛是来自湖南的一名学生。新学期的第一节课，老师要求每个人到台上进行一分钟的自我介绍。轮到小涛时，小涛说："大家好，我来自弗兰……"当小涛说到自己的家乡时，台下的学生们都开始窃窃私语，大家都很好奇弗兰是哪里。待小涛结束了自我介绍，回到座位时，周围的同学问小涛："弗兰是什么地方呀？"小涛说："你们不知道弗兰吗？没看过弗兰台的节目吗？"大家这才反应过来，原来小涛说的是"湖南"。

声母指的是音节开头的辅音。普通话一共有 21 个声母。作为音节，声母发音时间极短，无法延长，瞬息即逝，而发音都是结束在又响又能延长的元音上，这在客观上造成声母与发音部位相同且发音方法部分相似的韵母音质相似，加上习惯的原因，声母的发音极易发错，掌握声母的发音技巧是教师掌握普通话的重要前提之一。

（一）声母的分类

声母主要是根据发音部位、发音方法及声带是否颤动来进行分类的。

17

　　声母是辅音,发音时气流在口腔中受到各种阻碍,这个受阻的部位叫作发音部位,每一处发音都是由口腔中两个部分接触或接近形成的。声母的发音还跟阻碍气流的方式有关,这种阻碍的方式叫作发音方法。根据发音部位的不同,声母可以分为七类,如图2-7所示。

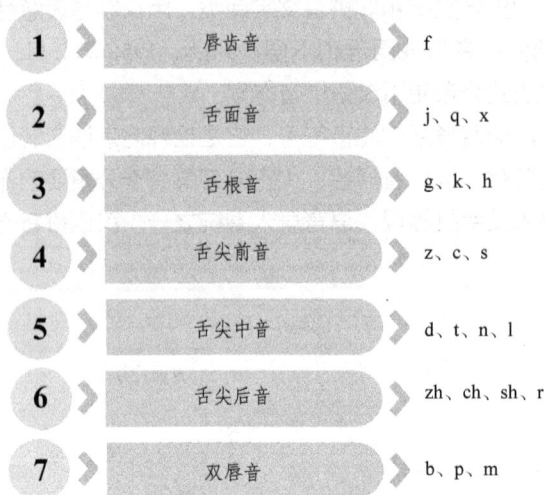

1	唇齿音	f
2	舌面音	j、q、x
3	舌根音	g、k、h
4	舌尖前音	z、c、s
5	舌尖中音	d、t、n、l
6	舌尖后音	zh、ch、sh、r
7	双唇音	b、p、m

图2-7　声母分类(发声部位)

根据发音方法的不同,声母可以分为五类,如图2-8所示。

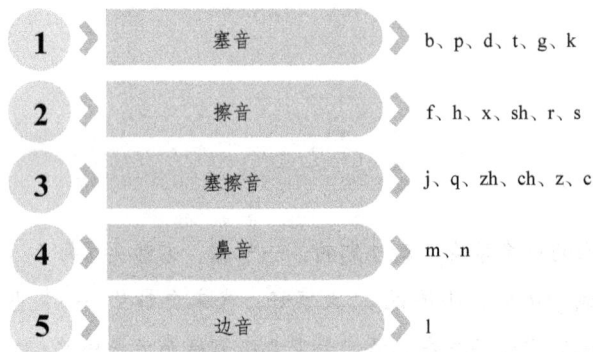

1	塞音	b、p、d、t、g、k
2	擦音	f、h、x、sh、r、s
3	塞擦音	j、q、zh、ch、z、c
4	鼻音	m、n
5	边音	l

图2-8　声母分类(发音方法)

其中塞音和塞擦音还有送气音和不送气音之分,如图2-9所示。

b、d、g、j、zh、z　　不送气音　　送气音　　p、t、k、q、ch、c

图2-9　不送气音与送气音

　　根据发音时声带是否震颤进行分类,声母可以分为清音和浊音。除了m、n、l、r四个浊音声母外,其余17个都是清音。

根据发音部位和发音方法，普通话的 21 个声母可以排列成表，如表 2-1 所示。

表2-1 普通话声母发音要领表

		塞音		塞擦音		擦音		鼻音	边音
		清音		清音					
		不送气音	送气音	不送气音	送气音	清音	浊音	浊音	浊音
双唇音	上唇 下唇	b	p					m	
唇齿音	上齿 下唇					f			
舌尖 中音	上齿龈 舌尖	d	t					n	l
舌根音	软腭 舌根	g	k			h			
舌面音	硬腭前 舌面前			j	q	x			
舌尖 后音	硬腭前 舌尖			zh	ch	sh	r		
舌尖 前音	上齿背 舌尖			z	c	s			

（二）声母的发音方法

按发音部位，声母可以分为七类：双唇音、唇齿音、舌尖前音、舌尖中音、舌尖后音、舌面音、舌根音。声母的发音错误或缺陷多数在于发音部位不准确。

发双唇音 b、p、m 时，双唇闭合，气流在口腔中积聚，然后双唇突然打开，气流流出。发 b 时流出的气流比较微弱，而发 p 时气流比较强烈，发 m 时气流同时从鼻腔透出，声带颤动。

发唇齿音 f 时自然展唇，下唇内缘和上齿接近，气流从中摩擦而出。

双唇音和唇齿音的呼读音实际为 buo、puo、muo、fuo，所以发音时口形不宜太大。

发舌尖前音 z、c 时，舌尖抵住上齿背，阻塞气流，然后舌尖稍稍离开上齿背，气流从中摩擦而出。发 z 时流出的气流比较微弱，而发 c 时气流比较强烈，发 s 时舌尖接近上齿背，气流从中摩擦而出。

发舌尖中音 d、t 时，舌尖抵住上齿龈，阻塞气流，然后舌尖突然离开上齿龈，气流流出。发 d 时流出的气流比较微弱，而发 t 时气流比较强烈，发 n 时气流从鼻腔透出，声带颤动，发 l 时气流从舌头两边流出，声带颤动。

发舌尖后音 zh、ch 时，舌尖翘起抵住硬腭前部，阻塞气流，然后舌尖稍稍离开硬腭前部，气流从中摩擦而出。发 zh 时流出的气流比较微弱，而发 ch 时气流比较强烈。发 sh、r 时，舌尖翘起接近硬腭前部，气流从中摩擦而出。发 sh 时声带不颤动，发 r 时声带颤动。

发舌尖前音、舌尖中音、舌尖后音时除了用到舌尖外，还要用到上齿背、上齿龈、硬腭前部，部位越来越靠后，三类声母因此得名。发舌尖前音时，舌头是平放的，所以又叫平舌音；发舌尖后音时，舌头是上翘的，所以又叫翘舌音。

发舌面音 j、q 时，舌面前部上抬，抵住硬腭前部，阻塞气流，然后舌面稍稍离开硬腭前部，气流从中摩擦而出。发 j 时流出的气流比较微弱，而发 q 时气流比较强烈，发 x 时舌面前部接近硬腭前部，气流从中摩擦而出。

发舌面音时，因为舌面不容易控制，所以可以将舌尖下垂，迫使舌面抬起，接触或接近硬腭前部。

发舌根音 g、k 时，舌根上抬抵住软腭，阻塞气流，然后舌根突然离开软腭，气流流出。发 g 时流出的气流比较微弱，而发 k 时气流比较强烈，发 h 时舌根和软腭轻轻接触，气流从中摩擦而出。

发舌根音时，因为舌根不容易控制，所以可以将舌尖后缩，迫使舌根抬起，接触或接近软腭。

（三）声母的语音训练

1. 借助下列词语进行听音辨音练习，提高语音分辨力

（1）存在	始终	操作	才子	山水	色彩	蚕丝	郑重
遵从	住宅	早餐	软弱	书生	赠送	出差	首长
（2）制造	采摘	初次	四周	沼泽	组织	疏散	储存
种族	餐车	随时	纯粹	竹笋	珍藏	暂时	称颂
（3）写字	猜忌	修辞	洗澡	司机	集资	瓷器	轻松
起草	铅丝	仔细	杂技	思想	自己	操心	刺激
（4）仿佛	火花	反复	挥霍	祸害	憨厚	肺腑	芬芳
恢复	花费	挥发	反悔	发慌	腐化	伙夫	荒废
（5）能耐	联络	牛奶	力量	恼怒	泥泞	劳累	理论
留念	年龄	能量	烂泥	岭南	冷暖	凝练	纳凉

2. 发准下列音节中的声母，掌握正确发音

b-b-	——宝贝	把柄	摆布	版本	包办	步兵
p-p-	——批判	批评	匹配	偏旁	偏僻	评判
m-m-	——盲目	美妙	秘密	面貌	命名	埋没
f-f-	——反复	方法	仿佛	丰富	非凡	芬芳
z-z-	——自在	祖宗	再造	在座	自尊	粽子
c-c-	——从此	粗糙	猜测	仓促	草丛	催促
s-s-	——思索	诉讼	色素	松散	搜索	琐碎
d-d-	——达到	带动	单调	道德	等待	顶端
t-t-	——抬头	探讨	疼痛	天体	团体	谈吐

n-n- ——奶奶	男女	奶牛	恼怒	能耐	泥泞
l-l- ——来临	劳力	理论	力量	联络	轮流
zh-zh- ——战争	真正	制止	种植	主张	着重
ch-ch- ——长城	出产	超常	赤诚	出差	传承
sh-sh- ——山水	闪烁	设施	收拾	手术	舒适
r-r- ——仍然	柔软	冉冉	容忍	柔弱	软弱
j-j- ——积极	季节	寂静	加紧	坚决	交际
q-q- ——前期	亲戚	亲切	情趣	请求	确切
x-x- ——习性	细心	现象	详细	消息	学习
g-g- ——改革	感官	公共	巩固	广告	规格
k-k- ——开垦	可靠	刻苦	宽阔	慷慨	困苦
h-h- ——航海	混合	后悔	呼喊	黄昏	绘画

三、韵母训练

引导案例

今天是笑笑第一天上幼儿园，放学后妈妈来接她，问道："笑笑今天乖不乖，表现得好不好呀？"笑笑蹦蹦跳跳地回答："我今天很乖哦，老师还说我很笨。"妈妈一头雾水，问笑笑："老师是这么说的吗？"笑笑回答："是啊，我今天帮老师捡玩具，老师在全班同学面前夸我了，还让小朋友们一起夸我，笑笑很笨！"妈妈这才知道是笑笑读错了音，及时纠正了笑笑，告诉笑笑是"棒"，不是"笨"。

韵母是音节中除声母以外的部分。普通话有 39 个韵母。

（一）韵母的分类
韵母的分类方法有两种。

1. 根据内部结构成分进行分类
根据内部结构成分的不同，韵母可以分为三类：单韵母、复韵母、鼻韵母。

单韵母是由一个元音构成的韵母。按照发音时舌头的情况，可以分为舌面单韵母、舌尖单韵母、卷舌单韵母。

复韵母是由两个或三个元音构成的韵母。复韵母中的元音可以分为韵头、韵腹、韵尾三部分。韵腹是韵母的主要部分，开口度最大，发音最响亮、最清晰。韵腹前面是韵头，后面是韵尾。根据韵腹的位置，复韵母可以分为前响复韵母、后响复韵母、中响复韵母。

鼻韵母是由元音和鼻辅音构成的韵母。按照结尾鼻辅音的不同，鼻韵母可以分为前鼻韵母、后鼻韵母。

2. 根据开头元音的发音口形进行分类

根据开头元音的发音口形，韵母还可以分为"四呼"：开口呼、齐齿呼、合口呼、撮口呼。

根据内部结构和发音口形，可以把普通话的 39 个韵母排列成表。表 2-2 所示为韵母发音要领表。

表2-2　韵母发音要领表

		开口呼		齐齿呼	合口呼	撮口呼
单韵母		-i -i		i	u	ü
		a	后响复韵母	ia	ua	
		o			uo	
		e				
		e		ie		üe
		er				
复韵母	前响复韵母	ai	中响复韵母		uai	
		ei			uei	
		ao		iao		
		ou		iou		
鼻韵母	前鼻韵母	an		ian	uan	üan
		en		in	uen	ün
		ang		iang	uang	
		eng		ing	ueng	
					ong	iong

（二）韵母的发音方法

韵母根据内部结构特点可分为：单韵母、复韵母、鼻韵母，下面对这三类韵母的发音分别进行介绍。

1. 单韵母的发音

单韵母是由一个元音构成的韵母。发音时舌位、唇形及开口度按发音要求维持发音状态始终不变。舌位的前后、舌位的高低（即开口度的大小）、唇形的圆展决定单韵母的发音。

舌位的前、中、后，指发音时舌面隆起部分的前后。前元音发音时舌尖和下齿背接触，前舌面隆起；后元音发音时舌尖离开下齿背，后舌面隆起。

舌位的高、半高、半低、低，指发音时舌面隆起的部分和上腭的距离。舌位的高低和口腔的开合有关，舌位越高，开口度越小，舌位越低，开口度越大。

根据发音时舌头的情况，单韵母可以分为舌面单韵母、舌尖单韵母、卷舌单韵母。

（1）舌面单韵母。发音时主要是舌面起作用，如 a、o、e、i、u、ü。

a 是舌面央低不圆唇元音，发音时口腔打开到最大，舌尖既不前伸也不后缩，嘴唇呈自然状态。

o、e、u 都是后元音，发音时舌身后缩抬高。其中 o 是舌面后半高圆唇元音，u 是后高圆唇元音，发音时嘴唇向外突出；e 是舌面后半高不圆唇元音，可以用同舌位的 o 来引导，即发 o 后在不改变舌位的情况下将双唇展开。

ü 是舌面前高圆唇元音，它除了出现在 üe 中外，单独使用的时候很少。发音时舌尖接触下齿背，前舌面稍稍隆起，口腔不要打开太大。

i、ü 都是舌面前高唇元音，发音时舌尖接触下齿背，前舌面隆起。其中 i 是舌面前高不圆唇元音，发音时嘴角展开；ü 是舌面前高圆唇元音，发音时嘴唇撮圆，可以用同舌位的 i 来引导，即发 i 后在不改变舌位的情况下将嘴唇撮圆。

（2）舌尖单韵母。发音时主要是舌尖起作用，如 -i（前）、-i（后）。

-i（前）只出现在 zi、ci、si 中，-i（后）只出现在 zhi、chi、shi、ri 中，不单独使用。发音时可以分别用 si 和 shi 引导，即发 si 和 shi 后在不改变舌位和唇形的情况下延长发音。

（3）卷舌单韵母。发音时舌面、舌尖同时起作用，如 er。

er 是唯一一个由两个字母表示的单韵母。er 是一个卷舌元音，其中 e 表示发音时舌头的位置，r 表示卷舌动作，发音时声带振动，软腭上升。

2. 复韵母的发音

复韵母是由两个或三个元音构成的韵母。发音时舌位、唇形和开口度都有变化，发音是一个滑动的过程，即舌位、唇形逐渐变动，自然连贯；几个元音中，有一个发音重心即韵腹。

根据韵腹的位置，复韵母可以分为前响复韵母、后响复韵母和中响复韵母。

（1）前响复韵母。发音时前响后轻，舌位由低到高，口腔由大到小，开头的元音响亮清晰，后面的元音轻短模糊，只表示大致的活动方向，如 ai、ei、ao、ou。

（2）后响复韵母。发音时前轻后响，舌位由高到低，口腔由小到大，开头的元音轻短模糊，后面的元音响亮清晰，终点是确定的，如 ia、ie、uo、ua。

（3）中响复韵母。发音时舌位由高到低再到高，口腔由小到大再到小，开头的元音轻短，中间的元音响亮清晰，后面的元音轻短模糊，如 iao、iou、uai。

3. 鼻韵母的发音

鼻韵母是由元音和鼻辅音构成的韵母。发音时由元音向鼻辅音滑动，韵尾受到阻碍，归音到位。

按照结尾鼻辅音的不同，鼻韵母可以分为前鼻韵母、后鼻韵母。

（1）前鼻韵母。发前鼻韵母时，由元音向鼻辅音 -n 滑动，受韵尾 -n 的影响，元音前移，舌尖抵住下齿背，口腔最后处于闭合状态，如 an、en、in、ian、uan、uen。

（2）后鼻韵母。发后鼻韵母时，由元音向鼻辅音 -ng 滑动，受韵尾 -ng 的影响，元音后移，舌尖后缩抵住舌筋，口腔最后处于张开状态，如 ang、eng、ing、ong、iang、uang、ueng、iong。

（三）韵母的语音训练

1. 借助下列词语进行听音辨音练习，提高语音分辨力

（1）朗诵　曾经　庄重　听讲　苍劲　奖惩　疯狂　苍穹

	阳平	航空	商量	矿工	象征	广场	东风	澄清
（2）	怜悯	询问	森林	婵娟	埋怨	安全	频繁	安稳
	千万	新鲜	团圆	演员	针线	存款	勤恳	宣传
（3）	江山	相信	鲜明	广泛	往返	通信	班长	联欢
	贫穷	功勋	寒冷	声音	方便	权衡	行进	涵养
（4）	归期	夜色	音容	收敛	律师	决赛	群岛	选拔
	必须	拒绝	乐器	原理	原因	全体	玉米	汛期
（5）	操守	膨胀	邮票	相应	海内	黑白	投靠	佳节
	要求	版本	影响	论断	瓜果	火花	眩晕	分散
（6）	儿子	饥饿	恶果	而且	二胡	木耳	白鹅	

2. 发准下列音节中的韵母，掌握正确发音

-a-a——发达　喇叭　刹那　耷拉　打岔

-o-o——默默　婆婆　伯伯　勃勃　脉脉　馍馍

-e-e——合格　特色　折射　隔阂　客车　色泽

-i-i——笔记　低级　地理　机器　意义

-u-u——读书　服务　孤独　鼓舞　数目

-ü-ü——区域　语句　聚居　序曲　寓于

-i（前）-i（前）——私自　自私　四次　字词　自此　此次

-i（后）-i（后）——实施　事实　支持　知识　只是　制止

-er-er——（偶）尔　儿（子）　而（且）　耳（朵）　二（胡）　（鱼）饵

-ai-ai——海带　开采　买卖　爱戴　拍卖　灾害

-ei-ei——非得　配备　肥美　北美　蓓蕾　贝类

-ao-ao——报道　高潮　号召　逃跑　操劳　草帽

-ou-ou——口头　收购　丑陋　抖擞　漏斗　守候

-ia-ia——家家　加压　加价　恰恰　假牙　压价

-ie-ie——姐姐　谢谢　捏捏　贴切　结节　节烈

-ua-ua——呱呱　画画　耍滑　挂花　花袜　哗哗

-uo-uo——骆驼　脱落　错过　懦弱　陀螺　着落

-üe-üe——月月　决绝　绝学　雀跃　约略　月缺

-iao-iao——悄悄　巧妙　疗效　苗条　逍遥　小巧

-iou-iou——舅舅　优秀　求救　悠久　久留　牛油

-uai-uai——外快　怀揣　摔坏　乖乖　外踝　甩坏

-uei-uei——回归　水位　垂危　退回　尾随　卫队

-an-an——干旱　感染　谈判　赞叹　展览　感叹

-en-en——本身　认真　身份　深沉　本分　沉闷

-in-in——邻近　辛勤　信心　引进　拼音　亲近

-ün-ün——均匀　军训　芸芸　逡巡　菌群　熨裙

-ian-ian—变迁	电线	检验	见面	鲜艳	眼前
-uan-uan—贯穿	转换	换算	婉转	专断	转弯
-uen-uen—论文	温存	温顺	昆仑	春笋	混沌
-üan-üan—源泉	全权	泉源	渊源	圆圈	全员
-ang-ang—帮忙	当场	上涨	沧桑	苍茫	厂商
-eng-eng—生成	丰盛	风声	更正	萌生	省城
-ing-ing—病情	定型	经营	惊醒	命令	宁静
-ong-ong—冲动	从中	公共	共同	通红	总统
-iang-iang—想象	两样	亮相	响亮	向阳	像样
-uang-uang—往往	状况	狂妄	矿床	装潢	窗框
-iong-iong—炯炯	汹涌	熊熊			
-ueng-ueng—嗡嗡	（老）翁	（酒）瓮	蓊（郁）	蕹（菜）	

3. 强化训练

（1）后鼻韵母强化训练

-ing-g-—经过	警告	灵感	苹果	情感	性格
-ing-k-—情况	惊恐	景况	领口	明快	凭空
-ing-h-—订货	净化	灵魂	灵活	领会	平衡
-eng-g-—成功	成果	灯光	风格	能够	正规
-eng-k-—诚恳	疯狂	冷酷	盛开	腾空	政客
-eng-h-—称呼	等候	生活	正好	灯火	冷汗

（2）前鼻韵母强化训练

-n-n-—本能	电脑	烦恼	愤怒	观念	今年
-n-d-—安定	板凳	传达	单调	反动	观点
-n-t-—本体	传统	春天	点头	今天	难题
-n-g-—变革	参观	分工	感官	尽管	难过
-n-k-—板块	参考	存款	反抗	分开	赶快
-n-h-—变化	关怀	缓和	今后	深厚	损害

四、声调训练

🕮 引导案例

　　幼儿园中，张老师在教孩子们学绕口令，孩子们读起来朗朗上口："水中映着彩霞，水面游着花鸭。霞是五彩霞，鸭是麻花鸭。麻花鸭游进五彩霞，五彩霞网住麻花鸭。乐坏了鸭，拍碎了霞，分不清是鸭还是霞。"这首花鸭与彩霞的绕口令在孩子们的朗读下，抑扬顿挫，格外好听。这主要是由于声调的存在，使音节"a"出现了不同的音高变化，听起来才格外动人。

通过案例，我们可以从感性上认识到发准声调的重要性，所以我们要从理论上掌握普通话声调的发音要领，通过技能训练，能够发准普通话的四个声调，读准词语、句子、语段中的声调。幼儿教师还要能够听辨不同声调，以纠正幼儿的错误。

（一）声调的性质和作用

声调是音节的音高变化，它具有区别意义的作用。

汉语的音节除了有声母和韵母两个部分外，还有声调。声调就是贯穿整个音节的具有区别意义作用的高低升降的变化。例如，普通话"汉语"这两个音节，读"汉"时是由高降到低，读"语"时，是由半高降到低再升到半高。因为汉语的一个音节基本上就是一个汉字，所以声调也叫字调。

（二）认识调值、调类、调型和调号

调值是声调的实际读音。普通话有四种基本调值：[55]、[35]、[214]、[51]。

调值可以用五度制标记法表示，如图 2-10 所示。

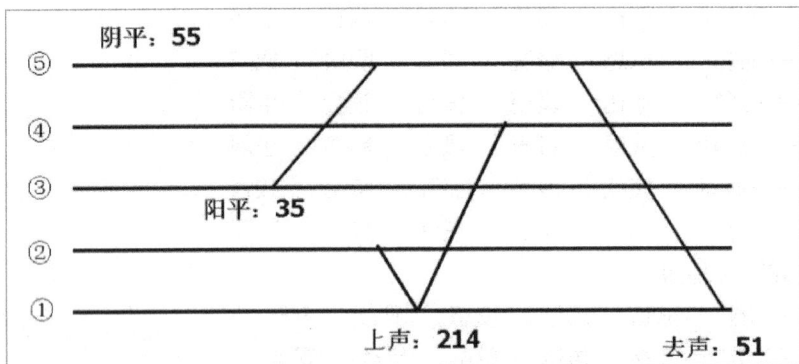

图2-10　五度制标记法

调类是声调的种类，是根据声调的基本调值归纳出来的。普通话有四个调类，阴平、阳平、上声、去声，也称为第一声、第二声、第三声、第四声，分别用ˉ、ˊ、ˇ、ˋ四个符号表示。

调型即声调的类型，指声调高低、升降的变化模式。55 为高平调型，35 为中升调型，214 为曲折调型，51 为全降调型。

调号即声调的符号，指标写声调所用的简单明了的符号，如ē、é、ě、è。

（三）声调的发音

阴平声，调值是 [55]，发音时又高又平，自始至终保持不变。

阳平声，调值是 [35]，发音时从中到高，呈上升状态。

上声，调值是 [214]，发音时先降后升，呈曲折状态。

去声，调值是 [51]，发音时从高到低，呈下降状态。

（四）声调训练

1. 感受普通话声调区别意义的作用

同一词形有不同声调的两种读法，代表不同的意思。例如"倒车"，读作"dǎo chē"时指"中途换车"；读作"dào chē"时指"使车向后退"。

把子	bǎ zi——bà zi
当日	dāng rì——dàng rì
当年	dāng nián——dàng nián
当时	dāng shí——dàng shí
播种	bō zhǒng——bō zhòng
分子	fēn zǐ——fèn zǐ
教学	jiào xué——jiāo xué
尽量	jìn liàng——jǐn liàng
结果	jiē guǒ——jié guǒ
转动	zhuǎn dòng——zhuàn dòng
正当	zhèng dāng——zhèng dàng
倒数	dào shǔ——dào shù
转向	zhuǎn xiàng——zhuàn xiàng
倒转	dào zhuǎn——dào zhuàn
肚子	dù zi——dǔ zi
登场	dēng chǎng——dēng cháng
倾倒	qīng dǎo——qīng dào
好事	hǎo shì——hào shì
受累	shòu lěi——shòu lèi

2. 借助下列音节，发准普通话的 4 个声调

要求：能够发准普通话的 4 个声调，读准词语配合中的声调。

方法：借助"五度制标记法"读准下列声调。

（1）
ā	á	ǎ	à
pū	pú	pǔ	pù
xuē	xué	xuě	xuè
tōng	tóng	tǒng	tòng
mō	mó	mǒ	mò
qiāo	qiáo	qiǎo	qiào
shēn	shén	shěn	shèn
yū	yú	yǔ	yù
dī	dí	dǐ	dì
caī	caí	caǐ	caì
mēng	méng	měng	mèng

（2）阴—阴：东方　丰收　灯光　青春　诗歌　珍惜

　　　　阳—阳：人民　和平　吉祥　纯洁　勤劳　文学

　　　　上—上：广场　理想　美满　舞蹈　水果　影响

　　　　去—去：世界　教育　胜利　热爱　锻炼　魅力

（3）阴—阳：奔流　端详　精华　生活　宣传　观察

　　　　阴—上：倾吐　冬笋　歌咏　精彩　花圃　清早

　　　　阴—去：鞭策　称赞　尖锐　激励　清脆　机智

　　　　阳—阴：长期　兰花　阳光　崇高　情操　集中

　　　　阳—上：成果　拂晓　完整　晴朗　学者　食品

　　　　阳—去：牢固　融洽　合作　来历　严肃　旋律

　　　　上—阴：老师　美观　体贴　启发　感激　理亏

　　　　上—阳：版图　胆识　锦旗　启蒙　品德　保持

　　　　上—去：宝贵　访问　考验　哺育　渴望　掩盖

　　　　去—阴：簇新　构思　浪花　气氛　乐章　汽车

　　　　去—阳：蜡梅　热情　笑容　现实　练习　序言

　　　　去—上：碧海　鉴赏　记者　剧本　进取　驾驶

五、音节训练

引导案例

　　在一次家庭聚餐中，大家问刚上学的小辉："小辉，你长大想做什么呀？"小辉回答道："我长大要当一名出事的宇航员。"大家都笑了，出事的宇航员？这怎么能行呀！

　　其实小辉想说的是"出色"的宇航员，但是他把平翘舌混淆了，又把"e"发成了"-i"，所以就成"出事"了。

　　音节是语音的单位，发准音节是掌握普通话的重要前提之一，教师必须充分认识音节的重要性，从理论上掌握音节的发音要领，通过训练发准普通话的 400 个基本音节和 1 250 多个带调音节，并且能听辨不同音节，及时纠正幼儿的错误发音。

（一）两拼音节

　　两拼音节是由一个声母和一个非介母韵母组成的音节。例如 liu，声母是 l，韵母是 iu，中间没有介母（liu 里虽然有 i，但是这里的 iu 是连在一起的，是复韵母）。图 2-11 所示为两拼音节图。

	a	o	e	i	i	u	v	ai	ei	ui	ao	ou	iu	ie	ve	er	an	en	in	un	vn	ang	eng
	a	o	e	yi		wu	yu	ai	ei		ao	ou		ye	yue	er	an	en	yin		yun	ang	eng
y	ya	yo									yao	you					yan					yang	
w	wa	wo						wai	wei								wan	wen				wang	weng
b	ba	bo		bi		bu		bai	bei		bao			bie			ban	ben	bin			bang	beng
p	pa	po		pi		pu		pai	pei		pao	pou		pie			pan	pen	pin			pang	peng
m	ma	mo		mi		mu		mai	mei		mao	mou	miu	mie			man	men	min			mang	meng
f	fa	fo				fu			fei			fou					fan	fen				fang	feng
d	da		de	di		du		dai	dei	dui	dao	dou	diu	die			dan	den		dun		dang	deng
t	ta		te	ti		tu		tai		tui	tao	tou		tie			tan	ten		tun		tang	teng
n	na		ne	ni		nu		nai	nei		nao	nou	niu	nie			nan		nin			nang	neng
l	la		le	li		lu		lai	lei		lao	lou	liu	lie			lan		lin	lun		lang	leng
g	ga		ge			gu		gai	gei	gui	gao	gou					gan	gen		gun		gang	geng
k	ka		ke			ku		kai		kui	kao	kou					kan	ken		kun		kang	keng
h	ha		he			hu		hai	hei	hui	hao	hou					han	hen		hun		hang	heng
j				ji		ju							jiu	jie	jue				jin		jun		
q				qi		qu							qiu	qie	que				qin		qun		
x				xi		xu							xiu	xie	xue				xin		xun		
zh	zha		zhe		zhi	zhu		zhai	zhei	zhui	zhao	zhou					zhan	zhen		zhun		zhang	zheng
ch	cha		che		chi	chu		chai		chui	chao	chou					chan	chen		chun		chang	cheng
sh	sha		she		shi	shu		shai		shui	shao	shou					shan	shen		shun		shang	sheng
r			re		ri	ru				rui	rao	rou					ran	ren		run		rang	reng
z	za		ze		zi	zu		zai	zei	zui	zao	zou					zan	zen		zun		zang	zeng
c	ca		ce		ci	cu		cai		cui	cao	cou					can	cen		cun		cang	ceng
s	sa		se		si	su		sai		sui	sao	sou					san	sen		sun		sang	seng

图2-11　两拼音节图

（二）三拼音节

1. 定义

三拼音节是指在声母和韵母之间还有一个介母，形成一个音节有三个拼音成分，这样的音节就是三拼音节，如 jia、hua 中间的 i 和 u 是介母，要读得轻、短、不重。

例如，在 xiong 中，x 是声母，i 是介母，ong 也是韵母，形成了三个拼音成分的一个音节。这样的三拼音节还有：xiao、chuan、duan 等。

三拼音节一共有 83 个，由多音节和声母组合而成。图 2-12 所示为具体的多音节与声母。图 2-13 所示为全部的三拼音节。

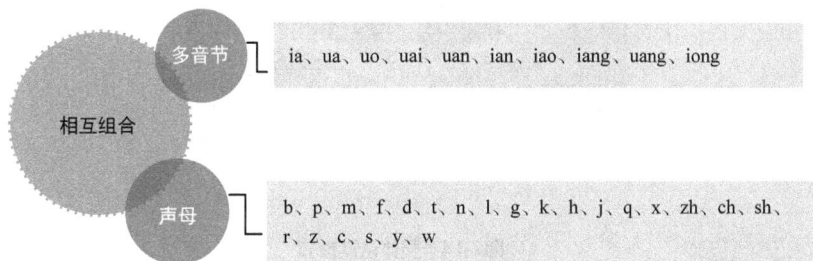

相互组合

多音节：ia、ua、uo、uai、uan、ian、iao、iang、uang、iong

声母：b、p、m、f、d、t、n、l、g、k、h、j、q、x、zh、ch、sh、r、z、c、s、y、w

图2-12　多音节与声母

三拼音节

- 5个ia: dia lia jia qia xia
- 6个ua: gua kua hua zhua chua shua
- 14个uo: duo tuo nuo luo guo kuo huo zhuo chuo shuo ruo zuo cuo suo
- 6个uai: guai kuai huai zhuai chuai shuai
- 18个uan: duan tuan nuan luan guan kuan huan juan quan xuan zhuan chuan shuan ruan zuan cuan suan yuan（整体认读）
- 10个ian: bian pian mian dian tian nian lian jian qian xian
- 10个iao: biao piao miao diao tiao niao liao jiao qiao xiao
- 5个iang: niang liang jiang qiang xiang
- 6个uang: guang kuang huang zhuang chuang shuang
- 3个iong: jiong qiong xiong

图2-13　三拼音节

2. 介母

在声母和最后一个韵母之间还有一个韵母，这个韵母就是介韵母（介母）。

介母总共有三个，分别是i、u、ü（介母i、u、ü只有在a、o前才算是介母）。

韵母是中国汉语音韵学术语，一个汉字音节中声母后面的成分。韵母至少要有一个元音，也可以有几个元音，或元音之后再加辅音。由几个音素组成的韵母又可以细分为韵腹（主要元音）、韵头（又称介音）、韵尾，如官〔guan〕这个音节中，〔g〕是声母，〔uan〕是韵母。韵母〔uan〕中，〔a〕是韵腹，〔u〕是韵头，〔n〕是韵尾。

（三）整体认读音节

整体认读音节一般是指添加一个声母后读音仍和韵母一样的音节（yuan比较特殊），也就是指不用拼读即直接认读的音节，所以整体认读音节要直接读出，如yi、wu、yu等。

整体认读音节一共有16个，图2-14所示为所有的整体认读音节。

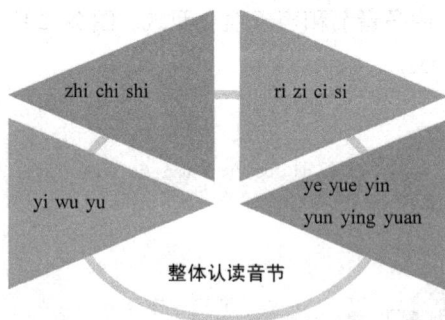

zhi chi shi

ri zi ci si

yi wu yu

ye yue yin
yun ying yuan

整体认读音节

图2-14　整体认读音节

（四）自成音节

有的音节没有声母，而由韵母独立作为音节直接给汉字注音，这种音节就叫自成音节。在小学汉语拼音里，韵母中只有以a、o、e开头的韵母可以前面不写声母而独立自成音节，如阿

（ā）、爱（ài）、袄（ǎo）、安（ān）、哦（ò）、欧（ōu）、鹅（é）等。图2-15所示为韵母自成音节。

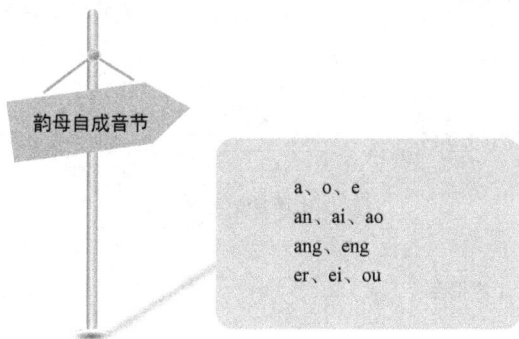

图2-15　韵母自成音节

六、音变训练

📚 引导案例

　　在一次刑事案件调查中，警察需要对附近居民进行调查。小光是刚来警局的实习生，组长吩咐他说："一直往前走，就能看见一栋楼，把一楼的人都叫来。"小光听后满脸愁容地说："这一楼人那么多，叫来天都黑了。"组长解释说："是第一层楼的人，不是一整栋楼。"小光这才恍然大悟，赶紧去执行任务。

　　原来当"一"读作"yī"的时候，表示的是"第一层楼"；当"一"读作"yì"的时候，表示的是"整栋楼"。

　　人们在说话时，音节之间会互相影响，使读法发生了变化，有时意思、语气也会相应地发生变化。学习普通话语音，除了掌握普通话的声母、韵母、声调和音节的正确发音外，还要学习普通话的变调、轻声、儿化、语气词的音变等有关理论和发音技能，发准普通话的变调、轻声、儿化、语气词的音变，这样才能做到表达自然、标准。幼儿教师还要学会运用有关理论，纠正幼儿的错误发音。

（一）变调训练

　　由于邻近音节声调的影响，有些音节的声调往往要发生变化，这种声调变化现象就叫作变调。

1. 变调的类型和发音

　　变调包括上声的变调和"一""不"的变调。上声变调的发音方法如图 2-16 所示。"一""不"变调的发音方法如图 2-17 所示。

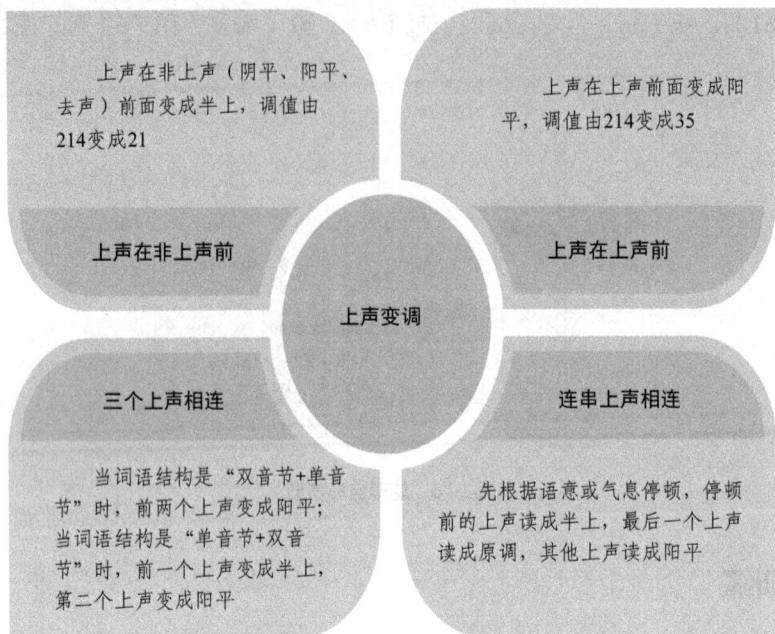

上声在非上声（阴平、阳平、去声）前面变成半上，调值由214变成21

上声在非上声前

上声在上声前面变成阳平，调值由214变成35

上声在上声前

上声变调

三个上声相连

当词语结构是"双音节+单音节"时，前两个上声变成阳平；当词语结构是"单音节+双音节"时，前一个上声变成半上，第二个上声变成阳平

连串上声相连

先根据语意或气息停顿，停顿前的上声读成半上，最后一个上声读成原调，其他上声读成阳平

图2-16　上声变调的发音方法

1　在去声前，"一""不"都变成阳平

2　在非去声前，"一"变成去声，"不"仍读原调

3　夹在词语中间时，"一""不"都变成轻声

4　当"一"作为序数表示"第一"时不变调

"一""不"的变调

图2-17　"一""不"变调的发音方法

2．变调辨正

方言区的人在学习变调时容易犯两个错误：一是依然读原调，不读变调后的音；二是不按音变规律来读，如把"上声＋上声"的组合读成"上声＋阳平"，把"单音节＋双音节"的上声组合读成"阳平＋阳平＋上声"。这两个错误的纠正方法是一样的，即按照变调的规律来发音。

3．学习音变的方法

音变是普通话学习的难点，它主要运用在语流中，在准确的基础上追求发音自然。如果掌握不好，说出来的普通话就显得不够标准。要发准音变，应该做到以下三点，如图2-18所示。

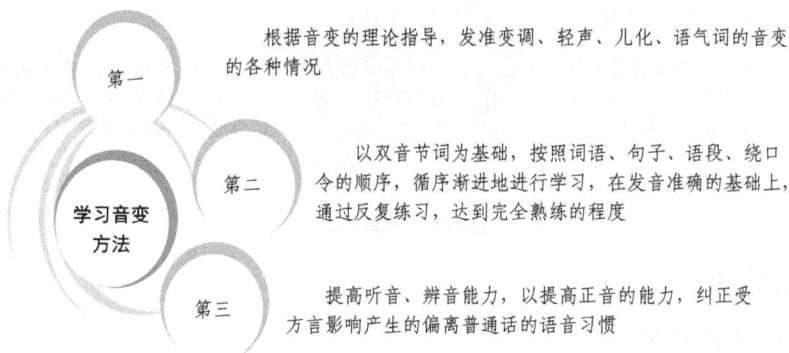

图2-18 学习音变方法

（二）轻声训练

1. 轻声的规律和作用

普通话的每个音节都有声调。但是，在词或句子里，有些音节由于受到前面音节的影响，失去原有声调的调值，变得音强弱，音长短，这种现象叫作轻声。

轻声对一些词有区别词义的作用，对一些词还有区别词义和词性的作用；而有一些词，读轻声还是不读轻声，并不会成为两个不同的词，但是不读轻声听起来生硬、不够自然。

2. 轻声的类型和发音

轻声包括规律性轻声和习惯性轻声两类。规律性轻声指的是某些成分固定读轻声，如语气词、助词、方位词、趋向动词等。还有一些口语中极常用的双音节的第二个音节习惯上读成轻声，属于习惯性轻声。轻声音节的调值有两种形式，如图2-19所示。

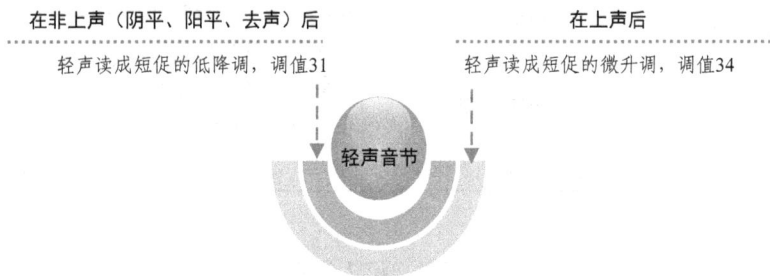

图2-19 轻声音节的调值

3. 轻声辨正

方言区的人在学习轻声音节时容易犯两个错误：一是把该读轻声的音节读成原来的调值，这样有时会影响意思的表达，有时即使不会影响意思的表达，也显得很生硬，不够自然；二是把轻声一律读成较短的阴平调，实际上轻声没有固定的音高，它随着前面音节声调的不同而不同。

对于这两个错误，要分别对待，具体方法如图2-20所示。

一是必须掌握具有区别意义的轻声词，并尽可能地掌握习惯性的轻声词

轻声辨正

二是根据轻声音节前面音节的声调来确定轻声音节的调值，并准确地读出来

图2-20　轻声辨正

（三）儿化训练

1. 儿化的规律和作用

在普通话中，er可以附在音节的后面，使音节带上卷舌动作，韵母产生音变，这种现象叫作儿化。儿化的变化规律如表2-3所示。

表2-3　儿化变化规律一览表

原韵母或尾音	儿化	实际读音
韵母或尾音是a、o、e、u	不变，加r	画儿（huàr）板擦儿（cār） 大伙儿（huǒr）围脖儿（bór） 个儿（gèr） 旦角儿（juér）锅贴儿（tiēr） 兜儿（dōur）爆肚儿（dǔr）
韵母是i、ü	不变，加er	玩意儿（yièr）针鼻儿（biér） 金鱼儿（yúr）小曲儿（qǔr）
韵母是-i	去掉-i加er	没事儿（shèr） 枪子儿（zěr）
尾音是i、n	去掉i、n加r	带儿（dàr）走味儿（wèr） 包干儿（gār）纳闷儿（mèr）
韵母是in、ün	去掉n加er	够劲儿（jièr）音儿（yiēr） 白云儿（yúer）
尾音是ng	去掉ng加r，元音鼻化	空儿（kòr）鼻梁儿（liár）

儿化不仅是语音现象，它还具有语汇意义和语法意义，并有一定的修辞作用。图2-21所示为儿化的修辞作用。

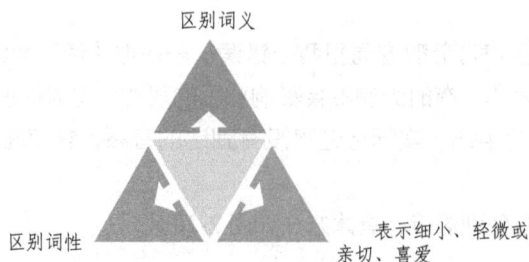

区别词义

区别词性

表示细小、轻微或亲切、喜爱

图2-21　儿化的修辞作用

2. 儿化的类型和发音

儿化的音变条件取决于韵母的末尾音素是否便于卷舌。图 2-22 所示为儿化的类型与发音。

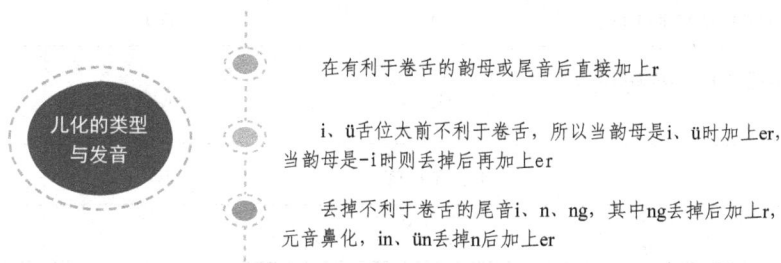

在有利于卷舌的韵母或尾音后直接加上r

i、ü舌位太前不利于卷舌，所以当韵母是i、ü时加上er，当韵母是-i时则丢掉后再加上er

丢掉不利于卷舌的尾音i、n、ng，其中ng丢掉后加上r，元音鼻化，in、ün丢掉n后加上er

儿化的类型与发音

图2-22 儿化的类型与发音

3. 儿化辨正

方言区的人在学习儿化音节时容易犯两个错误：一是把儿化音节拆开来，把它作为两个音节来读；二是虽然没有拆开来，但"化"得不好，读起来显得很生硬，不够自然。

对于这两个错误，具体解决方法如图 2-23 所示。

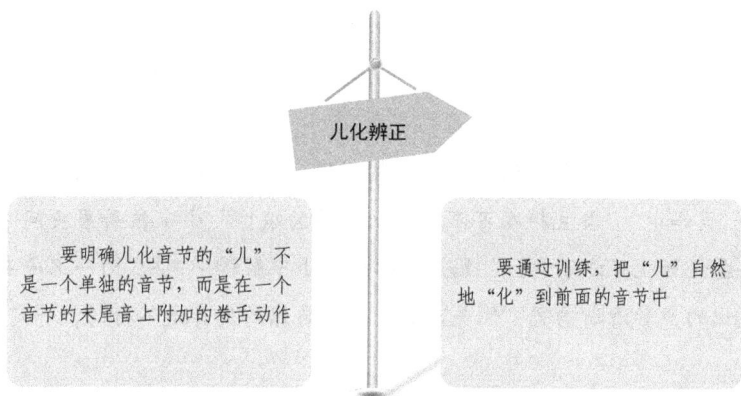

儿化辨正

要明确儿化音节的"儿"不是一个单独的音节，而是在一个音节的末尾音上附加的卷舌动作

要通过训练，把"儿"自然地"化"到前面的音节中

图2-23 儿化辨正

（四）语气词音变训练

语气词"啊"用在句末或句中停顿时，往往受到前面音节末尾音素的影响，读音发生变化。

前面的音素是舌面元音（除 u 外）时，"啊"音变成 ya（呀）；其他"啊"的音变都是将前面的音素与 a 相拼，连读成音。

"啊"的音变情况如表 2-4 所示。

表2-4 "啊"的音变情况一览表

"啊"前面音节的韵母	"啊"前面音节末尾的音素	"啊"的音变	汉字写法
a ia ua o uo e ie üe i ai uai ei uei ü	a o e ê i ü	ya	呀
u ou iou ao iao	u（o）	wa	哇

续表

"啊"前面音节的韵母	"啊"前面音节末尾的音素	"啊"的音变	汉字写法
an ian uan üan en uen in ün	n	na	哪
ang iang uang eng ueng ing ong iong	ng	nga	啊
-i（后）er	-i（后）er	ra	啊
-i（前）	-i（前）	za	啊

　　方言区的人在学习"啊"的音变时，容易犯这样的错误，即念得比较重，有时比前面的音节还要重，实际上它不仅要根据音变情况处理，作为一个语气词，它还是一个轻声音节，要念得既轻又短，常常由前面的音节顺便带出即可，不用特别加以强调。

七、语音发生原理和科学的发声技巧

📚 引导案例

　　每天晚上，小宁都会和妈妈一起看新闻联播。今天，小宁说："妈妈，以后我也要当主持人。"妈妈说："当主持人可不是那么简单的哦！"小宁皱着眉头问："有什么难的呀！只要会说话就可以了啊！"妈妈耐心地向小宁解释："要成为一名专业的主持人，要使自己发出的声音清晰响亮，优美动听，单靠自然的发音是不行的，一定要进行专门的训练。"

　　小宁似懂非懂地点了点头，暗下决心以后一定好好学习发音。

　　人的发音器官包括呼吸器官、发声器官、咬字器官和共鸣器官，它们在大脑的相关指令下进行活动，产生了语音。胸腹联合式呼吸可以增大胸腔容气量，使气息便于控制。吐字归音可以提高语言的纯正度和艺术性。口腔、鼻腔、胸腔的共鸣使我们的声音饱满、圆润、浑厚、贯通。

　　幼儿教师要提高自身的气息控制能力，增强咬字器官的力度和灵活度，进一步美化音色，为以后的口语表达奠定基础。

（一）如何发出语音

1. 发音器官
　　人的发音器官精美而复杂，布设于人体的呼吸通道上，如图 2-24 所示。

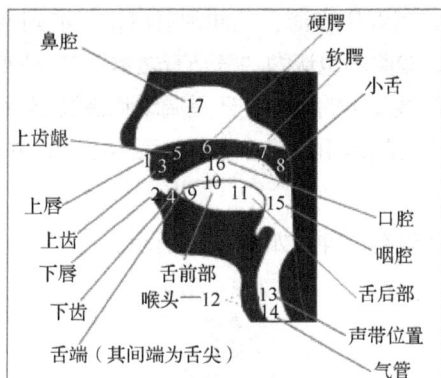

图2-24 发音器官

人体的发音器官大致分为四个系统，如图 2-25 所示。

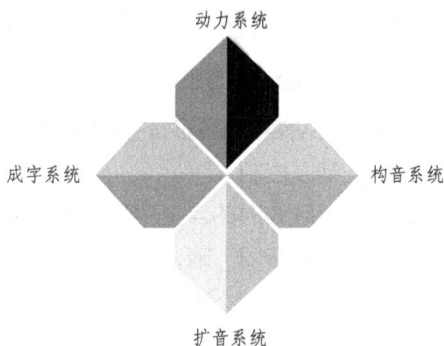

图2-25 发音器官的四个系统

动力系统即呼吸器官，包括肺和气管。肺产生气流，气管传送气流，气流冲击声带使之振动，发出声音。

构音系统即发声器官，包括喉和声带。喉由多块起支架作用的软骨和调整其运动的肌肉构成，声带是两条富有弹性的纤维质薄膜。声带作为人类发音的主要颤动体，其长短、厚薄发生变化，发出的声音就会有音高、音色等方面的差别。

扩音系统即共鸣器官，包括口腔、咽腔、鼻腔、喉腔、胸腔。

成字系统即咬字器官，包括上下唇、上下颌、舌头、硬腭、软腭。

2. 发音原理

人体发音器官在大脑的相关指令下进行活动，产生了语音。

肺部产生的气流通过支气管、气管到喉，在喉部引起声带振动，产生基音。基音经过咽腔、口腔、鼻腔时产生共鸣，使声音得以扩大和美化。声音和气流在口腔中受到唇、齿、舌、腭等的调节，形成了负载信息的语言符号——语音。

（二）用气发声

1. 气息在发声中的作用

从古至今，人们都注意到气息的作用。清代末年戏曲理论家陈彦衡在《说谭》中提到"夫气者音之帅也。气粗则音浮，气弱则音薄，气浊则音滞，气散则音竭"，言简意赅地概括出气息的运用对发声所起的作用。戏曲界也认为"气乃音之本""气动则音发"。

在口语表达中，气息不仅是发声的动力，还是调动和催发感情的重要手段。情动于衷，气随情动，以气托声——有了气息的运用，情感才得以表达出来，才能做到以声传情。

2. 呼吸方式

生活中人们的呼吸方式大致有三种，如图 2-26 所示。

图2-26　呼吸方式

胸式呼吸又称浅呼吸，人们在处于站姿、坐姿时的自主呼吸常用这种呼吸方式。这种呼吸方式的特点是进气量小，持久力差，难以控制。

腹式呼吸又称深呼吸，人们在处于卧姿时的自主呼吸常用这种呼吸方式。这种呼吸方式进气量较大，但缺乏胸肌的参与，形成的声音闷、暗，难以调节。

胸式呼吸、腹式呼吸都属于自然呼吸法，不能满足艺术口语表达的需要。艺术口语表达采用一种优化了的呼吸方法，即胸腹联合式呼吸法。胸腹联合式呼吸法的优势在于：吸气时，借助胸腔肌肉群的力量，使肋骨提高、扩展，同时膈肌下降，增大了胸腔的容气量，使气息的呼吸量更大、更强；建立了胸、膈、腹之间的关系，使气息更加稳健，便于控制。

3. 有控制的胸腹联合式呼吸

我们在进行胸腹联合式呼吸训练时，可采用站姿或坐姿。上身保持正直，头放正，肩放松。站姿时，双脚可呈丁字步站立，也可呈立正姿势站立，脚宽不要超过肩宽；坐姿时，臀部要坐在凳子的前半部分，双脚平放地面。

（1）吸气要领。小腹向内微收，尽可能多吸气，随着气息的吸入，两肋向左右扩张，感觉腰带渐紧。用鼻深吸气，控制气息一两秒钟后，将气缓缓呼出。吸气时不要耸肩。吸气时有"闻花香"时的感觉，也可用"抬重物"的方式体会吸气的感觉。先憋住一口气，体会抬重物时两肋打开、气息下沉、腹肌内收、腰部涨满的感觉。

（2）呼气要领。保持吸气时的状态，小腹始终要收住，胸、腹部在控制下将肺部储气慢慢放出。呼气要用嘴，做到匀、缓、稳。

（3）运用胸腹联合式呼吸应注意的问题。在胸腹联合式呼吸的实际运用中，吸气与呼气的配合有四种方式，如图 2-27 所示。

初学时一般采用慢吸的训练，以保证呼吸的基本状态正确。在胸腹联合式呼吸有了一定基础后，则可以多进行快吸的训练。在这四种吸与呼的配合方式中，快吸慢呼的方式更符合说话用声呼吸控制的实际状况。因此，进行胸腹联合式呼吸控制能力训练时，应以快吸慢呼的训练为主。训练时气息和吐字要配合好，气息通畅不紧，吐字清晰利落，情感贯穿其中。

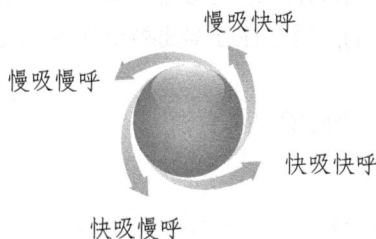

慢吸快呼

慢吸慢呼

快吸快呼

快吸慢呼

图2-27 吸气与呼气的四种方式

4. 气息的接续技巧

一篇文章不可能用一口气表达完成，进行口语表达时，需要我们及时、适时地接续气息，这样才不至于声嘶力竭。因此，在句段行进中不露痕迹地快吸补气是一项必须具备的基本功。

气息接续的方式包括换气和补气。换气是在句段表达到一定位置时从容不迫地吸入一口气后继续表达。补气则是在讲一句话中，意思未完而气息不够用时，巧妙、及时地补进一些气息后继续表达。补气时，先控制小腹，口鼻张开做好补气准备，两肋张起，气息自如地经口鼻迅速补入。

进行口语表达，气息太满会增加控制的难度，因此气吸到六七成即可，表达长句或需要大量气息时可吸至七八成。

（三）吐字归音

1. 吐字归音的概念

吐字归音原是传统戏曲、相声、单弦、大鼓词等说唱艺术中的专业术语，现也广泛运用于口语表达艺术中，成为语言艺术字音训练不可或缺的手段之一。吐字归音技巧可以帮助我们克服发音中的方言色彩，消除吃字现象，做到发音字正腔圆，提高语言的纯正度和艺术性。例如，有的人练习普通话时把"kùnnán（困难）"发成"kuàinán"，把"hěn（很）"发成"hěi"，通过归音技巧的训练，就可以把音发得准确到位。

2. 吐字归音的要求

吐字归音要求咬准字头（声母+韵头），吐清字腹（韵腹，即主要元音），收住字尾（韵尾）。例如"diàn（电）"，咬字头时舌尖抵住上齿龈，吐字腹时口腔打开，收字尾时舌尖回抵上牙床。

3. 吐字归音的训练方法

进行吐字归音训练，离不开声母、韵母的发音练习。声母训练时要严格掌握正确的发音部位和发音方法，找准着力点，使发出的音有弹力；韵母训练时要严格控制口腔的开合、唇形的圆展和舌位的前后。平时还要多进行正音练习，即按照普通话的语音标准，矫正自己的方音、难点音，如平翘舌练习、鼻音、边音练习，前后鼻韵母以及声调练习等。

初步练习吐字归音时，音节要呈"枣核形"。这就要求一个音节的发音过程有头有尾，声母、韵头为一端，韵尾为一端，韵腹为核心。字的中间发音动程大，时间长；字的两头发音动程小，口腔开合占的时间也短。语言是流动的，实际表达时音节疏密相间，轻重缓急错落有致，做到字字如核也是不现实的。较长较重的音节"枣核形"可以表现得充分一些，较短较轻的音节就不必追求"枣核形"；昂扬庄重的内容往往吐字要颗粒饱满，收音迅速干脆，柔和抒情的内容可以把"枣核形"拉长伸扁。

图 2-28 所示为吐字训练要领和归音训练要领。

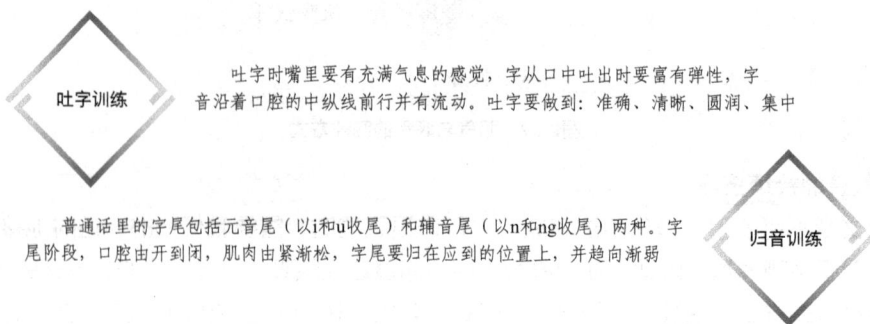

吐字训练　吐字时嘴里要有充满气息的感觉，字从口中吐出时要富有弹性，字音沿着口腔的中纵线前行并有流动。吐字要做到：准确、清晰、圆润、集中

普通话里的字尾包括元音尾（以i和u收尾）和辅音尾（以n和ng收尾）两种。字尾阶段，口腔由开到闭，肌肉由紧渐松，字尾要归在应到的位置上，并趋向渐弱　**归音训练**

图2-28　吐字训练要领和归音训练要领

图 2-29 所示为不同字母收尾的发音方法。

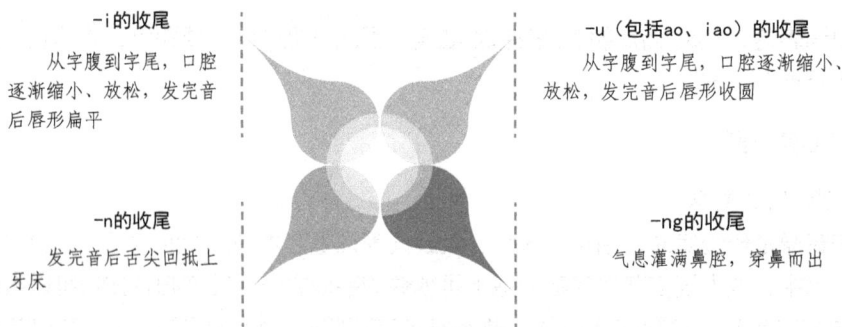

-i的收尾
从字腹到字尾，口腔逐渐缩小、放松，发完音后唇形扁平

-u（包括ao、iao）的收尾
从字腹到字尾，口腔逐渐缩小、放松，发完音后唇形收圆

-n的收尾
发完音后舌尖回抵上牙床

-ng的收尾
气息灌满鼻腔，穿鼻而出

图2-29　不同字母收尾的发音方法

（四）共鸣控制

1. 共鸣器官的特点与作用

人们从声带本体发出的原声极其微弱单调，既打不响、传不远，又无法改变音色，而共鸣器官弥补了这一缺憾。共鸣器官不仅可以扩大发声效率，还可以改变音色，改善声音质量。图 2-30 所示为共鸣器官。

口腔

鼻腔　　　咽腔

胸腔　　　　　喉腔

共鸣器官

图2-30　共鸣器官

其中口腔和鼻腔是最主要的共鸣腔体。我们可以在大脑的支配下受一些器官的牵动而调节共鸣腔的形状和容积，从而达到扩大音量、润饰音色的效果。共鸣器官的重要作用如下。

（1）鼻腔。鼻腔共鸣是声波在鼻骨上的振动，即将声音的焦点定位在鼻腔。这样的感觉是声音的焦点靠前，声音薄而明亮，比较灵活。

（2）咽腔。咽腔是声波必经之路，是重要的共鸣交通区，对扩大音量、润饰音色起着重要的作用。

（3）口腔。口腔既是共鸣器官又是咬字器官，是人类语言的制造场，口腔里的唇、舌、齿、腭、颊等部位的活动都可以改变口腔的形状，口腔对共鸣起着重要的作用。

（4）喉腔。喉腔是音波形成后的第一个共鸣腔体，如果喉部束紧，喉腔会被挤扁，声音就会发横。因此，放松喉部有利于发挥喉部共鸣的作用。

（5）胸腔。发声时胸部会产生振动，声音越低，胸部振动越明显，这种胸部振动就是胸腔共鸣，胸腔共鸣可以使声音更加浑厚有力。

各共鸣腔协调工作，才能使我们的声音饱满、圆润、浑厚、贯通。

2. 共鸣的方式

按共鸣腔的位置和共鸣的区域，共鸣可分为头腔共鸣、口腔共鸣、胸腔共鸣。

口语表达主要以口腔共鸣为主，采用口腔、胸腔、鼻腔三腔共鸣的方式。

3. 共鸣控制要领

（1）口腔共鸣控制。控制口腔共鸣的要领在于扩大口腔，图 2-31 所示为控制口腔共鸣的方法。

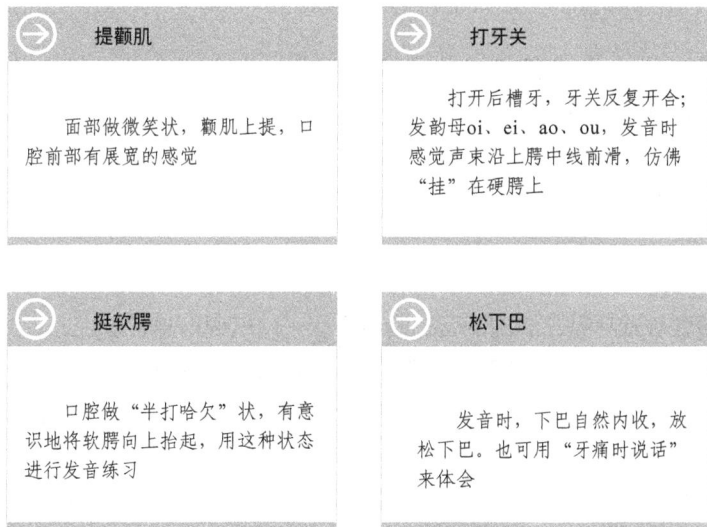

提颧肌	打牙关
面部做微笑状，颧肌上提，口腔前部有展宽的感觉	打开后槽牙，牙关反复开合；发韵母oi、ei、ao、ou，发音时感觉声束沿上腭中线前滑，仿佛"挂"在硬腭上
挺软腭	松下巴
口腔做"半打哈欠"状，有意识地将软腭向上抬起，用这种状态进行发音练习	发音时，下巴自然内收，放松下巴。也可用"牙痛时说话"来体会

图2-31 控制口腔共鸣的方法

练习口腔共鸣，主要以开口元音为主，可用阴平调发 ba、da、ga、pa、ka、peng、pi、pu、pai 等音节体会声音和气息。

（2）鼻腔共鸣控制。鼻腔共鸣是通过软腭来实现的。

发鼻辅音 m、n、mg 时，软腭下垂，打开鼻腔通路，体会鼻腔共鸣。鼻腔共鸣显得声音有厚度，但是过多的鼻音会影响声音的清晰度。

（3）胸腔共鸣控制。胸腔的空间及共鸣能量大，发出的声音有深度和宽度，声音更浑厚、宽广。

夸张地发 a、o、e、i、u、ü 六个单元音或含这六个单元音的韵母，声音由较高逐渐降低，随着共鸣位置的下移，体会声音在胸部回荡的感觉。

（4）音色虚实变化。语言表达的思想感情是千变万化的，声音理应有与之相适应的色彩变化。声音色彩变化最主要的表现为虚实变化。就生理机制而言，实声是声带较为紧密靠拢时发出的声音，虚声是声带较为松弛、声门适度开启时发出的声音。丰富的虚实变化与多层次的音高、音量、音长的变化配合，便形成了多姿多彩的声音样式。图 2-32 所示为音色虚实变化的训练。

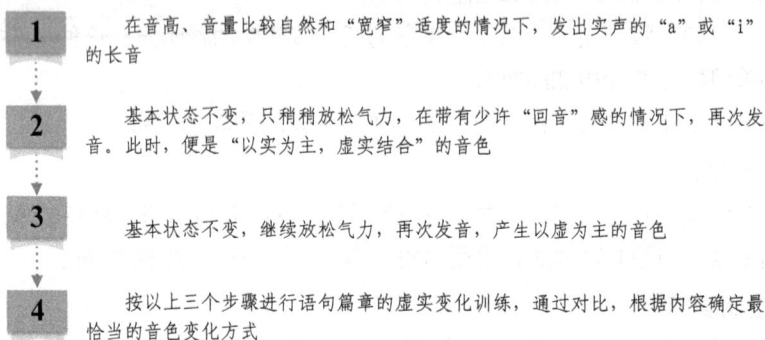

1 在音高、音量比较自然和"宽窄"适度的情况下，发出实声的"a"或"i"的长音

2 基本状态不变，只稍稍放松气力，在带有少许"回音"感的情况下，再次发音。此时，便是"以实为主，虚实结合"的音色

3 基本状态不变，继续放松气力，再次发音，产生以虚为主的音色

4 按以上三个步骤进行语句篇章的虚实变化训练，通过对比，根据内容确定最恰当的音色变化方式

图2-32 音色虚实变化的训练

【 思考与练习 】

1. 普通话与方言的差别是什么？
2. 阐述语音的发声原理和发声技巧。
3. 声母有哪些训练方法？

【 拓展训练 】

1. 运用胸腹联合式呼吸，练说下面的绕口令，一口气说得越长越好。

出东门过大桥，大桥前面一树枣，拿着竿子去打枣，青的多红的少，一个枣两个枣三个枣四个枣五个枣六个枣七个枣八个枣九个枣十个枣十个枣九个枣八个枣七个枣六个枣五个枣四个枣三个枣两个枣一个枣，这是一段绕口令，一气说完才算好。

广场上，红旗飘，看你能数多少旗，一面旗，两面旗，三面旗，四面旗，五面旗⋯⋯

2. 在准确发音的基础上逐渐加快速度，尽量读得又准又快。

（1）高高山上一条藤，藤条头上挂铜铃。风吹藤动铜铃动，风停藤停铜铃停。

（2）学习就怕满、懒、难，心里有了满、懒、难，不看不钻就不前。心里去掉满、懒、难，永不自满，边学边干，蚂蚁也能搬泰山。

（3）板凳宽，扁担长，板凳比扁担宽，扁担比板凳长，扁担要绑在板凳上，板凳不让扁担绑在板凳上，扁担偏要板凳让扁担绑在板凳上。

第三章

幼儿教师口语交际训练

【学习目标】

◆ 熟悉口语交际的基础知识。

◆ 掌握口语交际的表达技巧。

◆ 掌握各种口语技能的训练方法。

口语交际能力是公民的必备能力。良好的口语交际能力是现代人必须具备的基本能力之一，是一个人文化素质的综合体现。口语交际能力不是一般意义上的"口才"，它是一个人心理、思维及知识、经验、审美等素质的综合反映。培养口语交际能力，不仅对每个社会个体至关重要，而且对促进社会和谐进步、实现人际沟通具有重要意义，更是合格教师必备的基本素质。

一、多感官参与的口语交际

引导案例

小秋与夏夏是好朋友，经常在一起玩耍，分享自己的食物和玩具。这一天，夏夏来小秋家玩，小秋拿出了妈妈刚买给自己的新娃娃，对夏夏说："这是妈妈新买给我的娃娃，给你玩一会儿，这是我最喜欢的娃娃，你不许弄坏哦。"夏夏也非常喜欢这个漂亮的娃娃，非常开心地说："知道啦，我一定会小心的。"

可是不一会儿，夏夏不小心将娃娃掉到了地上，赶忙捡起来，发现娃娃的眼睛摔坏了。小秋看到自己最心爱的娃娃坏了，非常生气："都告诉你要小心一点了，你怎么把她摔坏了呢？""对不起，我不是故意的。"可是小秋看到自己变丑了的娃娃，还是非常伤心，吵着闹着要夏夏赔偿，还说再也不要和夏夏玩了。

妈妈听到声音走了过来，对小秋说："夏夏不是故意的，你不能原谅她吗？""不，我再也不要和夏夏玩了。"小秋气鼓鼓地说。妈妈摸着小秋的头，说道："可是夏夏是你最好的朋友啊，你想想，娃娃坏了可以再买，可是再也不和夏夏玩了，你就失去了一个最好的朋友，你是要娃娃还是要好朋友。"小秋说："可是我很喜欢这个娃娃啊，怎么办？"妈妈想了想，看着夏夏说："你看，小秋多小气，因为一个娃娃就不想和你玩了，夏夏去找一个大方又讲义气的好孩子做朋友吧！"小秋听到妈妈这么说，急忙拉着夏夏说："不行，我也是大方的好孩子，夏夏，没关系，坏了就坏了，我们去玩别的。"这时，一直低着头的夏夏也开心地笑了。

口语交际作为一种非常普遍的社会活动，在人类发展和社会进步中发挥着举足轻重的作用。良好的口语交际技能可以让语言更加富有感染力，更加容易达到说话的目的。时代发展到今天，虽然信息的传播渠道和传播媒介已经相当丰富，但依然无法撼动口语交际的重要地位。

（一）口语交际的特征和原则

人类用语言进行交际，有口头语言（口语）和书面语言两种形式。口语就是在口头上使用的语言。纵观人类发展的历史，即使是在文字出现以后，人们交际时使用的语言仍然以口语为主。

口语交际是听、说双方在特定环境里以语言为载体，凭借听、说进行交流、沟通，传递信息、联络感情、处理问题的一种言语活动。口语交际的核心是交际，它不同于听话、说话，而是由听、说双方共同进行的一种交际形式。

1. 口语交际的特征

口语交际的特征主要有四个：互动性、实践性、综合性与情感性。

（1）互动性。口语交际活动需要在个体与个体之间、个体与群体之间进行。只有交际双方不停地发出信息，才能使交际活动持续下去。即便是独白体说话，如讲故事、演讲等，虽然以一方讲话为主，其他人只做听众，一言不发，但双方仍需要情感、态度等各方面信息的交流与沟通，这是听说双方相互影响的过程。如果听众不能适当配合，说话者就很难将话题继续下去。

（2）实践性。口语交际是一种在具体情境中与人交往的实践性活动。无论是在社会活动、家庭生活还是幼儿园工作环境中，每时每刻都存在着人与人、人与社会之间的交往。这种交往本身就是一种实践，以此达到沟通情感、协调关系、彼此交流、相互理解的目的。只有交际的双方都参与话题，展开你来我往的交际实践，才能够形成真正的口语交际。这种口语交流活动能促进语言的发展和思维能力的增强，有利于交际活动的顺利进行。

（3）综合性。口语交际能力不只是"听、说"的能力，更是一个人的综合素质，诸如思想、人格、风度、个性、气质、修辞技巧等各方面的有机结合，也是融语音、语法、思维、论辩等认知能力和目的、动机、情绪、情感、价值观为一体的"复合体"。

（4）情感性。在口语交际活动中，情感具有很大的作用。它对人的声音、表情都有一定的影响，甚至对话题内容的选择、说话时的语气语调、持续的时间长短、交际活动的成功与否都有明显的影响。

2. 口语交际的原则

（1）合作原则。合作原则是 1967 年美国语言学家格赖斯提出的关于语言交际的基本原则。他认为，口语交际是一种双向活动，必须在说话人与听话人之间展开。为了交谈的顺利进行，谈话双方都应遵循一些原则，即彼此之间相互配合，使他们能够正确理解对方的话语。合作原则应包含四个分原则，如图 3-1 所示。

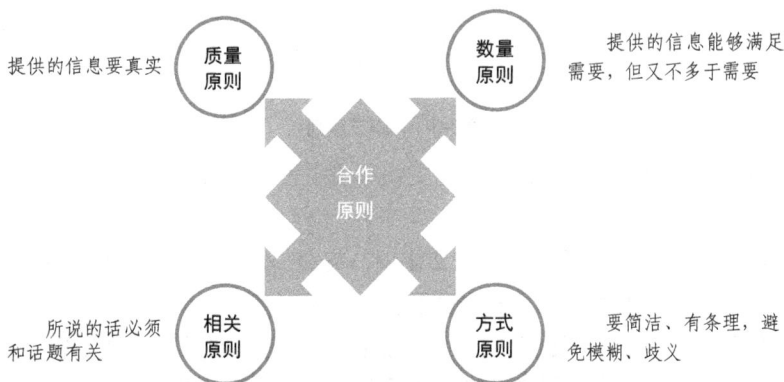

提供的信息要真实 — **质量原则**

提供的信息能够满足需要，但又不多于需要 — **数量原则**

合作原则

所说的话必须和话题有关 — **相关原则**

要简洁、有条理，避免模糊、歧义 — **方式原则**

图3-1 合作原则的四个分原则

另外，合作原则要求交际的双方做到以下几点：根据别人的兴趣爱好说话；根据别人的性格特点说话；根据别人的潜在心理说话；根据别人的不同身份说话。同时应注意，在交际过程中，切忌主动提及别人的隐私、伤感事和尴尬事。

（2）礼貌原则。礼貌原则由英国剑桥大学人类学家布朗和莱文森于1978年发表的《语言应用的普遍现象——礼貌》中首次提出，经英国当代著名的语言学家杰弗里·利奇（Geoffrey Leech）创新归纳的语言实际应用模式，是20世纪语言学研究和应用的主要成果之一。利奇在英国当代语言学研究的基础上，将现实语言交际中的礼貌原则归纳成六条，如图3-2所示。

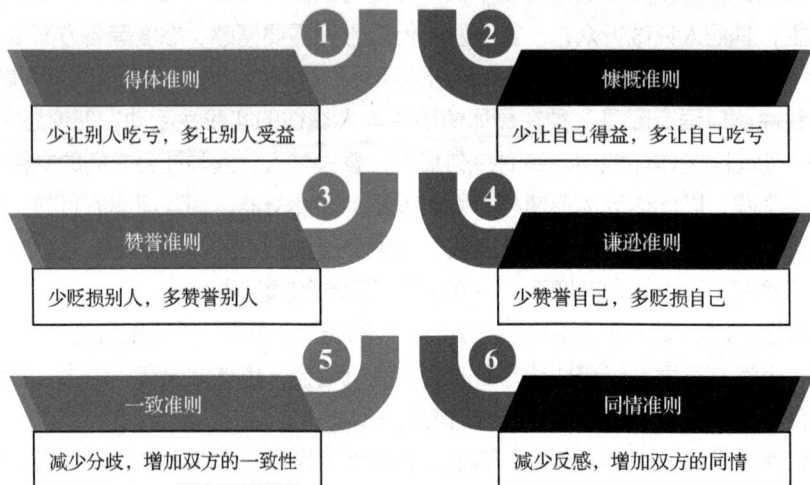

1 得体准则
少让别人吃亏，多让别人受益

2 慷慨准则
少让自己得益，多让自己吃亏

3 赞誉准则
少贬损别人，多赞誉别人

4 谦逊准则
少赞誉自己，多贬损自己

5 一致准则
减少分歧，增加双方的一致性

6 同情准则
减少反感，增加双方的同情

图3-2 礼貌原则

美国社会语言学家莱考夫也提出了礼貌三原则，如图3-3所示。

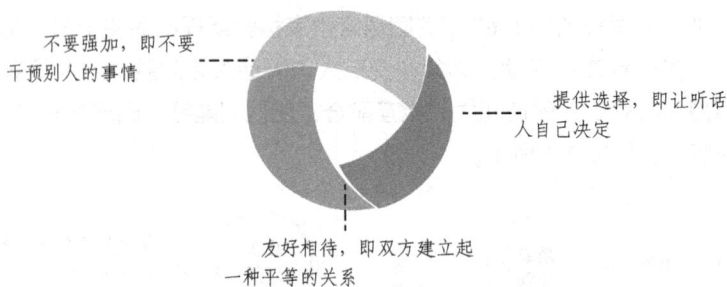

不要强加，即不要干预别人的事情

提供选择，即让听话人自己决定

友好相待，即双方建立起一种平等的关系

图3-3 礼貌三原则

莱考夫还认为，礼貌原则虽然在不同的文化环境中表现方式有差别，但其基本形式是一致的。图3-4为汉文化的四大礼貌原则。

我国是世界闻名的礼仪之邦。在传统文化中，"礼"有着特定的内涵，是指维护社会等级差别的行为法则，礼貌语言也有完善的语言系统、语用制度和民族习惯，并在几千年的历史发展中形成了特定的"礼文化"。随着现代社会制度的建立，礼貌语言传统的社会功能消失，成为不分等级差别、供每个社会成员效仿的行为规范；成为文明社会中先进文化的代表；成为促进人与人之间消除抵触、化解矛盾的工具。因此，学习借鉴古今中外的礼貌准则，提倡使用健康文明的礼貌语言，并使之成为促进人与人、人与社会和谐发展的途径，成为创造幸福美满的家庭关系、和睦互助的邻里关系、亲切友好的同事关系、平等互敬的干群关系和教学相长的师生关系的和平使者。

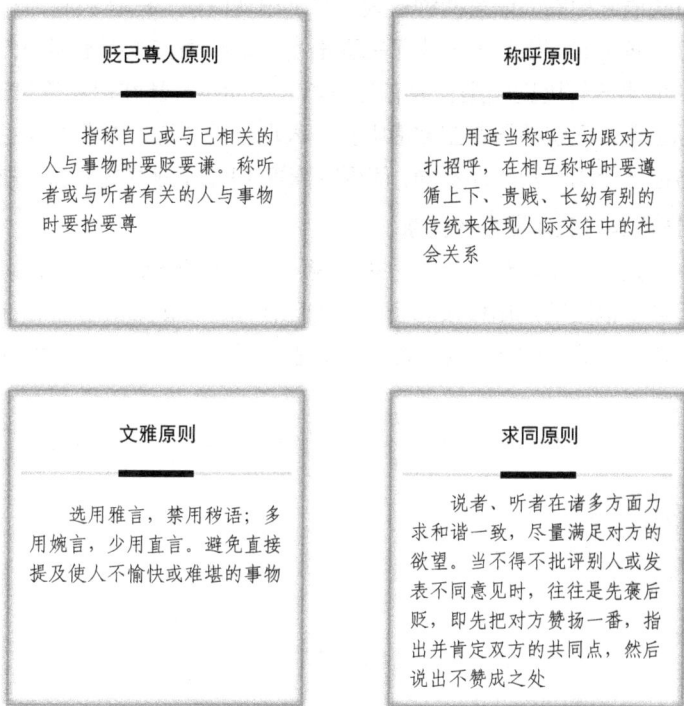

贬己尊人原则

指称自己或与己相关的人与事物时要贬要谦。称听者或与听者有关的人与事物时要抬要尊

称呼原则

用适当称呼主动跟对方打招呼，在相互称呼时要遵循上下、贵贱、长幼有别的传统来体现人际交往中的社会关系

文雅原则

选用雅言，禁用秽语；多用婉言，少用直言。避免直接提及使人不愉快或难堪的事物

求同原则

说者、听者在诸多方面力求和谐一致，尽量满足对方的欲望。当不得不批评别人或发表不同意见时，往往是先褒后贬，即先把对方赞扬一番，指出并肯定双方的共同点，然后说出不赞成之处

图3-4　汉文化的四大礼貌原则

（3）角色转换原则。每个人在社会中都有自己的角色。在交际活动中，每一个说话者都必须清楚地认识到自己的角色定位。作为一个社会人，角色常常处在一个动态的变化过程中，不同的场合、不同的交际对象和角色身份等都可能发生变化。这就要求说话者及时调整自己的角色位置，说出来的话应该符合自己的角色身份，否则言语便会因为不符合现实的角色而显得不伦不类。

就教师而言，社会角色十分明确，但交际角色会发生变化。在工作上，无论是和家长还是和同事或领导交往，会出现交际角色和社会角色的重合；但是，走上社会，情况就截然不同，如去饭店、公园、医院、菜市场等不同场所，其交际角色随时随地在发生着变化。因此，一个人的语言交际能力的高低除了其他因素外，与其能否意识到自身角色的变化并且及时做出相应调整是密切相关的。

在一般情况下，每个人的语言风格是相对稳定的，并与其社会角色相一致。当然，随着交际角色的改变，语言风格也应该有适当的变化。因此，口语交际要注意对象，见什么人说什么话。例如，和同学、朋友交谈，需自然平和、坦诚真挚、淳朴实在，不应装腔作势、虚情假意、咬文嚼字；而和长辈、老师说话，需落落大方、彬彬有礼、恭敬谦虚，不应扭捏作态、语言粗俗、不懂装懂；和家人或关系密切的人交谈，需真诚直率，不能口是心非。总之，一切语言手段的运用都必须恰当正确，即符合话题内容，符合语言情境，尤其是要与说话人的年龄、职业、身份、地位相吻合、相协调，否则就会产生滑稽感，令人啼笑皆非，甚至导致交际失败。

（二）口语交际中应处理好的几个关系

1. 处理好口头语言与书面语言的关系

人的语言有口头语言和书面语言两种形式。文字出现以前，语言只有口耳相传的形式，我们称其为口头语言，有了文字以后才产生了书面语言。口头语言的历史很长，它是随着人类的产生而产生的；书面语言的历史较短，只有几千年。书面语言是在口头语言的基础上产生的，虽然两者都是交际工具，但口头语言主要靠听觉，表现于听与说，书面语言主要靠视觉，表现于读与写。由于各自凭借的客观条件不同，使用的情境不同，因此它们之间既有联系又有区别。

2. 处理好表述语言与肢体语言的关系

在人际交往中，人们为了表达自己的思想感情，经常借助于肢体语言，以达到强化口语交际内容的目的。但肢体语言的运用仅仅起到一种辅助作用，不能喧宾夺主，而且运用时如使用不当，还可能造成负面影响。因此，我们在使用口语交际时，要形成三点共识，如图 3-5 所示。

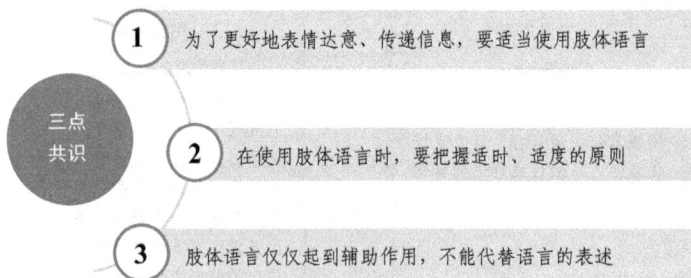

三点共识

1. 为了更好地表情达意、传递信息，要适当使用肢体语言
2. 在使用肢体语言时，要把握适时、适度的原则
3. 肢体语言仅仅起到辅助作用，不能代替语言的表述

图3-5 口语交际共识

3. 处理好思维与语言的转换关系

口语交际是人际相互交流思想感情的活动。思想交流的外在形式是说话，而说什么、怎么说，以及在特定的情景中能否很快有话说，能不能得体地说，都受到思维的影响和制约。

（1）思维与口语交际的关系极为密切。语言既是交际的工具，也是思维的工具。思维是人脑特有的功能，包括形象思维、抽象思维等多种形态。同时，思维又与语言密不可分。没有思维就没有语言，思维是语言的内容，语言是思维的工具。我们的语言表达过程实际上是把思维的内容结构表述出来的过程。一方面语言要受思维指向的支配；另一方面，语言对思维也起着加工、改造的作用。在口语交际的过程中，思维的品质和水平会在很大程度上制约口语交际的效果。我们在训练时，不能只在语言的技巧上下功夫，还要认真地进行思维训练。

（2）从思维到语言的转化很重要。简单地说，口语交际就是说话的过程，而说话过程就是从内部语言向外部语言转化的过程，实际上就是"思维—语言—思维"的过程。人的某个具体思维内容，在没有找到恰当话语表达时，是交织在一起、模糊的，分不出条理，划不出界限。而说出的话是有次序的链条，同时每句话的组成成分，即词语都是可以分离的。因此，要想把自己的思维变成话语，首先就要用词语把思维分隔开，接着按句法规则把分隔开的各个成分组织起来，使之变成可以叫人理解的链形的话语。口中所说应该与脑中所想完全重合，没有完全重合就得不断更换词语或调整句子结构，直至重合为止。从思维到语言的转化过程的快与慢、好与坏，是一个人口语交际能力强与弱的重要标志。因此，学习口语交际，首先要在这种转化能力上下功夫。

4. 处理好倾听和表达的关系

口语交际强调"双向互动"，注重人与人之间的交流与沟通和信息的往来交换。因此，参与交际的人不仅要认真倾听，还要适时回应，表达自己的意见和想法。交际双方通过口语交际实践，互相启发、互相促进、互相补充，在双向互动中实现信息的沟通和交流。因此，学会"听"和"说"，是口语交际得以成功的重要因素。为此要注意两点。

（1）在交流对象讲话时，要注视说话人的眼睛，全神贯注地听，并且边听边想，不打断别人。这样才听得明白，才有话可交谈。

（2）在表达自己的意见时，要先厘清思路，语言准确生动，表达清楚明白，做到言之有"礼"，言之有"物"，言之有"序"，言之有"节"，如图3-6所示。

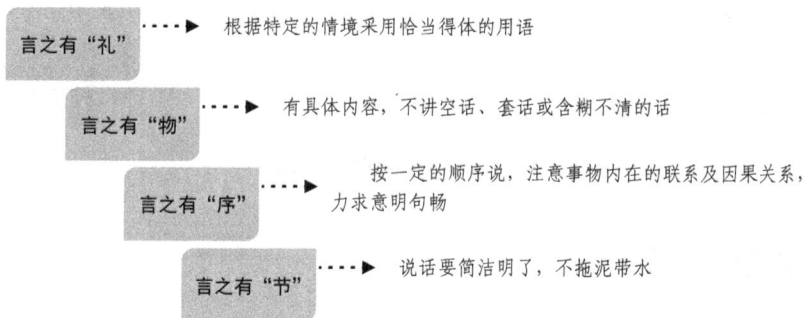

言之有"礼"	┈┈►	根据特定的情境采用恰当得体的用语
言之有"物"	┈┈►	有具体内容，不讲空话、套话或含糊不清的话
言之有"序"	┈┈►	按一定的顺序说，注意事物内在的联系及因果关系，力求意明句畅
言之有"节"	┈┈►	说话要简洁明了，不拖泥带水

图3-6 "听"和"说"

同时，要注意观察对方的反应，及时纠正口语表达上的错误，促使交际双方在宽松愉快的语言氛围中无拘无束地进行口语交际，形成良好的口语交际能力。

（三）口语交际与语境

美国语言学家海姆斯提出：人们在进行社会交际时，既要有生成正确话语的能力，又要有在一定时间、地点、场合说出恰当话语的能力；说出的话既要符合语言规则，又要适合言语环境。

所谓言语环境就是语境。语境是言语行为赖以表现的物质和赖以存在的场所，是言语交际所处的现实环境，包括社会环境或自然环境、交际时间或交际场合、交际对象及交际双方的各种相关因素（如身份、经历、性格、修养、心情、处境、知识水平及关系亲疏等）。语境在语言交际中起着直接制约交际效果的作用，如言语交际的时间、地点，交际对象的性别、年龄，交谈的话题，表现的言语行为，社会环境，社会思潮，民俗风情，言语交际双方的心境等。教师在口语交际中，要根据不同的场所、时间、表达对象，选择恰当的表达内容和方式。

生活中，大家都有这样的经验，在客人来访之前，主人常常要把家里收拾打扫一番，准备好待客的物品，其目的是给客人留下一个良好的印象，创造一个舒适友好的交流氛围。这样的交际环境令人愉快，交流也就会更舒适、更顺畅。

在外交谈判中，一个十分敏感的问题就是谈判地点的选择。通常的做法是双方达成协议，在第三国会晤或在谈判双方的领土上轮流举行。之所以会如此关注这个问题，就是因为语境背景中"居家优势"的作用，即在别人的家里说话，往往是客人的心态，拘谨而不能理直气壮；

而在自家的地盘上可以无拘无束，以主人的心态来运筹帷幄，决胜千里。

（四）口语交际中常见的问题

口语交际中常见的问题有四个，如图 3-7 所示。

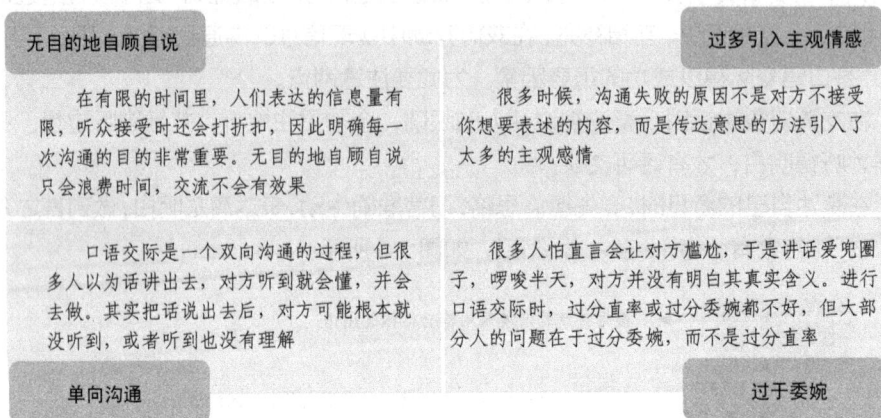

无目的地自顾自说	过多引入主观情感
在有限的时间里，人们表达的信息量有限，听众接受时还会打折扣，因此明确每一次沟通的目的非常重要。无目的地自顾自说只会浪费时间，交流不会有效果	很多时候，沟通失败的原因不是对方不接受你想要表述的内容，而是传达意思的方法引入了太多的主观感情
口语交际是一个双向沟通的过程，但很多人以为话讲出去，对方听到就会懂，并会去做。其实把话说出去后，对方可能根本就没听到，或者听到也没有理解	很多人怕直言会让对方尴尬，于是讲话爱兜圈子，啰唆半天，对方并没有明白其真实含义。进行口语交际时，过分直率或过分委婉都不好，但大部分人的问题在于过分委婉，而不是过分直率
单向沟通	过于委婉

图3-7　口语交际中常见的问题

二、肢体语言技巧及训练

引导案例

今天，小美老师带领孩子们做标本实验，她拿来了自己带来的蝴蝶标本，一边讲标本的做法，一边传给大家看，传到欣欣的手中时，欣欣不小心将蝴蝶标本掉在了地上，捡起来的时候却因为紧张把蝴蝶标本撕破了。欣欣一下子慌了起来。

旁边的孩子看到后，指责她："你怎么把老师的标本弄坏了？"其他的小朋友也开始说欣欣。欣欣看大家都在指责自己，便哭了起来。

这时小美老师走过来，看到撕成两半的蝴蝶标本，没有一丝生气的表情，而是带着微笑、温柔地说："欣欣，没关系哦，老师家有很多这样的标本，我知道欣欣不是故意的，不要哭了哦！"

可是欣欣还是哭个不停，这时，老师又用手轻轻拍着欣欣的背，说道："欣欣，老师真的没有怪你，只是一个标本而已，我们去做一个新的好不好？"老师一边拍着欣欣不断抖动的背，一边握着欣欣的手，肢体上的接触让欣欣感觉到了老师的善意，抬起头来看到老师和蔼的目光，确定老师没有生气，便安静了下来。小美老师摸了摸欣欣的头，说："走吧，我们去外面捡叶子，做叶子标本。"老师说完后，欣欣笑了，课堂又热闹了起来。

在一般口语交际活动和教师职业口语的运用中，学习使用正确的肢体语言，养成运用肢体语言的好习惯，对加强人际交流、沟通，减少信息传递中的误差，丰富口语交际的内涵，以及保持良好的教师形象都有着重要的作用。

（一）肢体语言的作用

肢体语言是以说话人的身姿、手势、表情、眼神来传递信息，诉诸听话人视觉的一种无声语言，又称身体语言。

在一般口语交际和教师职业口语的运用中，肢体语言具有不可忽视的作用。成功的口语交际和教育教学活动，不仅得益于优秀的有声语言，也得益于适度、得体的肢体语言。肢体语言的恰当使用可以完善表达的内容，使对方能更好地理解教学内容，同时，可以缩短双方之间的心理距离，营造良好的课堂气氛。

肢体语言的作用可以概括为三个方面，如图 3-8 所示。

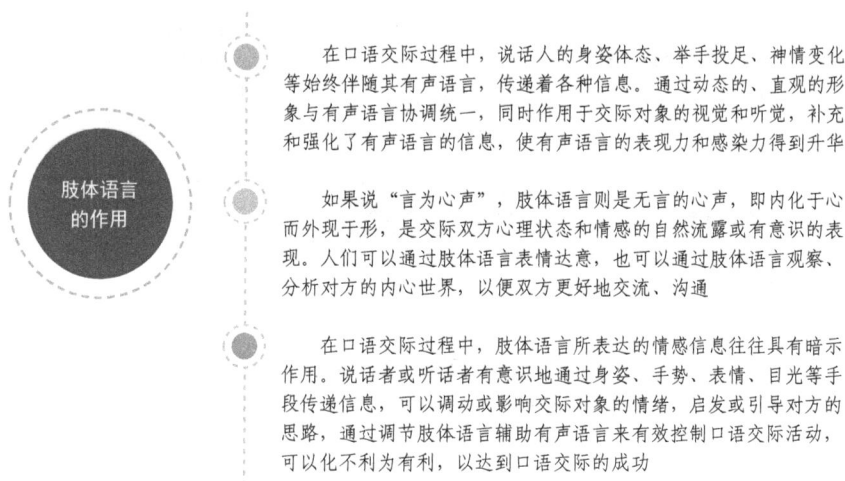

肢体语言的作用

在口语交际过程中，说话人的身姿体态、举手投足、神情变化等始终伴随其有声语言，传递着各种信息。通过动态的、直观的形象与有声语言协调统一，同时作用于交际对象的视觉和听觉，补充和强化了有声语言的信息，使有声语言的表现力和感染力得到升华

如果说"言为心声"，肢体语言则是无言的心声，即内化于心而外现于形，是交际双方心理状态和情感的自然流露或有意识的表现。人们可以通过肢体语言表情达意，也可以通过肢体语言观察、分析对方的内心世界，以便双方更好地交流、沟通

在口语交际过程中，肢体语言所表达的情感信息往往具有暗示作用。说话者或听话者有意识地通过身姿、手势、表情、目光等手段传递信息，可以调动或影响交际对象的情绪，启发或引导对方的思路，通过调节肢体语言辅助有声语言来有效控制口语交际活动，可以化不利为有利，以达到口语交际的成功

图3-8 肢体语言的作用

（二）眼神表情训练

眼睛是心灵的"窗户"，教师和幼儿之间的交流首先不是语言，而是眼神，并可以借此表达教师和幼儿之间的理解、默契和爱的感情。教师要根据口语交际的需要恰当运用各种眼神来帮助幼儿说话。眼神的内涵有以下几种。

（1）正视表示庄重和诚恳。

（2）环视是与听众交流。

（3）斜视表示轻蔑。

（4）点视具有针对性和示意性。

（5）仰视表示崇敬或傲慢。

（6）俯视表示关心或忧伤。

（7）凝视表示专注。

（8）漠视表示冷漠。

（9）虚视可以消除紧张心理等。

教师的目光要有神采，用丰富的眼神使口语表达更加生动传神。幼儿教师组织活动时要扩大目光语的视区，始终把全体幼儿都置于自己的视野之中，并用广角度的环视表达对每个幼儿的关注。

教师要用眼神的交流组织教学活动，捕捉反馈信息，针对不同对象使用不同的目光点视，如对态度认真、思维活跃的孩子投去赞许的目光，对"开小差"的孩子投以制止的目光，对回答问题胆怯的孩子投以鼓励的目光等。

教师的眼神要灵活，有神采，切忌总是盯着天花板、窗外或讲义，不敢正视教育对象。当众说话时不要挤眉弄眼，不要有过多、过强的目光语活动。

（三）手势动作训练

手势表达的含义生动丰富，一般分为四种，如图3-9所示。

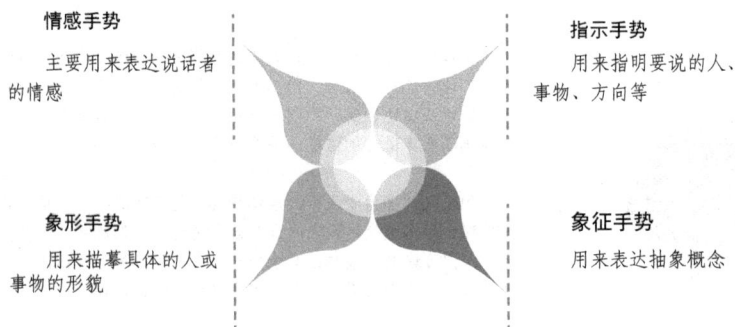

情感手势
　主要用来表达说话者的情感

指示手势
　用来指明要说的人、事物、方向等

象形手势
　用来描摹具体的人或事物的形貌

象征手势
　用来表达抽象概念

图3-9　不同手势的含义

根据手的动作范围，手势一般可分为三个区域，如图3-10所示。

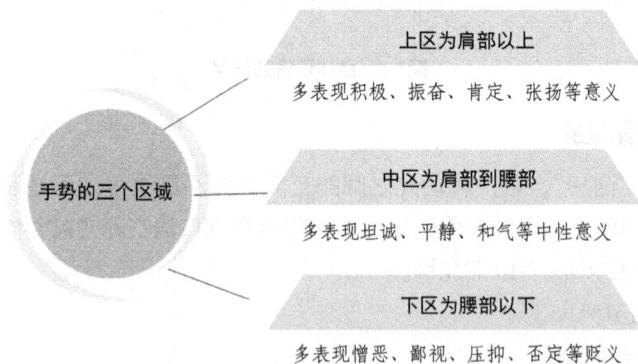

手势的三个区域

上区为肩部以上
多表现积极、振奋、肯定、张扬等意义

中区为肩部到腰部
多表现坦诚、平静、和气等中性意义

下区为腰部以下
多表现憎恶、鄙视、压抑、否定等贬义

图3-10　手势的三个区域

手势的方向，如向上或向下，向前或向后，向内或向外，以及手势的定型、不定型等，都表达不同的含义，应注意根据大众共同理解的意义选用，并适当体现个性特点。

教师在课堂教学中要"以手势助说话"，手势要目的鲜明，针对不同教学对象、教学内容正确选用不同含义、不同区域、不同指向的手势；手势要根据表达需要选择不同的速度、频度、幅度、角度等。图 3-11 所示为教师手势的要求。

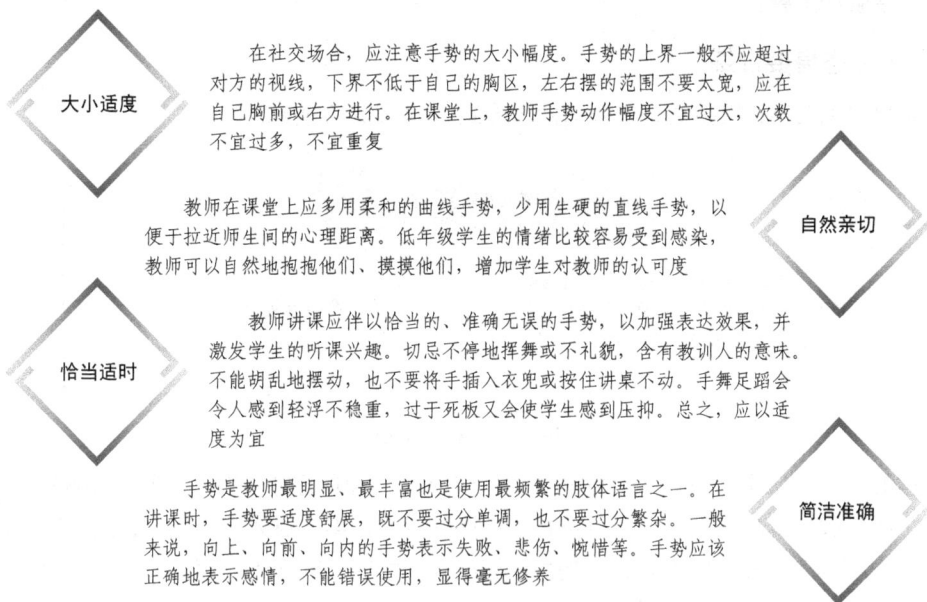

大小适度

在社交场合，应注意手势的大小幅度。手势的上界一般不应超过对方的视线，下界不低于自己的胸区，左右摆的范围不要太宽，应在自己胸前或右方进行。在课堂上，教师手势动作幅度不宜过大，次数不宜过多，不宜重复

自然亲切

教师在课堂上应多用柔和的曲线手势，少用生硬的直线手势，以便于拉近师生间的心理距离。低年级学生的情绪比较容易受到感染，教师可以自然地抱抱他们、摸摸他们，增加学生对教师的认可度

恰当适时

教师讲课应伴以恰当的、准确无误的手势，以加强表达效果，并激发学生的听课兴趣。切忌不停地挥舞或不礼貌，含有教训人的意味。不能胡乱地摆动，也不要将手插入衣兜或按住讲桌不动。手舞足蹈会令人感到轻浮不稳重，过于死板又会使学生感到压抑。总之，应以适度为宜

简洁准确

手势是教师最明显、最丰富也是使用最频繁的肢体语言之一。在讲课时，手势要适度舒展，既不要过分单调，也不要过分繁杂。一般来说，向上、向前、向内的手势表示失败、悲伤、惋惜等。手势应该正确地表示感情，不能错误使用，显得毫无修养

图3-11 教师手势的要求

手势是口语交际中使用频率很高的非语言符号。行为心理学家发现手势具有极丰富的表意功能，它可以弥补交际语言的不足，起到增强沟通效果的作用。

（四）表情和手势配合训练

有的教师认为"师者，传道授业解惑也"，只要知识渊博就行了，至于表情，则无所谓，于是采取很随便的态度；有的教师的表情可能令学生不满甚至产生反感，由于对教师产生偏见，从而影响对学科的喜恶。教师在教学过程中，各个细节都受到学生的关注，因此不能忽视任何一个细节，特别是教师的面部表情，更应该进行自我调节。以下几种表情是教师经常会用到的正确表情。

1. 亲切型

教师面带微笑，和蔼可亲，使学生感到可亲可信，拉近师生间的心理距离，双方很容易进入角色，以友好的朋友态度互相合作、互相学习，真正成为良师益友。

2. 严肃型

教师神态持重、稳定，对学生要求严格，对违纪学生严肃处理，对好学生也及时表扬。对这类表情，学生一开始也许有些畏惧、不适应，但过一段时间后会逐渐接受的。

3. 生动型

教师表情富于变化，课堂上讲到悲痛时面带忧伤，讲到慷慨时情绪激昂，讲到喜悦时满面春风。这种表情容易调动学生的情绪，提高学生的积极性，以情感人，师生双方达到情感上的共鸣。对这种表情的运用，如果缺乏丰富的教学经验和较高的业务水平，很难驾驭自如。

教师要学会根据具体情况对表情进行适当的管理，同时结合手势，增强表情的感染力。例

如，教师在高兴的时候可以拍手；鼓励学生的时候，面带微笑地竖起大拇指；生气时，将手背在身后，增强严肃感。

（五）体态身姿训练

站姿是讲话时常见的姿势，一般有两种形式，如图 3-12 所示。

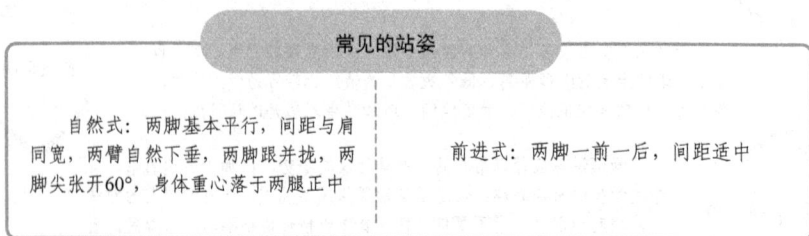

常见的站姿

自然式：两脚基本平行，间距与肩同宽，两臂自然下垂，两脚跟并拢，两脚尖张开60°，身体重心落于两腿正中 ｜ 前进式：两脚一前一后，间距适中

图3-12 常见的站姿

标准的站姿，从正面观看，全身笔直，精神饱满，两眼正视，两肩平齐；从侧面看，两眼平视，下颌微收，挺胸收腹，腰背挺直，手中指贴裤缝，整个身体庄重挺拔，给人以亲切、自信的感觉。标准的站姿不仅美观，还是身体健康、精力充沛的标志。课堂上教师的身姿是留给学生的第一印象。教师的站姿要端庄、稳健、挺直，给人以精神饱满的感觉。

坐姿是双向交流中听、说双方常使用的姿势。坐姿是一种静态的姿势，要注意头部端正而自然，双目平视，双肩平正放松，上身挺直、收腹，下颌微收，两下肢并拢。任何一种坐姿都反映了人的心理状态。在口语交际过程中，听、说双方都要注意观察对方身姿的变换，推测其心理状态，以此做出相应的调整。

走姿指的是一个人在行走时的具体姿势。良好的走姿应当身体直立，收腹直腰，两眼平视前方，双臂放松在身体两侧自然摆动，脚尖微向外或向正前方伸出，跨步均匀，两脚之间相距约一只脚到半只脚，步伐稳健，步履自然，要有节奏感。起步时，身体微向前倾，身体重心落于前脚掌，行走中身体的重心要随着移动的脚步不断地自然过渡，并注意在前脚着地和后脚离地时伸直膝部。教师在行走时，应当掌握正确的行走姿势，身体协调，姿势优美，步伐从容，步态平稳，步幅适中，步速均匀。

（六）服饰风度训练

幼儿教师服饰一般多用暖色调与中性色。颜色过于庄重不便于营造轻松、愉悦的学习氛围；太浅的颜色又容易弄脏，有损整洁；太艳的颜色过于招摇，有失庄重。研究表明，幼儿对明快、温暖的色彩特别感兴趣，所以白色、苹果绿、柠檬黄、天蓝、粉红、湖蓝、橘黄等颜色是幼儿教师的首选，能增加对幼儿的亲和力。幼儿教师的服装颜色应该给人以温和、恬静、稳重、清新、雅致的感觉。恰当的颜色搭配会让幼儿教师显得朝气蓬勃、光彩照人，幼儿教师服饰所传递的色彩美信息会使师生情绪稳定，对激发幼儿的学习热情、挖掘幼儿的潜力起到积极的效果。

幼儿教师在选择服饰款式时应符合自身文化底蕴，与特定民族、特定个体的文化相一致。通常情况下，幼儿教师选择的服装要分场合，并注意服装款式的整体搭配。幼儿教师工作中常用的服装款式有西装、套裙、制服、工作服、运动装和民族服装等，家居装、晚礼服等款式则不太适合教育职场。幼儿教师有时可根据需要穿着中山装、旗袍及民族服装，以体现民族文化与东方文化独有的美，还应该结合幼儿教师本人特点选择款式，主要是根据幼儿教师身材、年龄、性格，甚至教学风格的不同选择服装。

幼儿教师的衣着体现了教师的精神风貌，一个热心向上、积极乐观、朝气蓬勃的优秀幼儿教师，在穿着服装上也应该有意识地教育幼儿应有的审美观。简单大方的服饰不仅不会转移幼儿的注意力，还对幼儿从小形成正确的审美观十分有帮助，所以幼儿教师应根据幼儿的心理特点选择服装，否则一味地追求奇装异服，必定会影响教育教学效果。

服饰还能体现人的文化修养与审美趣味，展示其独特的审美品位。思想品质是一个人外貌的灵魂支撑，而外貌同时也很好地体现了品质，所以一个人的思想品质要与外貌相一致。"相由心生"，内在品质左右外在气质与风度。所以，美丽可以修饰，华丽可以装扮，而高雅的品位是装不出来的。因此，幼儿教师在教育教学过程中，能引起幼儿关注的外在形象与能引起幼儿感情心理的内在品位要完美统一。

服饰还具有辨识作用，除了反映个人的审美情趣与品位之外，还能反映其地位和身份。也就是说，服饰是一个人个性的体现，所以幼儿教师在选择服饰时也需要体现出与众不同且别出心裁的个人独特风格。幼儿教师的服饰不需要选择名牌，但要体现自身的文化修养，并反映个人审美趣味。

三、口语交际的表达技巧

引导案例

小芸是一个特别胆小的孩子，从来不在课堂上举手发言。今天，幼儿园举办演讲活动，平时不爱说话的小芸举起了小手。旁边的小朋友说："小芸竟然也举手了！"台上的张老师非常高兴，笑眯眯地说："小芸今天真棒，勇敢地举起了小手，让我们用掌声欢迎小芸！"小芸受到了鼓励，更加勇敢了，自信地向台上走去，完成了自己精彩的演讲。

如果张老师也像其他的小朋友那样说："小芸今天竟然举手了，让我们欢迎她！"小芸就不会受到那么大的鼓励，可能下次就不会举手发言了。而张老师的鼓励让小芸感受到了举手发言的成就感，在后来的学习中，小芸更加勇敢了，也比以前更爱说话了。

口语交际是交际者为了达到某种交际目的，运用口头语言交流信息的一种社会活动。良好的语言表达技巧不仅可以让幼儿教师的教学效果事半功倍，而且能给幼儿的自身发展带来极大益处，所以掌握口语的表达技巧是一个教师的必备技能。

（一）语音的特点及表达技巧

1. 高元音多

在现代汉语中，每个音节都有元音音素，其中高元音多并且音节响亮，声音悦耳。以 a 为例，在普通话 1 200 多个音节中，含元音 a 的音节有 500 多个。这些音节多优美动听，富有音乐美。我国古典文学作品中的诗词就是充分发挥了汉语语音音色优美、音节整齐的特点才会朗朗上口。

因此，如果说话者在口语表达时掌握高元音的正确发音方法，并能将悦耳动听的音色、丰富优美的语言和真挚饱满的情感融为一体，做到以声传情，将取得理想的表达效果。

2. 一个汉字一个音节

音节是构成词和句子的最小的自然语音单位，是说话和听话时最容易分辨出来的语音单位。在汉语里，音节是语素的语音形式，汉字是音节的书面形式。普通话里，除了个别情况外，原则上一个汉字就是一个音节，反过来也是如此，一个音节就写成一个汉字。由此，要求说话者在说话时字正腔圆，吐字清晰，如受地球的引力而坠落地上的重物掷地有声，声声入耳。

3. 声调的高低升降

声调是音节音调的高低升降变化，也就是音节的音高变化。在汉语里，一个音节一般表示一个汉字，所以声调也叫字调。

在现代汉语里，声调是音节结构中不可缺少的组成部分，它同声母、韵母一样，有区别意义的作用。例如"联系"和"怜惜"，"题材"和"体裁"，它们所表示的音节写法不一样，而且词语的意义也不同，这一切都靠不同的声调来区别。

普通话四个声调的调值分别为平调、升调、曲折调和降调。现代汉语通过声调的高低升降、错落有致构成音韵美。

没有节奏的口语会让人感到单调乏味。顺应汉语语音的调值变化，表达者在说话时可根据表达的需要以及词汇、句式、语气的特点进行抑扬顿挫的起伏处理。

例如，诗歌《乡愁》虽然篇幅短小，却是作者余光中思乡愁怀的流露。意蕴深厚，字字情真意切，句句感人肺腑。朗诵这首诗时要运用凝重舒缓的节奏，平实而又深情饱满的语气，并结合声调上的曲折变化，语调上抑扬顿挫，一唱一叹，回环往复，只有如此，才能再现诗歌愁绪郁结、萦绕不去的感情基调。

> 小时候 / 乡愁是一枚小小的邮票 / 我在这头 / 母亲在那头
> 长大后 / 乡愁是一张窄窄的船票 / 我在这头 / 新娘在那头
> 后来啊 / 乡愁是一方矮矮的坟墓 / 我在外头 / 母亲在里头
> 而现在 / 乡愁是一湾浅浅的海峡 / 我在这头 / 大陆在那头

（二）词汇的特点及表达技巧

1. 基本义、引申义、比喻义

（1）基本义。基本义是指词在现代汉语中较早出现的常用意义，也是多义词的最基本、最常用的意义。例如，"走"在普通话里常指步行，"步行"就是"走"的基本义。

词的基本义在《现代汉语词典》中，常常作为词的第一个义项提出。例如，《现代汉语词典》对"人"的注释的第一项是"能制造工具并使用工具进行劳动的高等动物"。

掌握词的基本义是了解多义词词义的好方法。因为多义词的词义不管有多少项，都是从基本义直接或间接发展出来的，掌握了多义词的基本义，根据具体的语言环境，可以推断出多义词发展引申出来的意义。因此，掌握多义词的基本义十分重要。

例如，由"人"的基本义引申出了另外七个意义：①指每人；②指成年人；③指某种人；④指别人；⑤指人的身体或意识；⑥指人手、人才；⑦指人的品质、性格或名誉。

（2）引申义。引申义是由基本义发展出来的意义。

例如，"收获"有两个义项：

① 收割成熟的庄稼；

② 学习、工作等的心得或成绩。

在"收获"的两个意义中，第一个是基本义，第二个是引申义。

（3）比喻义。比喻义是基本义通过比喻用法形成的固定的意义。

例如，结晶，其基本义是指物质由液态或气态形成晶体的现象，也指形成晶体；它的比喻义是"珍贵的成果"，如这本书是他多年心血的结晶。

鉴于汉语词义有上述基本义、引申义和比喻义的区别，这就要求说话者在表达时准确选取词语的意义加以使用，而听话者在接收语音信息时更要注意辨别。不正确的使用会引起意义上的混淆，影响交际，甚至会造成误解。"他终日游手好闲，惹是生非，是个没有心肝的家伙。"这是评价"他"缺乏道德感、责任心，而不是指他真的缺失心脏、肝脏这些身体器官。这里选用的是词语的比喻义，并非基本义。

2. 准确与模糊

作为一个社会人，所说的话要让别人乐于接受，易于接受。根据交际对象、交际场合、交际背景决定是用准确语言还是用模糊语言。

关于词的准确性，人所共知。词的模糊性，是指有些词的意义所涵盖的范围没有明确的界限，究其原因是客观世界存在着很多界限不清的事物，同时人在认识客观事物的过程中受到主客观条件的限制，只能近似地观察客观事物，如高低、深浅、美丑。正确运用模糊词语可以使语言表达更科学、更准确，因为模糊不是含糊不清，而是有清晰的中心，但无明确的边缘。

将李清照的"乍暖还寒"改为"一会 -20℃，一会 -5℃"，必定贻笑大方，诗意荡然无存。而在"问君能有几多愁，恰似一江春水向东流"中，正是恰当运用了比喻模糊语，表现了"愁"之深、之长，从而成为千古名句。

3. 直白与委婉

直白就是直截了当，清楚明白地说出自己要表达的意思。教师在传授知识时，必须具备直白表达能力。

直白的基本要求包括用词准确精当，语句干净利落。

把想要表达的意思曲折、间接地表达出来的说话方式就是委婉。委婉的表达常常是在说话前后对语音、语势、语意等方面做一定的变通，如图 3-13 所示。

苏霍姆林斯基说过："教育技巧的核心是暗示。"教育教学口语中的"暗示"，其主要表现形式就是委婉。教师对学生说话，有时不必非得"打开天窗说亮话"，把话说得很直白。直白方式用于传授知识是必要的，但是在不同的教育教学情境中，针对学生的心理、性格、情感、认知等不同，有时说话委婉一些效果会好得多。

语速放慢，语调趋于平稳；注重情绪交流；选词审慎并适当弱化用词的分量

在独白表达时，先迂回铺垫，再表明看法；在对话时，先顺承或肯定对方的某些表述，然后通过过渡引入自己要说的意思

不把话挑明，而是言在此而意在彼；或用商量、询问的语气，不把话说得过于确定；或用"模糊语言"，语意的指向宽泛一些，达到暗示的目的

委婉的表达方式

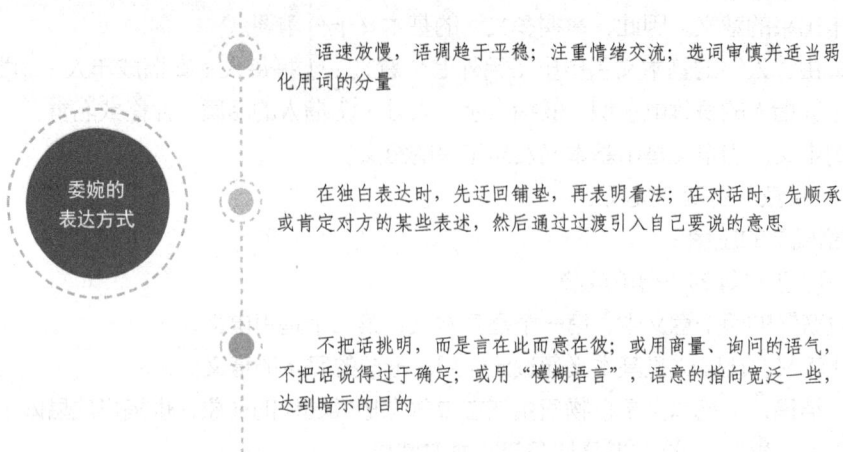

图3-13　委婉的表达方式

4. 抽象与形象

现代社会人们的生存离不开人与人、人与社会、人与自然的接触。面对不同的对象、不同的内容，我们要用不同的说话方式来表达，才能达到预期的目的。

如涉及社会科学知识时，要做到形象生动、感情丰富，要使人有如见其人、如闻其声、如临其境之感，要让别人发现美、感受美，并能创造美，对未来充满美好的憧憬，对前途有着热切的期盼。

涉及自然科学内容时，要把外界事物的客观性、规律性用简洁、准确、富有逻辑性的言语告之于人，让别人更好地了解客观世界，探索客观世界。

5. 适度的幽默

人们交际内容的丰富多样，决定了交际语言风格的多样性。在庄严、肃穆、正式的场合，语言一定要准确庄重；而在轻松、愉快、和谐的氛围中，语言要轻松幽默。当代社会快节奏的生活和激烈的竞争使人们长期处于精神紧张状态，为此巧用幽默可以为疲惫者驱除疲劳，为孤独者增添情趣，为成功者减轻压力。同时，幽默也是教师常用的口语风格之一。

教育家斯维洛夫说过："教育家最主要也是第一位的助手是幽默。"教师的幽默是师生关系的"润滑剂"，它能益智明理，是教师教学过程中启发思维、推动领悟、构筑和谐教学氛围的重要手段。

（三）语法的特点及表达技巧

语法是语素、词、短语、句子等语言单位的结构规律。语素如何组合成各种结构的词，词如何组合成各种短语，短语或词如何组成不同句子，再用什么手段、方式组成句群，其中都有规律规则和应用技巧。

在现代汉语里，我们要表达所思、所想、所感，都是以句子为单位进行的。句子的语法单位可以分成四级：语素、词、短语、句子。

在运用口语的过程中，应该通过学习准确掌握汉语语法特点，并根据在语素、构词、成句等方面的具体要求选择适当的类型，增强表达效果。

（四）修辞方法的运用技巧

现代汉语修辞方法很多，如比喻、拟人、借代、夸张、对偶、排比、回文、仿词、嵌字等，幼儿教师要掌握这些方法，充分运用各种修辞技巧，使自己的表达更加生动、具体、形象、活泼。

1. 比喻

用相似的事物来描绘事物或说明道理的修辞方法就是比喻。比喻就是打比方。

古人曾有"能博喻然后能为师"之说，并深刻地揭示了比喻在表达中的作用："善喻者，以一言明数事；不善喻者，百言不能明其意。"

比喻里被比方的事物叫本体，用来打比方的事物叫喻体，联系两者的词语叫比喻词。本体和喻体必须是性质不同的两种事物，利用它们之间在某方面的相似点来打比方，就构成了比喻。

比喻的作用有三个方面，如图3-14所示。

使深奥的道理浅显化，帮助人加深理解

使抽象的事物具体化，叫人便于接受

使概括的事物形象化，给人鲜明的印象

图3-14 比喻的作用

比喻主要分为三类：明喻、暗喻、借喻，如图3-15所示。

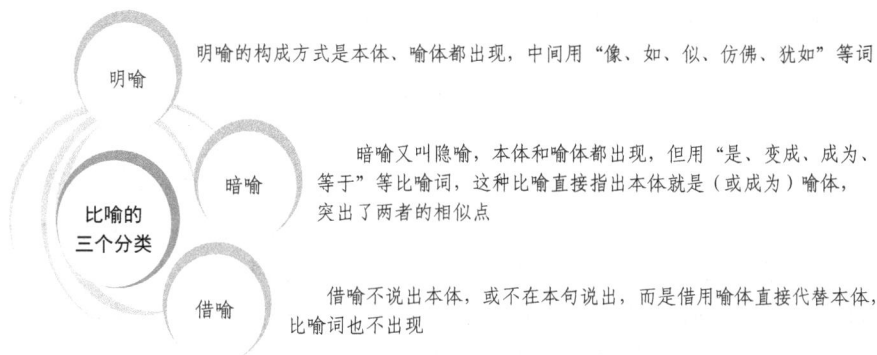

明喻
比喻的三个分类
暗喻
借喻

明喻的构成方式是本体、喻体都出现，中间用"像、如、似、仿佛、犹如"等词

暗喻又叫隐喻，本体和喻体都出现，但用"是、变成、成为、等于"等比喻词，这种比喻直接指出本体就是（或成为）喻体，突出了两者的相似点

借喻不说出本体，或不在本句说出，而是借用喻体直接代替本体，比喻词也不出现

图3-15 比喻的类别

使用比喻应注意三方面：第一，本体和喻体必须是不同类事物，但在所表达的含义上极其相似；第二，要用具体比抽象，用浅显比深奥，用熟悉比陌生，让人容易理解，使人容易接受；第三，比喻要新颖，不落入俗套。新颖的比喻才具有吸引力，受人喜爱，能给人鲜明的印象。

比喻作为一种常见的修辞方法，被普遍地运用于学前教育教学活动中。比喻可以把抽象的事物形象化，把不熟悉的事物变得熟悉起来，把深奥的道理变得浅显易懂，以激发幼儿学习的兴趣，还可以培养幼儿的想象力。

比较浅显的比喻可用来帮助幼儿认识具体的事物，比较复杂的比喻能让幼儿明白某个道理。例如，教师说"团结就是力量"的道理，常常用"一根筷子容易断，一把筷子就难断了"的比喻来说明。

教育教学口语中运用比喻有如下几种：以浅喻深，化深为浅；以简喻繁，化繁为简；以熟喻生，化生为熟。

2. 比拟

把物当作人来写，把人当作物来写，或者把甲物当作乙物来写，叫比拟。比拟包括拟人和拟物两种。

（1）拟人。把物当作人来写，赋予物以人的动作行为或思想感情，叫拟人。它包括两种情况，如图 3-16 所示。

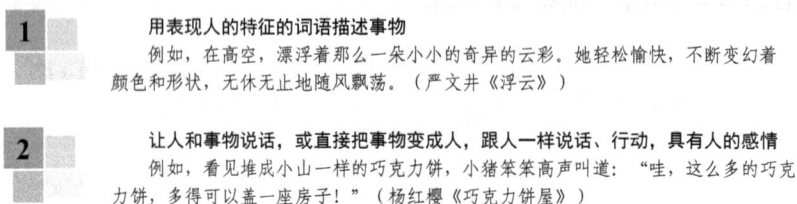

1 用表现人的特征的词语描述事物
例如，在高空，漂浮着那么一朵小小的奇异的云彩。她轻松愉快，不断变幻着颜色和形状，无休无止地随风飘荡。（严文井《浮云》）

2 让人和事物说话，或直接把事物变成人，跟人一样说话、行动，具有人的感情
例如，看见堆成小山一样的巧克力饼，小猪笨笨高声叫道："哇，这么多的巧克力饼，多得可以盖一座房子！"（杨红樱《巧克力饼屋》）

图3-16 比拟的用法

（2）拟物。把人当作物来写，使人具有物的动作或情态，或者把甲物当作乙物来写，表达某种强烈的爱憎感情，叫拟物。例如，五婶、张木匠、小飞蛾三个人都要动身了，小飞蛾说："艾艾！你不去看看你姥姥！"艾艾说："我不去！初三不是才去过了吗？"张木匠说："不去就不去吧！好好给我看家！不要到外边飞去！"（赵树理《登记》）

值得注意的是以下两点。

① 运用比拟必须根据表达的需要，符合人或事物的特征，做到贴切自然。不可牵强附会，随便使用比拟。

例如：禾苗见它弯腰，花儿见它点头，云儿见它让路，小树见它招手。（小学语文《谜语》）让禾苗、花儿、云儿、小树能够"弯腰""点头""让路""招手"，是由这些事物在风中表现出的特点决定的，如果说"禾苗让路""云儿招手"就不合适了。

② 要注意比喻，特别是其中的借喻和比拟的区别。比喻重在"喻"，是把甲事物喻为乙事物，甲乙两事物一主一从，而且一般都出现；如果是借喻，则往往只出现喻体，本体不出现。比拟重在"拟"，是把甲事物比作乙事物，而乙事物一般不出现，只出现表现乙事物思想言行的词语。例如：哦！他一定喜欢冬天，要不，怎么身上开满了梅花。（吴成《梅花鹿》）

比拟在幼儿教育中很常见，幼儿富于幻想，幼儿的思维又是以自我为中心的，他们常常把动植物当作朋友，认为动植物跟他们一样能说话、能游戏。抓住这一特点，运用拟人、拟物的修辞方法，会增强口语表达效果。

3. 夸张

有意对客观事物言过其实，用以强调或突出事物某方面特征，表达某种强烈感情的修辞方法就是夸张。夸张包括扩大夸张、缩小夸张和超前夸张三种。

（1）扩大夸张。故意把事物往大、高、多、重、强等方面言过其实，就是扩大夸张。

例如，再看看笔陡的石级，石级边上的铁链似乎是从天上挂下来的，真叫人发颤。（小学语文《爬天都峰》）

（2）缩小夸张。故意把事物往小、低、少、轻、弱等方面言过其实，就是缩小夸张。

例如，我和指导员每人背上一捆，高兴地跨着大步往回走，恨不得一步赶回村子，把书发给同学们。（小学语文《珍贵的教科书》）"一步赶回村子"极言时间短，突出了急切心情。

（3）超前夸张。把事物出现的先后顺序打乱，把后出现的事物说成先出现或同时出现，就是超前夸张。

例如，船长冷冷地回答说："听说他在那边阔绰过一个时期，可是您看他今天已经落到什么田地！"我父亲脸色早已煞白，两眼呆直……（莫泊桑《我的叔叔于勒》）本来是听完后才动声色，却说成了"早已煞白"。

运用夸张时应注意三点事实，如图 3-17 所示。

夸张不是浮夸，必须合乎情理，不能脱离生活的基础和依据

夸张

夸张应和事实保有距离，否则就分不清是在陈述事实还是在运用夸张

要注意应用的场合。严肃的总结报告类的应用文不宜使用夸张修辞

图3-17　夸张方法注意事项

四、说话能力

📚 引导案例

一位幼儿教师刚走上讲台，台下的孩子们就开始笑起来，教师感到很奇怪，问孩子们："大家在笑什么？"坐在前面的一个孩子回答说："老师，你脸上有黑点。"教师心想："可能是刚才批改作业时，不小心将笔油甩在了自己的脸上。"教师没有一丝尴尬，从容地说："老师着急来上课，忘记了洗干净脸，没什么好笑的，就像是昨天上完绘画课，大家手上都沾上了油彩，有的小朋友着急吃饭，没有洗手。下次老师会注意的，同学们也要注意清洁，好不好？"教师就这样化解了尴尬，同时也起到了教育幼儿的目的。

说话是教师传道授业解惑的方式之一。教学效果的好坏，很大程度上就取决于教师的口语表达能力的强弱。幼儿教师要努力地训练自己的说话能力，以胜任各项教育教学工作。

（一）独白体说话技巧

独白体说话就是以说话人为主，顺着自己的思路表情达意的说话方式。独白体说话有多种形式，各有其功能和要求。独白体说话训练主要有四种方式，如图 3-18 所示。

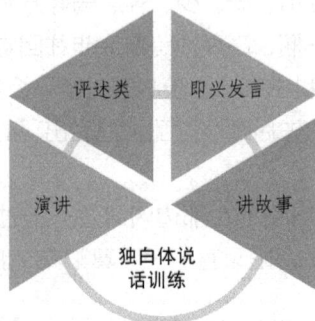

图3-18　独白体说话训练的四种方式

1.　评述类

（1）解说。解说就是对客观事物或事理做准确的说明或解释。解说从不同的角度可进行不同的划分。图 3-19 所示为解说的具体划分。

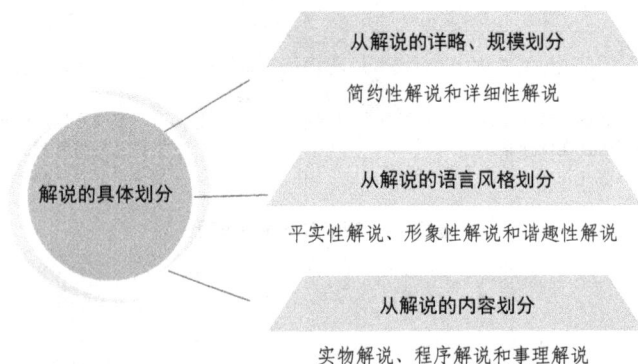

图3-19　解说的具体划分

解说有三个基本要求，如图 3-20 所示。

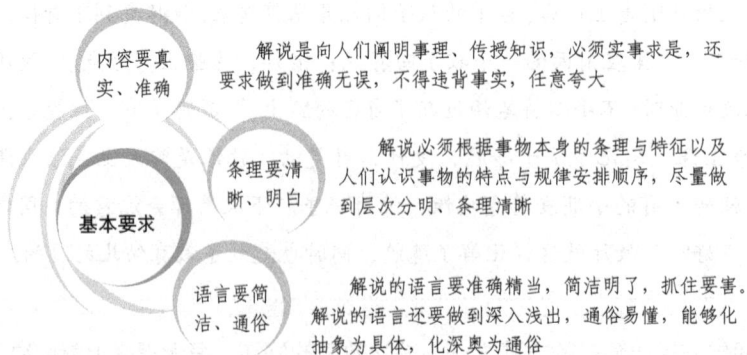

图3-20　解说的基本要求

（2）评述。评述就是对一定的人物、事件或观点发表自己的见解。评述主要可以分为三类，如图 3-21 所示。

图3-21　评述类型

评述有三个基本要求，如图 3-22 所示。

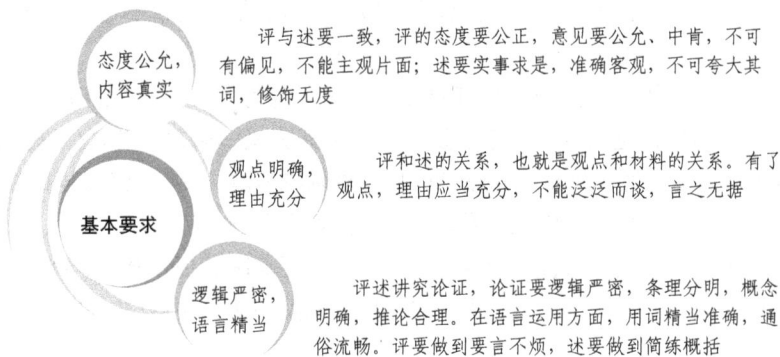

态度公允，内容真实　　评与述要一致，评的态度要公正，意见要公允、中肯，不可有偏见，不能主观片面；述要实事求是，准确客观，不可夸大其词，修饰无度

观点明确，理由充分　　评和述的关系，也就是观点和材料的关系。有了观点，理由应当充分，不能泛泛而谈，言之无据

逻辑严密，语言精当　　评述讲究论证，论证要逻辑严密，条理分明，概念明确，推论合理。在语言运用方面，用词精当准确，通俗流畅。评要做到要言不烦，述要做到简练概括

图3-22　评述的基本要求

2. 即兴发言

即兴发言就是在特定的情境和主题的诱发下，应邀或者自发地进行的即时性说话，是一种不凭借文稿来表情达意的随机自由的口语表达活动。有时候是在毫无准备的情况下被人邀请，盛情难却；有时候是自己兴之所至，随想随说。

即兴发言能够锻炼人的多方面能力，如图 3-23 所示。

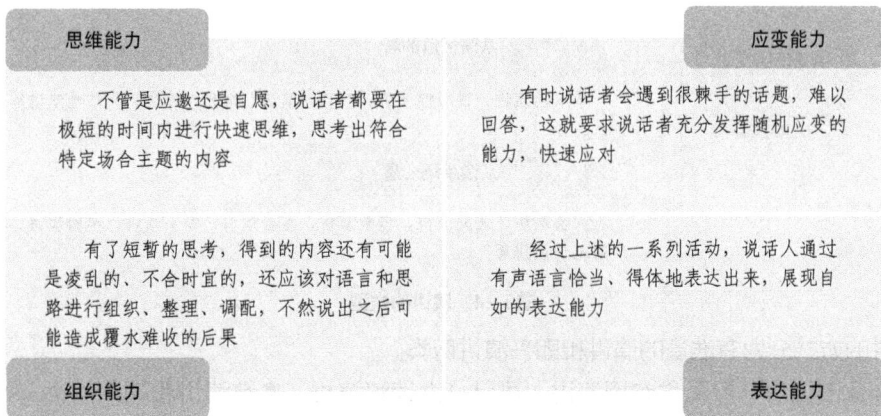

思维能力	应变能力
不管是应邀还是自愿，说话者都要在极短的时间内进行快速思维，思考出符合特定场合主题的内容	有时说话者会遇到很棘手的话题，难以回答，这就要求说话者充分发挥随机应变的能力，快速应对
有了短暂的思考，得到的内容还有可能是凌乱的、不合时宜的，还应该对语言和思路进行组织、整理、调配，不然说出之后可能造成覆水难收的后果	经过上述的一系列活动，说话人通过有声语言恰当、得体地表达出来，展现自如的表达能力
组织能力	表达能力

图3-23　即兴发言

即兴发言有时选取两三个着眼点，快速构思，连点为线，提炼出几个词或短语，用对比、并列、递进的方式进行讲述。例如，在班会上交流自己的学习体会，可按照疑（善于质疑）、思（勤于思考）、动（动笔写、动嘴说）三个要点展开，这样就可以把自己的学习体会明确地讲出来了。

大庭广众之下，在没有讲稿甚至没有思想准备的情况下说几分钟，而且要说得有条理、有感染力，并不是一件容易的事情。即兴发言中应该注意以下四个方面的问题。

（1）借用情境，捕捉话题。进行即兴发言，遇到的第一个问题是说什么。这就需要说话者做出快速反应，依据特定语言环境选择话题，根据自己所处的场合、周围的环境、说话的对象，以及时间、地点、实物等情境因素和情境特点展开联想，迅速确定说话的内容。

（2）思路清晰，言之有序。有了说话的内容后应迅速确定说话内容的顺序，要保持思路清晰，条理分明。不要想一点说一点，一件事还没有说完就又说另一件，到后面又急着补充，这样就会显得语句不连贯，层次紊乱不清。我们可以把瞬间想好的要说的话排列成序，只有说话条理清晰，才容易让人听明白，也才会得到别人的认可。

（3）简洁流畅，具体生动。即兴发言要语言准确，言简意赅，不拖泥带水；要通俗易懂，平易近人；要流利通畅，避免或减少不必要的停顿或无意义的重复；要具体翔实，忌说空话、套话，可根据不同场合，适当地加入生动的比喻，幽默的言辞，使听众有兴趣，并受到感染。

（4）从容不迫，自然大方。说话时要镇定从容，精神放松，克服紧张情绪，避免慌不择言、急不择言。要充满自信，大方从容，避免呼吸急促、吐舌挤眼、抓耳挠腮、摆弄衣角、目光旁骛等不良表情和动作。同时，还应当在讲话的过程中调整情绪，注意与听者的交流。

3. 演讲

演讲又叫讲演、演说，是在公开的场合，面对听众，对某个问题或事件发表意见，阐述事理，借助有声语言和肢体语言表达思想感情的综合性口语表达形式。演讲的类型如图3-24所示。

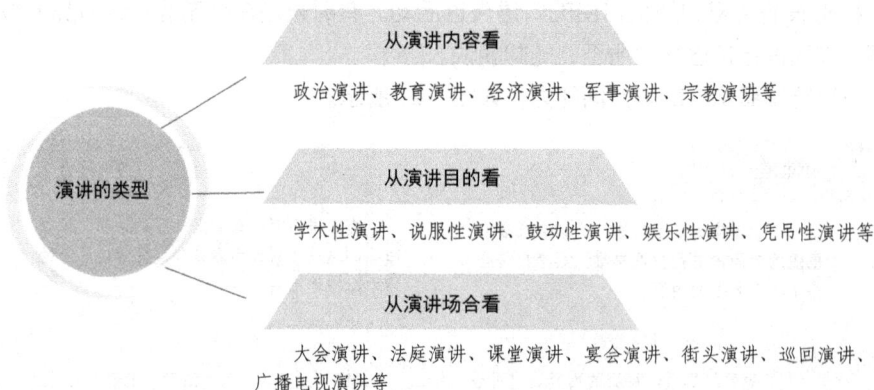

从演讲内容看
政治演讲、教育演讲、经济演讲、军事演讲、宗教演讲等

从演讲目的看
学术性演讲、说服性演讲、鼓动性演讲、娱乐性演讲、凭吊性演讲等

从演讲场合看
大会演讲、法庭演讲、课堂演讲、宴会演讲、街头演讲、巡回演讲、广播电视演讲等

演讲的类型

图3-24　演讲的类型

演讲的方式分为有准备的演讲和即兴演讲两类。

有准备的演讲一般又称专题演讲，可以分为读稿演讲、离稿演讲和列纲演讲，如图3-25所示。

1 读稿演讲
官方公开场合或其他重要集会上，一般运用读稿演讲的方式，事前写好演讲稿，会上照本宣读，以示庄重，并且保证了演讲的严密性和正确性

2 离稿演讲
事前写好演讲稿，会上不看讲稿，在原稿的基础上即兴发挥，自如地演讲。这是效果最好的一种演讲方式

3 列纲演讲
事前列出详细的或简单的提纲，把中心内容、结构层次、主要事实或数据列出来。这种方式很实用，在一般的场合都可以使用

图3-25 有准备的演讲

即兴演讲是演讲者没有讲稿或提纲，临时即兴边想边说。在演讲前，或者临时确定了简单的提纲，或者边想边讲。即兴演讲主要靠思维和表达的敏捷性，靠随机应变灵活处理。

演讲要注意内容和形式的完美统一。演讲的过程由构思、撰稿，记稿、试讲，正式演讲三个阶段组成。这里重点介绍第一阶段：构思、撰稿。

这个阶段包括拟定题目、确立主题、选择材料、安排结构，一直到形成演讲稿。

（1）拟题技巧。选择的演讲题目应有时代特点和现实意义，应是听众感兴趣的，也是演讲者所熟悉、能动情、可把握的，要能引人关注，发人深省。

（2）立意技巧。立意即确定主题。演讲的主题必须鲜明，体现演讲者的独特体会、真知灼见。演讲的主题必须集中，每次演讲的主题不要多，最好只有一个。

（3）选材技巧。演讲的材料十分广泛，选择材料时要注意：一是围绕主题选取；二是材料要真实准确；三是材料要典型，不宜过多；四是材料要新颖生动。

（4）结构技巧。演讲的结构一般分为三部分：开头、主体、结尾。

① 开头要吸引听众的注意力。开头的方法有很多，如开门见山，揭示主题；引经据典，摆出观点；提出问题，引人思考；出其不意，一鸣惊人；设置悬念，隐而不发；借用情景，引申开去；抒发感慨，沟通情感；幽默诙谐，引发兴致等。开头既要扣住主题，合情合理，又要出语巧妙，引人入胜。

② 主体要中心突出。演讲主体部分的结构要根据材料和内容而定，如不拘一格，或丝丝入扣，严密论证；或夹述夹议，寓理于事等。主体还要处理好详与略、层次与段落、过渡与照应等关系，做到层次清楚、有张有弛。特别要设计一个或多个演讲的高潮，形成波澜起伏的气势。

③ 结尾要给听众留下深刻印象。好的结尾能使听众与演讲者产生强烈的共鸣，极大地鼓舞听众的热情。图 3-26 所示为结尾的方式。

（5）语言技巧。

① 语音技巧。发音要清楚、准确、响亮；感情充沛，张弛有度，表达流畅；语调抑扬顿挫，语气富有变化，音量适当，音色刚柔相济，自然、亲切；恰当地运用停连、重音、节奏和语调等语音技巧。

② 肢体语言技巧。运用肢体语言应注意：一要结合演讲内容；二要考虑语言环境；三要体现演讲者的个性。肢体语言要用得自然、恰当、适时、协调，既要避免怯于使用或过少使用，

又要切忌过于夸张，更不能过多、过滥。

③ 控制会场的技巧。演讲者要有临场应变能力，要掌握一些控制会场的技巧，如图 3-27 所示。

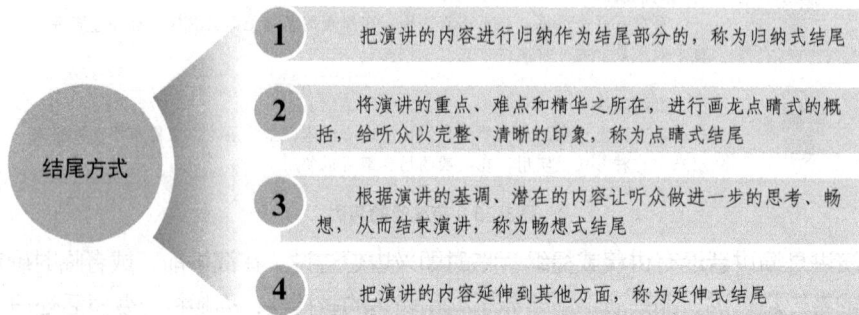

1 把演讲的内容进行归纳作为结尾部分的，称为归纳式结尾

2 将演讲的重点、难点和精华之所在，进行画龙点睛式的概括，给听众以完整、清晰的印象，称为点睛式结尾

结尾方式

3 根据演讲的基调、潜在的内容让听众做进一步的思考、畅想，从而结束演讲，称为畅想式结尾

4 把演讲的内容延伸到其他方面，称为延伸式结尾

图3-26 结尾的方式

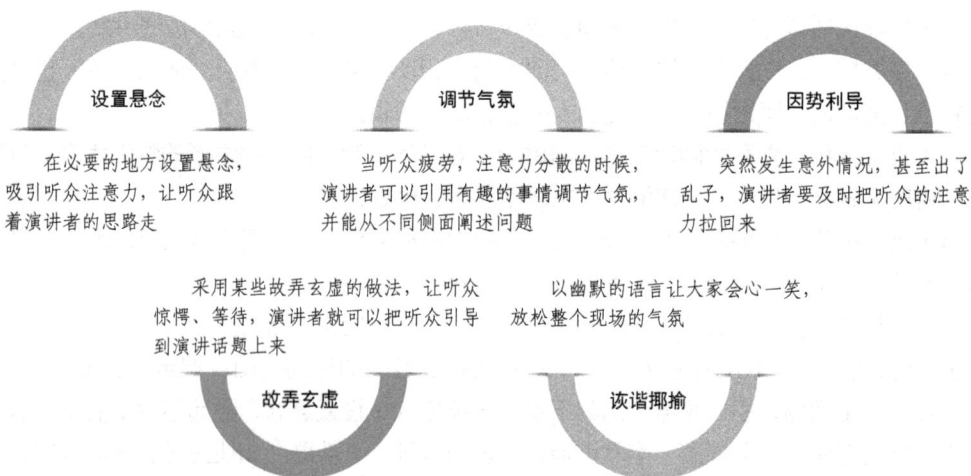

设置悬念

在必要的地方设置悬念，吸引听众注意力，让听众跟着演讲者的思路走

调节气氛

当听众疲劳，注意力分散的时候，演讲者可以引用有趣的事情调节气氛，并能从不同侧面阐述问题

因势利导

突然发生意外情况，甚至出了乱子，演讲者要及时把听众的注意力拉回来

采用某些故弄玄虚的做法，让听众惊愕、等待，演讲者就可以把听众引导到演讲话题上来

以幽默的语言让大家会心一笑，放松整个现场的气氛

故弄玄虚

诙谐揶揄

图3-27 控制会场的技巧

4. 讲故事

故事是一种以真实的或虚构的事件作为讲述对象，具有连贯性、吸引力和感染力的叙事性文学体裁。讲故事就是把我们看到的、听到的或自己编的故事，用口语有声有色地讲出来。

讲故事是人们喜闻乐见的一种口语形式。优秀的故事有助于人们开阔视野，增长知识，认识生活，发散思维，获得精神上的愉悦，陶冶高尚的思想情操。由于故事情节生动，语言活泼，容易感知和吸收，所以在幼儿园讲故事是寓教于乐的有效手段，是对幼儿进行教育教学活动的极好形式。因此，会讲故事是幼儿教育职业的要求，是幼儿教师的基本功。

讲故事应该做到以下 3 个方面。

（1）恰当地选择故事。故事的数量不计其数，风格、类型丰富多彩，篇幅长短不一，所以我们要根据教学的目的、对象有针对性地选择适当的材料。在幼儿园教育教学活动中，选择故事要注意以下几点，如图 3-28 所示。

思想感情积极健康，具有"真、善、美"的内涵，对幼儿的成长有益

情节要有趣，形象要生动，能吸引幼儿的注意力

选择故事

叙事方式和表现手法符合幼儿的思维特点

语言要浅显、生动，朗朗上口，适合幼儿语言接受的特点和水平

图3-28　选择故事的要点

（2）熟悉故事。要记住故事的题目，把握人物和环境，理解故事的主题，熟记故事的情节、人物的语言。讲故事不是读故事、背故事，因此要熟记故事，做到熟能生巧。

（3）对原文进行再创作。讲故事是讲述者基于原材料做出的个人行为，是带有鲜明个性特征的演绎，其本身就是再创作的过程。讲故事不是背诵故事，要在熟悉故事的基础上对原材料做适当的处理。

① 情节的再创作。讲述者根据需要可适当调整情节，力求做到情节曲折，结构完整，如图 3-29 所示。

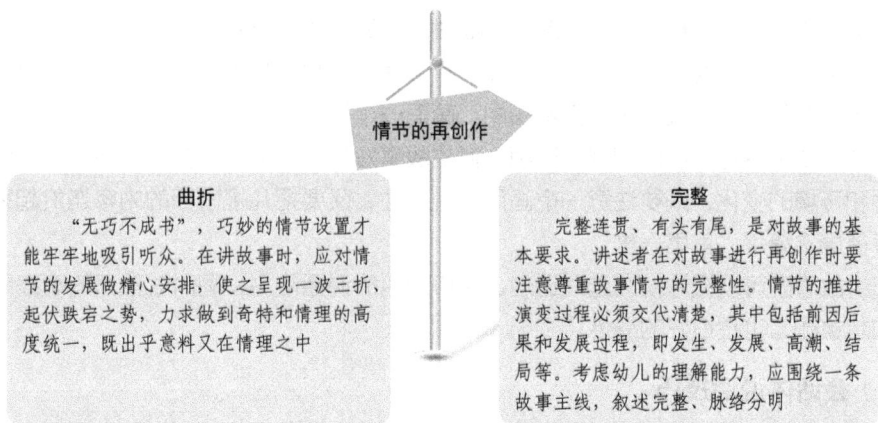

情节的再创作

曲折
"无巧不成书"，巧妙的情节设置才能牢牢地吸引听众。在讲故事时，应对情节的发展做精心安排，使之呈现一波三折、起伏跌宕之势，力求做到奇特和情理的高度统一，既出乎意料又在情理之中

完整
完整连贯、有头有尾，是对故事的基本要求。讲述者在对故事进行再创作时要注意尊重故事情节的完整性。情节的推进演变过程必须交代清楚，其中包括前因后果和发展过程，即发生、发展、高潮、结局等。考虑幼儿的理解能力，应围绕一条故事主线，叙述完整、脉络分明

图3-29　情节的再创作

② 形象的再创作。讲故事需要对形象进行再创作，将作者通过无声文字塑造的人物形象转化成为讲述者用有声语言塑造的人物形象，力求做到鲜活立体，个性突出，如图 3-30 所示。

③ 语言的再创作。调整语言，改换句式以适应不同年龄的听众。面对幼儿，应该把书面词语改成艺术化、规范化的口语。用语浅显、生动、活泼，句式力求简洁明快，适于幼儿接受，又有利于提高他们的语言水平。

④ 对角色进行声音处理。在有声语言的运用上，应注意对角色进行处理，做到"言如其人"，对不同的人物形象要有效地控制好声带，或挤压让声带更加粗、厚，使声音变得浑厚、苍老，或拉伸让声带更加薄、细，使声音变得清脆、稚嫩，以表现出不同人物的性格特征；还要把握好语速、节奏的变化；要使用必要的口技，把自然界的万事万物模拟出来；还要使用肢体语言，恰当运用眼神、表情、手势、身姿，以强化人物形象的感染力。

故事侧重于事件过程的描述，强调的是人物的形象性和情节的连贯性、生动性。因此，讲

述者在讲故事的过程中要做到把人物形象、事件过程和环境介绍，立体地展现在听众面前，使听众如闻其声、如见其形、如临其境，吸引听众，使之受到感染，进而收到良好的效果。

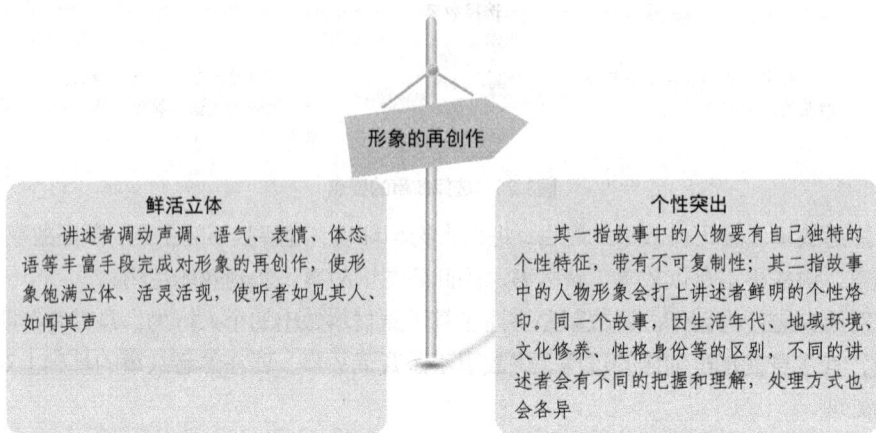

形象的再创作

鲜活立体
讲述者调动声调、语气、表情、体态语等丰富手段完成对形象的再创作，使形象饱满立体、活灵活现，使听者如见其人、如闻其声

个性突出
其一指故事中的人物要有自己独特的个性特征，带有不可复制性；其二指故事中的人物形象会打上讲述者鲜明的个性烙印。同一个故事，因生活年代、地域环境、文化修养、性格身份等的区别，不同的讲述者会有不同的把握和理解，处理方式也会各异

图3-30　形象的再创作

此外，看图讲故事和讲儿童绘本也是幼儿园语言活动的一种常见方式，要根据画面表现的内容和意义边看边讲。它包括了单幅图和多幅图，一般以多幅图为主。

在单幅图讲述时，要让幼儿学会有条理、有顺序地观察，从小就养成好习惯，避免"东一榔头西一棒子"的无头绪做法；在多幅图中，画面一个接着一个，人物处于活动中，环境处于变化中。这就要求讲述者要仔细观察图画，抓住故事发展的线索，充分发挥想象力，讲清楚人物的活动和环境的变化，既要注意一个画面的独立性，又要把几幅画面的内容连贯起来，把情节发展讲得层次清楚，首尾一贯。

看图讲故事既可以锻炼幼儿选词造句、绘声绘色的说话能力，同时对他们的观察能力、思维能力和想象能力也是很好的锻炼。

（二）会话体说话技巧

1. 交际语

交际语是交际者出于某种社交需要，运用连贯、规范的有声语言传递信息、表情达意的口语表达形式。

交际语所运用的是口语形式，以双方面对面交际为典型方式。它既需要斟酌选择贴切简短的口语材料，又必须考虑对方的情况和信息反馈，而且还要受当时社交环境的制约，并可以配以其他手段（如肢体语言等），以上这些决定了交际语的特点。图3-31所示为交际语的特点。

交际语中有不同的交际语体类别，具有不同的训练功能。

（1）社交应酬语体。社交应酬语体包括接待、拜访、应聘。

① 接待。社交应酬中接待的范围很广泛，但接待工作有共同的特点，要做到礼貌待客，热情周到，又要维护本单位的利益、形象。接待时根据不同的对象，采取不同的接待方法，要灵活多样。

② 拜访。拜访是联络感情、拓宽社交范围的礼节性的交谈形式。拜访时的交谈要注意以

对方为中心，就对方所关心的话题进行交谈，并时时注意观察对方的表情，获得反馈信息，及时调整谈话内容。交谈时，要以听为主，尊重对方，表明自己的见解时语言要委婉。

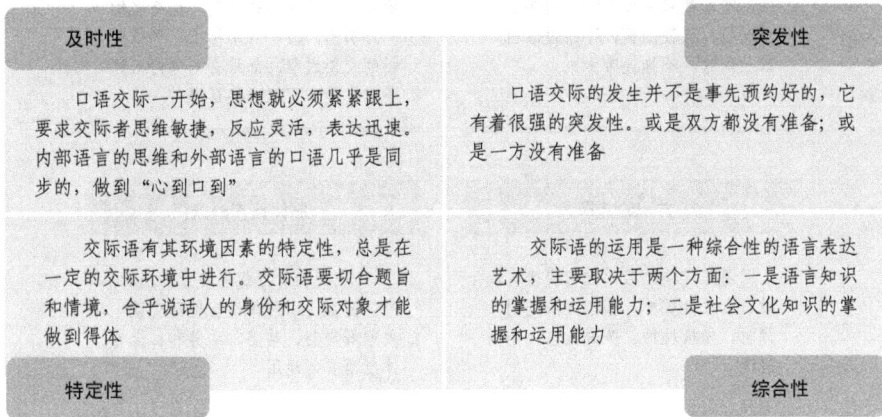

及时性	突发性
口语交际一开始，思想就必须紧紧跟上，要求交际者思维敏捷，反应灵活，表达迅速。内部语言的思维和外部语言的口语几乎是同步的，做到"心到口到"	口语交际的发生并不是事先预约好的，它有着很强的突发性。或是双方都没有准备；或是一方没有准备
交际语有其环境因素的特定性，总是在一定的交际环境中进行。交际语要切合题旨和情境，合乎说话人的身份和交际对象才能做到得体	交际语的运用是一种综合性的语言表达艺术，主要取决于两个方面：一是语言知识的掌握和运用能力；二是社会文化知识的掌握和运用能力
特定性	综合性

图3-31 交际语的特点

③ 应聘。应试者在面对主考官时尽量做到：形象大方，服装整齐；精神饱满，充满自信；注重礼貌，举止端庄；听清主考官的问题，确定应答的方式和侧重点；态度坦率真诚，语言清晰简洁；思维敏捷，机智巧妙，善于应变；不卑不亢，注意"度"的把握；适当表达出自己对此项工作的热情和向往，表达出求职的诚意。

（2）交流沟通语体。

① 交谈。两个以上的人就共同关心的话题进行谈话，称为交谈。它是口语交际中最常用、最基本的交流、沟通、交谈的过程，实质上是交际双方相互之间发出信息与反馈信息的过程，即双向发出、双向反馈、信息共享，以达到交流的目的。交际的双方自始至终既是说者又是听者。换言之，交谈者是说者与听者的统一体。

交谈要以相互尊重、理解为基础，不论年龄、级别、职务如何，都应相互平等。交谈中要保持诚恳、和蔼、谦逊、热情的态度，以取得对方的信任，使交谈能深入下去。

交谈要把握好四个环节，如图 3-32 所示。

② 谈心。在日常生活中，为了增进了解，消除误会与分歧，或由于某种工作需要，往往采用谈心的方式来沟通。谈心时要平等相待，无论是上级对下级，还是教师对学生，家长对孩子，既然是谈心，就要彼此有诚意。谈心也要做好准备。谈心与聊天不同，它往往是相约进行的，要了解对方的想法和心态，找到打开心扉的钥匙。谈心还要随便些，不宜"直奔主题"，可以从闲聊开头，讲些幽默有趣的事，目的是消除紧张感。谈心要讲究方式，或诱导式，或启发式，或直白式，或迂回式，或接迎式。

③ 劝导。劝导是以和风细雨的说理方法，规劝被说服对象的一种谈话方式。劝导的功能是开导、劝诫、疏通、安慰、点拨。劝导要注意针对性，把话说到事情的点子上，说到对方的心坎上。劝导既要循循善诱，又要听对方的陈述；要进行正反分析，既要以理服人，又要以情感人；该委婉的要委婉，该直白的就直白，该剖析的就剖析。劝导还要设身处地地替对方着想，要让对方明白利害关系。

69

时机的选择	话题的选择
交谈没有固定的时间和地点，随时随地都可能发生，这就要把握好时机，该谈则谈，不错过时机；该收则收，不拖泥带水	交谈总要有一定的话题，应寻找双方均感兴趣的话题，由交谈的一方引出，另一方衔接上，形成顺畅的交谈过程。如果有一方对话题不感兴趣，可以转换话题
方法的选择	肢体语言的选择
展开交谈之后，如何谈得有成效，方法很重要。基本方法是耐心倾听，积极反馈；多说良言，不讲恶语	交谈的双方都应注意自己的身体姿势，以肢体语言辅助交谈，处理好坐姿、站姿、手势和目光等体态语言的运用

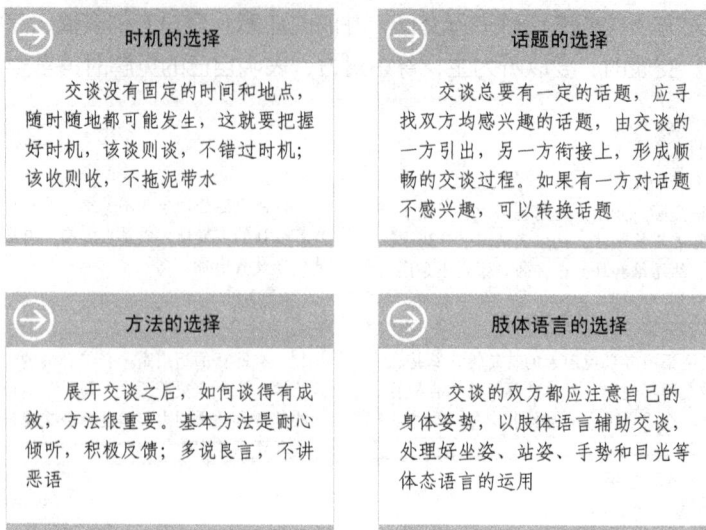

图3-32 交谈的四个环节

2. 辩论

辩论也叫论辩，是持不同见解的双方或多方，就同一话题所进行的话语交锋。辩论以阐述为基本表达方式，以彰扬真理、伸张正义、明辨是非、批驳谬误为基本目的。

辩论的客体是参辩各方共同探究的辩题，辩论的主体是持不同见解的各方。辩题、立论者和驳论者是构成辩论的三大要素，缺一不可。

参与辩论的各方应有一些必要的共识和前提，否则就无法"讲道理"，不能形成思想交锋，也就不可能达到明辨是非、探求与坚持真理的目的。辩论的特点如图 3-33 所示。

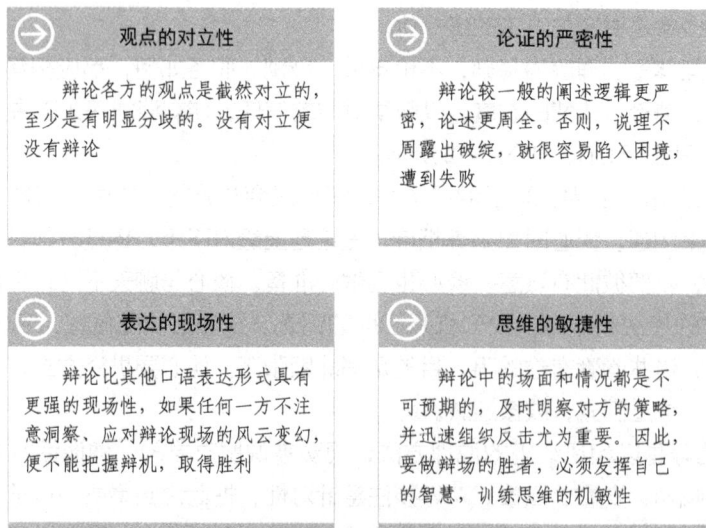

观点的对立性	论证的严密性
辩论各方的观点是截然对立的，至少是有明显分歧的。没有对立便没有辩论	辩论较一般的阐述逻辑更严密，论述更周全。否则，说理不周露出破绽，就很容易陷入困境，遭到失败
表达的现场性	思维的敏捷性
辩论比其他口语表达形式具有更强的现场性，如果任何一方不注意洞察、应对辩论现场的风云变幻，便不能把握辩机，取得胜利	辩论中的场面和情况都是不可预期的，及时明察对方的策略，并迅速组织反击尤为重要。因此，要做辩场的胜者，必须发挥自己的智慧，训练思维的机敏性

图3-33 辩论的特点

辩论的技巧分为逻辑技巧、语言技巧、应变技巧以及体态与风度。

（1）逻辑技巧。辩论要求言语线索清晰，令人信服，攻破各种诡辩。图 3-34 所示为各种逻辑方法。

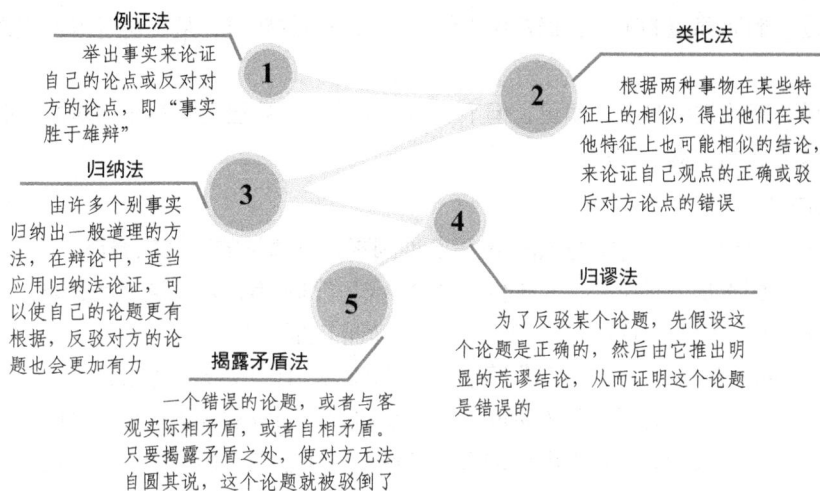

例证法
举出事实来论证自己的论点或反对对方的论点，即"事实胜于雄辩"

1

类比法
2
根据两种事物在某些特征上的相似，得出他们在其他特征上也可能相似的结论，来论证自己观点的正确或驳斥对方论点的错误

归纳法
3
由许多个别事实归纳出一般道理的方法，在辩论中，适当应用归纳法论证，可以使自己的论题更有根据，反驳对方的论题也会更加有力

4

归谬法
为了反驳某个论题，先假设这个论题是正确的，然后由它推出明显的荒谬结论，从而证明这个论题是错误的

5

揭露矛盾法
一个错误的论题，或者与客观实际相矛盾，或者自相矛盾。只要揭露矛盾之处，使对方无法自圆其说，这个论题就被驳倒了

图3-34 逻辑方法

（2）语言技巧。辩论既是思想的交锋，也是语言的较量。辩论的语言要准确、严密，避免歧义和漏洞，谨防给对方留下把柄；要简洁明快，不给对方思考的余地；要出语有力，能击中要害；要把握分寸，否则既有失风度，也容易成为被攻击的目标。

在辩论中，不可忽视语言的生动性。辩论者生动、幽默、风趣的语言总能够打动听众，赢得辩论的主动权。熟练、恰当地运用比喻、夸张、设问、反问、反语等修辞手法，或适当地引用名言警句，运用成语、谚语、歇后语做点缀，能增加语言的生动性、幽默感，使语言富有感染力。

（3）应变技巧。如果说前面讲到的逻辑技巧、语言技巧还可以在赛前做好准备的话，应变技巧则不可能提前准备。

那么，在辩论中如何应变呢？图 3-35 所示为应变技巧。

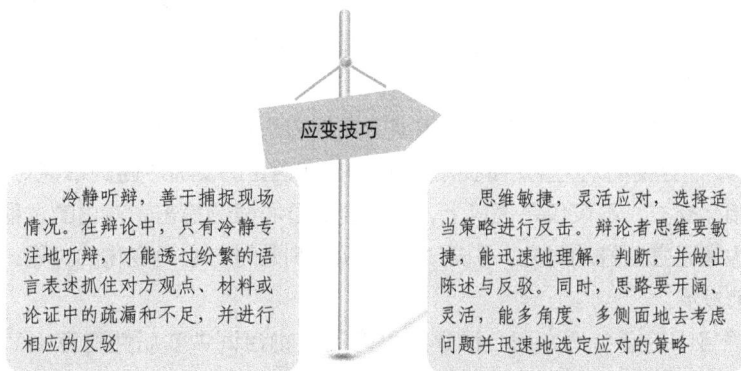

应变技巧

冷静听辩，善于捕捉现场情况。在辩论中，只有冷静专注地听辩，才能透过纷繁的语言表述抓住对方观点、材料或论证中的疏漏和不足，并进行相应的反驳

思维敏捷，灵活应对，选择适当策略进行反击。辩论者思维要敏捷，能迅速地理解、判断，并做出陈述与反驳。同时，思路要开阔、灵活，能多角度、多侧面地去考虑问题并迅速地选定应对的策略

图3-35 应变技巧

（4）体态与风度。形象是一个人"无声的语言"。在辩论过程中，辩论者的表情、手势、动作、仪态等因素对辩论的成功有很强的影响力。

勇敢向上、自信激昂、乐观热情的态度，诚恳坦荡、谦逊质朴的风格，潇洒自然、泰然自若的举止仪态，简明易懂的手势，通常可以给人耳目一新的感觉，从而拉近辩论双方的心理与情感距离。

毫无疑问，辩论过程少不了争论，但不能争吵不休，以自己的强势压迫对方。要坚持以理服人，切忌过分讽刺，揭人之短。

3. 戏剧对白

戏剧是一种舞台综合艺术，它通过运用各种因素，以演员的表演来展现广阔的社会生活。在戏剧艺术中，剧本是根基所在，它提供一个适合表演的故事，为故事规定框架，划分角色性格，制定戏剧对白。戏剧对白就是指剧本中角色之间的对话。

戏剧是对话的艺术。对话"肩负"多种多样的任务，除了表现人物的年龄、性别、职业、地位等基本特征之外，还必须交代人物间的关系及由此而引发的戏剧冲突。对白要充分揭示人物的内心世界，体现人物间心理的激烈碰撞、交融，从而塑造出栩栩如生的人物形象，推动情节向前发展。

作为一种语言表演艺术，戏剧对白有着很强的专业要求。戏剧对白技巧主要有以下三个方面。

（1）对白语言的个性化。俗话说："世界上没有完全相同的两片树叶。"同理，现实生活中也不存在完全相同的两个人。由于在生活环境、文化修养、年龄特征、个人经历以及个性爱好等方面存在的差异，人们形成了各自独特的气质、风格与个性。因此，如果戏剧台词的对白语言是"脸谱化""千人一面"的表达，是不符合实际的。

对白语言的表演，一定要勾勒出人物的独特气质。正如"闻其声如观其人"，这就是台词性格化的要求。这就要求表演者对扮演的角色进行深入分析，熟悉角色心理，反复琢磨角色的台词，了解角色的台词内容以及说出这段台词的深层原因。要想人物出彩，被人记住，就必须说出个性化的语言，保持语言的表现力。

表演者要细致专注地钻研扮演的角色，根据角色的性格特点，采用符合其性格特点的语言，通过声音、语调、节奏、神态的变化，塑造出具有立体感的、栩栩如生的人物形象。

（2）对白语言的交流感。对白，即对话，其最显著的特点便是角色之间的相互交流，交流的内容不仅包括语言，还有思想。

要想将交流表现得足够出彩，就要求表演者在创造角色的过程中，不仅把自己的台词说得生动，有表现力，而且要将对方的台词研究透彻，并在语言的交流中随时掌握对方的台词变化。角色与角色的相互交流，不仅仅是语言上，更主要的是心灵的撞击。对白的过程是思想、感情交流的过程，也是用言语打动对方，引起对方重视，刺激对方心灵变化的过程，由此构成戏剧冲突，推动情节发展。

（3）对白语言中的潜台词。潜台词是指潜隐于人物台词中实质性的意义，也就是话中有"话"，话外有"音"，它能揭示人物的精神世界或隐秘的内心活动。由于潜台词是对白语言中展示人物心灵的一种特殊的言语形式，因此历来受到表演艺术家的重视。剧本中矛盾冲突的高峰，特别是剧中人物之间针锋相对、气势逼人的对白，多使用潜台词。潜台词既有助于刻画人物性格，又有利于掀起剧情波澜，推动情节向纵深发展。

由于潜台词是剧作家精心设计的角色个性化语言，是人物内心活动的直接表露，因此表演者要认真体会，准确表现潜台词，先对全部人物的台词有一个整体的认识，然后分层次、分段落，逐字逐句解析、揣摩，不能断章取义，也不能主观臆想，一切都应围绕着人物、剧情来展开。

在戏剧对白中，要塑造出栩栩如生的人物形象，除了用声音为人物造型外，肢体语言的运用也非常重要。戏剧对白中"演"的成分很浓，人物的表情、步态、手势、身段、习惯动作都应找到最能表现人物特征，展示人物个性的最佳契合点，在表演时要格外重视手势和眼睛这两把能够揭示人物内心世界的钥匙。手势有助于人物性格特征的描绘，能积极协助人物传情达意。除了手势外，要善于运用眼睛来传神，从而使人物变得形象立体，个性突出，活灵活现。

（三）描述技巧

所谓描述，是指运用生动形象的话语，阐述自己对客观事物的看法，使听者获得鲜明的印象，感受深刻，产生身临其境的感觉。

根据描述角度来划分，描述技巧可以分为直接描述与间接描述；根据描述详略来划分，描述技巧可以分为细致描述和简要描述。图3-36所示为描述的具体划分。

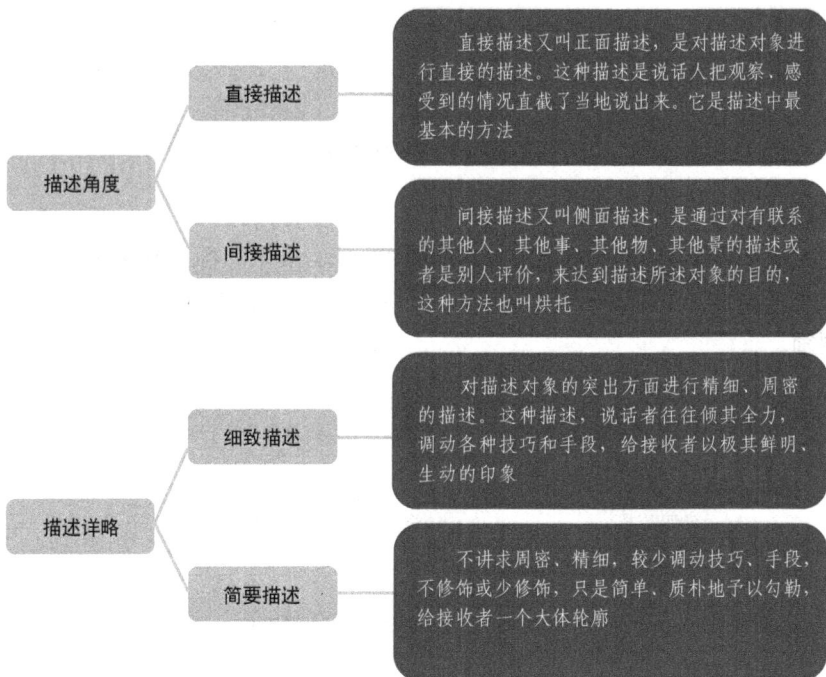

描述角度

直接描述 —— 直接描述又叫正面描述，是对描述对象进行直接的描述。这种描述是说话人把观察、感受到的情况直截了当地说出来。它是描述中最基本的方法

间接描述 —— 间接描述又叫侧面描述，是通过对有联系的其他人，其他事，其他物，其他景的描述或者是别人评价，来达到描述所述对象的目的，这种方法也叫烘托

描述详略

细致描述 —— 对描述对象的突出方面进行精细、周密的描述。这种描述，说话者往往倾其全力，调动各种技巧和手段，给接收者以极其鲜明、生动的印象

简要描述 —— 不讲求周密、精细，较少调动技巧、手段，不修饰或少修饰，只是简单、质朴地予以勾勒，给接收者一个大体轮廓

图3-36 描述的具体划分

描述有三个基本要求，如图3-37所示。

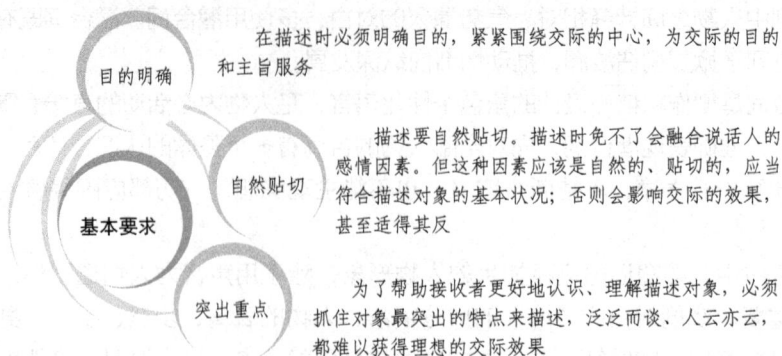

在描述时必须明确目的，紧紧围绕交际的中心，为交际的目的和主旨服务

描述要自然贴切。描述时免不了会融合说话人的感情因素。但这种因素应该是自然的、贴切的，应当符合描述对象的基本状况；否则会影响交际的效果，甚至适得其反

为了帮助接收者更好地认识、理解描述对象，必须抓住对象最突出的特点来描述，泛泛而谈、人云亦云，都难以获得理想的交际效果

图3-37 描述的基本要求

（四）复述技巧

复述就是把听到的话语、读过的语言材料在理解的基础上加以整理，重新讲述出来的一种口头表达方式。复述的类型如图 3-38 所示。

图3-38 复述的类型

1. 详细复述

详细复述就是把原材料的内容原原本本地重述出来，要求内容上不做增加和删减，表现方法和语言风格尽量维持原貌。不过，复述不同于背诵，表情、语气要自然。图 3-39 所示为详细复述的要领。

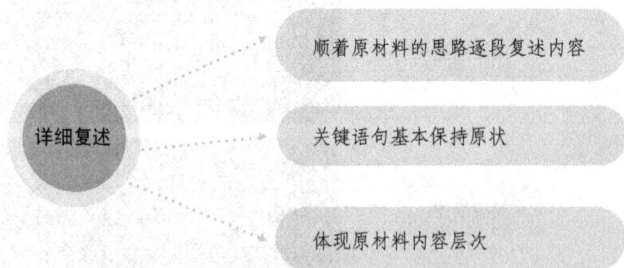

图3-39 详细复述的要领

详细复述的作用是：第一，有助于将书面语转换成口头语；第二，有助于训练记忆能力和逻辑能力。

2. 概要复述

概要复述是根据一定的目的对原材料进行选择、综合，然后用简明的语言把主要内容陈述出来。图 3-40 所示为概要复述的要领。

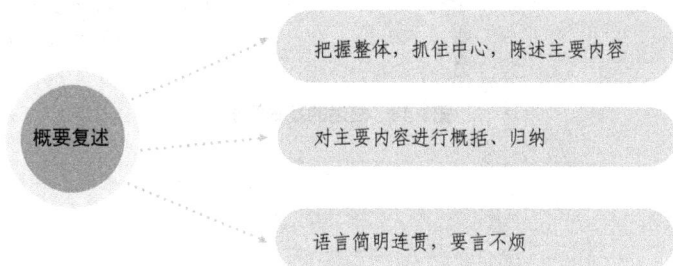

把握整体，抓住中心，陈述主要内容

对主要内容进行概括、归纳

语言简明连贯，要言不烦

概要复述

图3-40 概要复述的要领

概要复述类似于作文中的"缩写"，它是对原材料的加工和再创作，其要领是把握整体，厘清线索，保枝去叶，反映原貌。概要复述能训练概括能力及综合能力。概要复述可以调整原材料的结构层次，重新组合语句，但要注意"述"，即要做陈述，要有观点、有材料，或者有人物、有情节，做到面貌清楚，有血有肉，防止变成内容提要或复述提纲。

3. 扩展复述

扩展复述是对原材料做适当扩充展开的叙述。图 3-41 为扩展复述的要领。

根据原有材料做合理想象或理性延伸

根据原材料的中心思想确定扩展的重点

根据表达的需要运用各种表达手法

扩展复述

图3-41 扩展复述的要领

对不同的材料内容做扩展复述，其侧重点各不相同，如图 3-42 所示。

1 对叙述性材料做扩展复述，要通过合理想象补充细节，使讲述的内容更生动、更充实、更完整

2 对说明性材料做扩展复述，可以使所述内容更具体、更详尽

3 对议论性材料做扩展复述，可以增加理性论证的层次，补充论据材料，做更深入的剖析

图3-42 扩展复述的具体方法

针对不同的原材料，可以采用不同的复述方法。不论采用哪种形式的复述，都要注意把握三点基本要求，如图 3-43 所示。

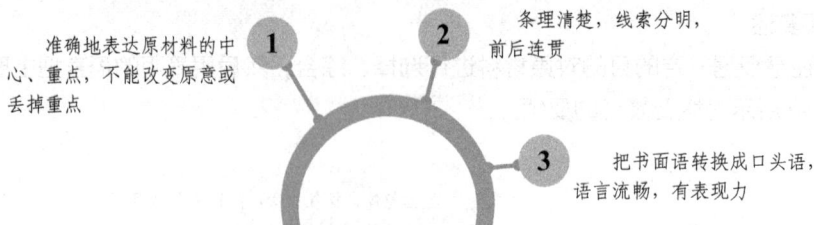

图3-43　复述的基本要求

准确地表达原材料的中心、重点，不能改变原意或丢掉重点

条理清楚，线索分明，前后连贯

把书面语转换成口头语，语言流畅，有表现力

五、听话能力

引导案例

李俊老师想举办一个演讲比赛，但是要确定一个主题，便要求孩子们集思广益，说一说自己感兴趣的话题。台下的孩子们非常兴奋，纷纷举手，一个说我们可以讲"友情"，另一个说可以讲"诚实有信"，又一个说要以"我长大了"为题……班里的大部分人都说了自己的想法，而且每个人的想法都不一样。李俊老师听完后，想总结一下，却发现大脑里一片空白，孩子们的想法很多，他没有特意去记，所以难以总结。

随着人们交际活动的日益频繁及现代科学技术的迅速发展，听话已成为社会生活中交流信息的主要途径，听话能力已成为人们进行日常交际的重要能力。现代信息社会对人的听话能力提出了更高的要求：听得准、听得快、记得牢，有较高的言语品评能力和重新组合能力。这些能力只有通过系统的训练才能提高。

（一）听话的要求

1. 心理方面的要求

其一，宽容。听话时必须有一种宽容大度的心态，顺耳的、趣味相投的、见解一致的要听；不顺耳的、趣味不同的、意见相左的也要听。只有这样才可能听到各种有价值的想法和意见，有利于做出正确的判断和选择。

其二，耐心。每个人说话都有不同的语气、语调、表达方式以及独特的情感、态度。有的人说话可能会使听者觉得不适应，甚至"受不了"，听得不耐烦。这就需要听者克制自己的情绪并及时调整自己的心理，耐心地适应讲话者的风格，从中吸收有价值的养料。

其三，支持。无论什么级别的讲话者，都希望、渴望得到听者的认可与支持，否则势必影响其水平的发挥，降低说话的效果。因此，好的听者要对讲话者给予微笑和鼓励，或主动引导，促进其更好地发挥，这样也有利于自身获得真正有益的信息。

2. 思维方面的要求

听话对思维的要求主要体现在三个层面，如图 3-44 所示。

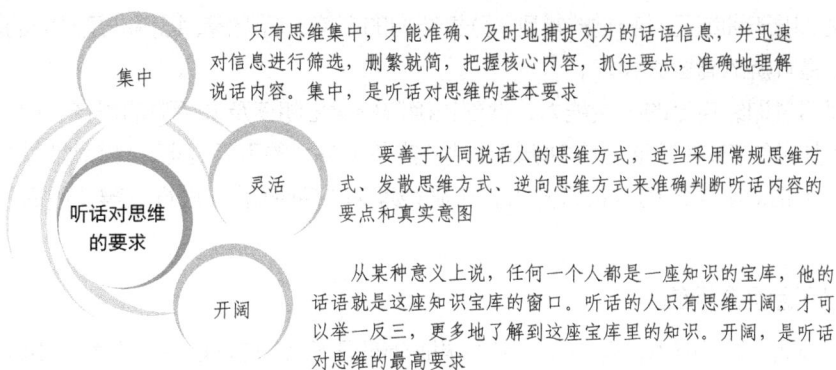

只有思维集中，才能准确、及时地捕捉对方的话语信息，并迅速对信息进行筛选，删繁就简，把握核心内容，抓住要点，准确地理解说话内容。集中，是听话对思维的基本要求

要善于认同说话人的思维方式，适当采用常规思维方式、发散思维方式、逆向思维方式来准确判断听话内容的要点和真实意图

从某种意义上说，任何一个人都是一座知识的宝库，他的话语就是这座知识宝库的窗口。听话的人只有思维开阔，才可以举一反三，更多地了解到这座宝库里的知识。开阔，是听话对思维的最高要求

图3-44　听话对思维的要求

3. 质量方面的要求

听者在对方讲话时要能够听得准、记得清，能明确地辨析语音；理解得快，分析得准，能准确地理解语意；品评敏锐，评价及时，具有较强的听话品评能力和听话组合能力。

（二）听记训练

口语不同于书面语，具有即时性，当说话人的声音结束，就再也找不到口语的痕迹了。所以在听话时要具有注意较高能力及瞬间接受能力，能及时抓住说话者话语中的关键的、重要的、有意义的、有价值的信息，这样既能丰富知识，增长见识，提高素养，又能在双向交流中回答、应对对方的问题。

听记训练是培养人们把听到的话语迅速而准确地记录（"心记"或"手记"）下来的能力的训练。它的主要训练目标是提高捕捉话语要点的能力。

听记最根本的问题是速度。一般说来，正常的书写速度是无法跟上讲话速度的，这就需要掌握"听记"的技巧。例如，记词头、中心词、缩略语词或记关键句等方式，每个人可以根据自己的记录习惯进行技巧的应用和处理。

听记训练可以分为三个步骤：听读、听记、听改。先听读，了解大意，在此基础上听记，避免误差，再听读校对。通过这样的反复训练就可以有效地提高听记水平。

（三）听辨训练

对词语、句子、句群及整段话语意义的理解是听话能力的核心。听者要能听辨出说话者所说的大致内容及关键词语，力求准确、完整，同时能辨别出语句重音。因为语句重音是体现语句目的的重要手段，重音不同，语句目的也不同。

例如："我不能去。"

（1）"我不能去。"（意思是：让别人去）

（2）"我不能去。"（意思是：不是我主观上不肯去）

（3）"我不能去。"（意思是：是我客观上去不了）

（4）"我不能去。"（意思是：让别人来）

另外，汉语中的同音词、近音词多，也应该注意识别，如"形式"与"形势"，"娇气"与"骄气"，"石油"与"食油"等。应该学会在听话过程中从上下句的关系中迅速而准确地判断

词语的含义。听辨训练是对听觉的辨别、分析能力的训练。听得清、记得准是对听的基本要求，边听边辨别是听辨的高层次要求。

教师要通过训练自己的听话能力，做到正确辨析学生朗读及说话时的语音、句子及内容的正误，然后加以纠正；在课堂讨论中能迅速地分辨争论各方的不同观点，然后加以准确的评析。听辨训练还包括对听到的内容进行分析，正确地理解"话中话"，进行听辨"假话"等方面的能力训练。

（四）听话组合训练

听别人说话，不可能也没有必要一字不漏地全部记下来，应记住主要内容。要做到这一点，听话时就要不断过滤掉重复的或模糊的信息，而主要记住关键词语，特别是人名、地名、时间、重要数字及事情的主要情节，规律性的认识和重要的结论，否则只记住前面的，丢了后面的，最后会一无所获。

听话组合训练是对不同的话语内容边听边进行归类组合并且做出评价的听话技能训练。

六、不同形式的口语技能训练

引导案例

> 幼儿园里，一位教师正在教幼儿念儿歌，"小白兔，白又白，两只耳朵竖起来，爱吃萝卜爱吃菜。"这本来是一首很可爱的儿歌，而教师只是面无表情地念着，而幼儿也随着教师面无表情地读着，整个教室的气氛都是死气沉沉的。
>
> 儿歌本来应该是有节奏、有感情的，如果只是机械地读，就失去了儿歌的美感。

幼儿文学作品表现幼儿生活，反映幼儿心灵世界，它以无声的语言，给我们带来审美享受。运用幼儿文学作品口语表达的相关技巧来朗读、讲述幼儿文学作品，用有声的语言把它们表现出来，就更加直观、形象，更能感染幼儿。

（一）朗读训练

朗读是把书面语言转化为有声语言的再创作活动。具体地说，朗读就是用有声语言准确、流利、有感情地再现文章的内容，再创造文学作品的艺术形象，使听众得到更加明晰的信息和艺术享受。朗读训练是幼儿教师口语的有机组成部分，是普通话正音的继续，是说话训练的开始；朗读是幼儿教师的基本功之一；朗读训练是幼儿教师口语训练的"捷径"。实践证明，在朗读训练阶段下功夫，掌握各种技能技巧，不仅能提高口语表达能力，还能大大缩减幼儿教师口语的训练时间，使训练少走弯路。

朗读的过程是"取他人之作，由自己所读，为别人所听"，要学好朗读，必须掌握朗读的基本要求。朗读的基本要求是准确、流利、有感情。为达到朗读基本要求，幼儿教师应注意以下几点，如图 3-45 所示。

第一	要准确把握文章的基调。文章的基调是指文章的主题思想和情感基调。朗读时通过深入钻研作品，领会文章的思想内容，掌握作者思想发展的脉络，感受文章的内在情感，使文字在朗读者心中"活"起来，从而产生真情实感，使朗读感情真挚、自然，引导朗读者和听众走向文字作品的更深处
第二	要用准确、流利的普通话确切地表达作品的内容，朗读时做到不丢字，不添字，不改字，不错读字音，要读得连贯自然。因此，要继续练好普通话的语音，掌握不同类型作品的朗读方法，学会运用语言表达技巧，以增强朗读的表达效果
第三	朗读时要做到心中有人，区别对待朗读对象，注意与听众进行情感交流。朗读者与听众是朗读过程中相互感应的双方，朗读者只有注意与听众交流，以自己的情感去感染听众，才能引起听众的共鸣，且在朗读过程中，对不同年龄、不同水平的听众要区别对待，才能使朗读做到有的放矢。幼儿文学作品的朗读对象主要是幼儿，因此朗读时要注意适合不同年龄段的幼儿听众的接受水平和审美情趣

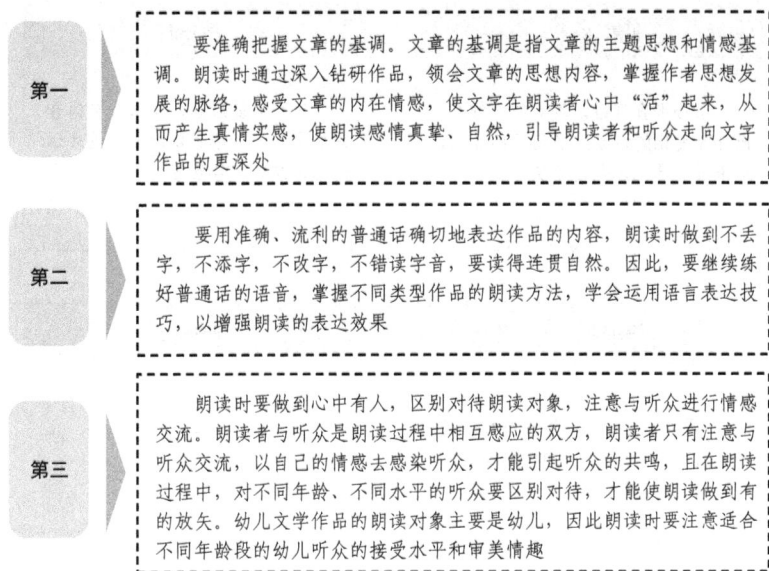

图3-45　朗读的注意事项

语言表达技巧的运用是实现朗读目的的重要手段。朗读语言表达技巧常见的有四种：语调、顿连、重音、节奏。这四种语言表达技巧在朗读中的综合运用，使文章的内容转化为生动的有声语言，从而使听众深受感染。

1. 语调训练

语调是朗读的一种重要的表达技巧，它可以使朗读声情并茂，充分表现作品的内容，从而深深地感染听众。

什么是语调？从广义上讲，语调是语气外在的快慢、高低、长短、强弱、虚实等各种声音形式的总和。从狭义上讲，语调就是指一个句子的句调。因此，在朗读时只有语气千变万化，才能使语调丰富多彩。我们这里讲的语调是狭义的理解，就是句调。

每个句子都有一个基本句调，这就是有声语言中语句的趋向和态势，叫"语势"。在朗读实践中，"语势"大致有四种：平直调、高升调、降抑调、曲折调，如图 3-46 所示。

一般来说，陈述句常采用平直调，疑问句、感叹句常采用高升调，但并不是绝对的，应根据具体的内容确定语势。

语调的根本特征是"曲折性"。一句话有一个基本语势，但并不等于说每个句子的语势固定在上扬、下降、平直的框架里。上面说的四种语调只是从句子的整体语势方面说的，而且高升调并不等于越读越高，降抑调也不等于越读越低。在语言实践中，句子的语调在其平、升、降的总趋势下必有复杂细微的变化，这个变化就是"曲折性"。因此，为了准确地表情达意，朗读时应正确把握住语势，朗读起来才能"得心应口"。

2. 顿连训练

为了表达作品思想感情的需要，在朗读过程中往往要做顿连。顿连指的是语流中声音的顿歇和连接。学会顿连技巧，做到"顿到好处，连到妙处"，可以增强有声语言的表达魅力。朗读中顿歇的运用有三种，如图 3-47 所示。

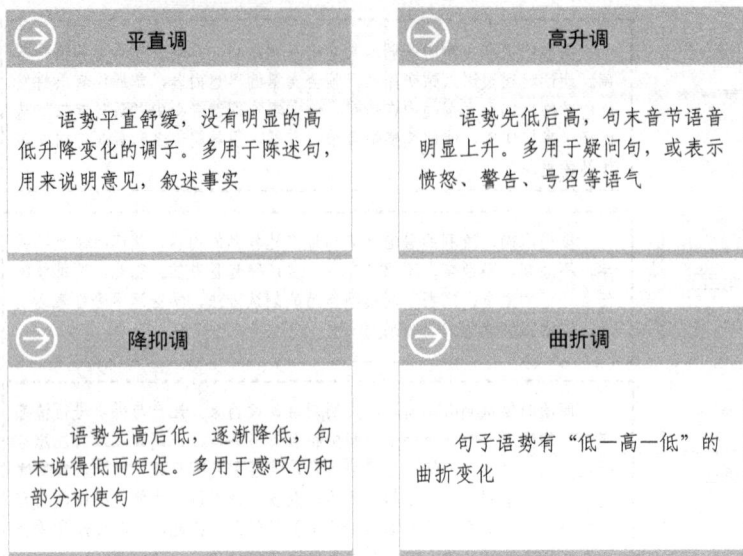

平直调	高升调
语势平直舒缓，没有明显的高低升降变化的调子。多用于陈述句，用来说明意见，叙述事实	语势先低后高，句末音节语音明显上升。多用于疑问句，或表示愤怒、警告、号召等语气

降抑调	曲折调
语势先高后低，逐渐降低，句末说得低而短促。多用于感叹句和部分析使句	句子语势有"低—高—低"的曲折变化

图3-46　语势

语法顿歇（用符号"⌣"表示）
语法顿歇是句子中一般的顿歇，反映句子结构中的语法关系。在一般情况下，顿歇时间的长短是：句号、问号、叹号>分号、冒号>逗号>顿号

结构顿歇（用符号"‖"表示）
结构顿歇是由文章的层次结构决定的，是为了表示文章的层次、段落等所做的停顿。顿歇时间的长短应根据具体的语言环境而定。在一般情况下，顿歇时间的长短是：段落>层次>句子

顿歇的运用

强调顿歇（用符号"∧"表示）
强调顿歇是句子中特殊的间歇，是为了强调某事物，突出某个语意或某种感情，或者为了加强语气，而在不是语法顿歇的地方做适当顿歇，或在语法顿歇的基础上变动顿歇时间，这样的顿歇可以称为强调顿歇，也可称为逻辑顿歇或感情顿歇

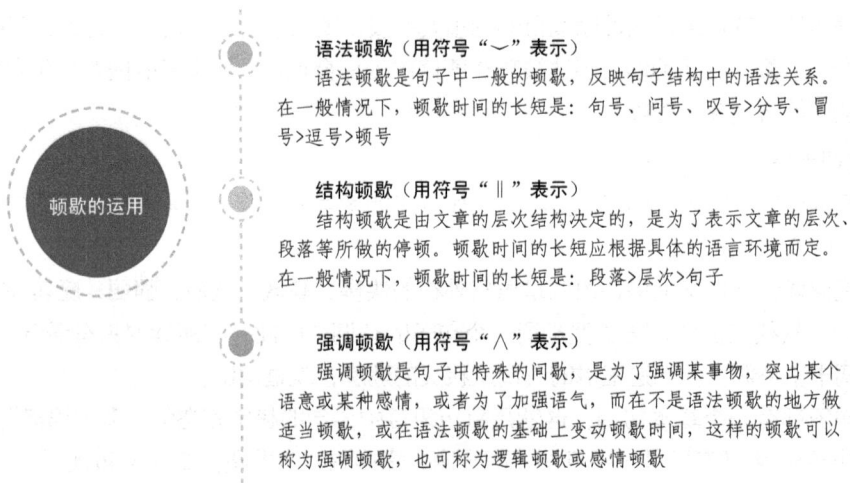

图3-47　顿歇的运用

朗读中除了运用好顿歇外，还应注意连接的运用。一般来说，在一个完整语意中要读得连贯，这就是连接。有时为了表达的需要，在一些本该有语法顿歇的地方不仅不按规律顿歇，反而要连读，这也是连接。例如：

小蝌蚪一齐游到鸭妈妈身边问："鸭妈妈，鸭妈妈，您看见我们的妈妈了吗？请您告诉我她在哪里？"

这句话为了表达小蝌蚪找妈妈的焦急心情，在两个鸭妈妈中间不仅不按逗号顿歇时间顿歇，而是将其有意地连读。

朗读中运用顿连应注意以下几个问题，如图3-48所示。

1	朗读时顿歇绝不是思想感情的中断和空白，而应该是朗读者思想感情的继续和延伸，做到声断意连
2	朗读时必须根据作品内容安排顿连，顿连必须服从于表达文章思想感情的需要，不能为技巧而顿连，不能破坏语意的完整
3	作品中的标点符号是朗读者进行顿连的重要参考，但朗读的实践证明，有时不能完全受标点符号的制约。在一定的语境中，应大胆突破标点符号的束缚，让有声语言的顿连取而代之，从而克服朗读中呆板念字的弊病

图3-48　运用顿连的注意事项

3. 重音训练

朗读时为了表达感情，突出重点，有些地方要读得重些，有些地方要读得轻些，这就需要重音来帮助表情达意。重音是指朗读时为了实现朗读目的，特别强调、突出的短语、词，甚至某个音节。

重音有以下几种类型。

（1）语法重音。语法重音是根据句子语法结构对某个句子成分所读的重音。这种重音往往是自然读出，并不表示什么特殊的含义。语法重音的位置比较固定，一般来说，句中的谓语、定语、状语、补语等习惯上做重音处理。例如：

奶奶把小女孩抱起来，搂在怀里。这时候，火柴灭了，她面前只有一堵又厚又冷的墙。

猎狗慢慢地走近小麻雀。

她们俩飞得很高，很高。

（2）强调重音。强调重音又叫逻辑重音或感情重音，是为了有意突出某种特殊的思想感情而把句子里的某些词语做重音处理。强调重音在语句中出现并没有固定的规律。朗读时可以根据所要强调的语意而自觉地安排重音。例如：

我不能去。（你去）

我不能去。（谁说我能去）

我不能去。（我不是不肯去）

我不能去。（让他来吧）

重音在朗读时根据作品内容的不同而灵活运用。图 3-49 所示为运用重音的注意事项。

1	重音是为更好地表现作品的内容服务，是表情达意的重要手段。朗读时要根据不同语境及表达的需要，准确确定重音。一般来说，一个独立完整的句子有一个主要重音
2	重音不是"加重声音"的简称。突出重音的方法多种多样，可以重复、重读，例如，"快到中午了，太阳晒得好厉害！"可以快中显慢，也可以重中见轻，可以虚实结合，还可以高低相间等
3	要处理好重音与非重音的关系

图3-49　运用重音的注意事项

4. 节奏训练

由于朗读者存在某种思想感情的波澜起伏，而在有声语言的表达上显示出的快与慢、长与短、轻与重、虚与实等种种回环交替的声音形式，就是节奏。在朗读过程中，为了更好地表达作品的内容，应注意节奏的变化。

朗读者为了更好地把握朗读节奏，应注意以下几个问题，如图3-50所示。

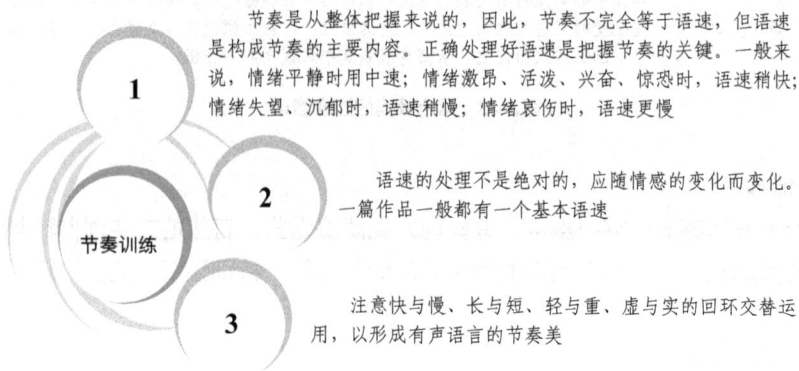

1 节奏是从整体把握来说的，因此，节奏不完全等于语速，但语速是构成节奏的主要内容。正确处理好语速是把握节奏的关键。一般来说，情绪平静时用中速；情绪激昂、活泼、兴奋、惊恐时，语速稍快；情绪失望、沉郁时，语速稍慢；情绪哀伤时，语速更慢

2 语速的处理不是绝对的，应随情感的变化而变化。一篇作品一般都有一个基本语速

节奏训练

3 注意快与慢、长与短、轻与重、虚与实的回环交替运用，以形成有声语言的节奏美

图3-50　节奏训练

（二）念儿歌训练

儿歌是适合幼儿欣赏诵唱的歌谣，是人一生中最早接触的、也是最容易接受的一种文学形式。儿歌生动的内容，易懂的语言，动听的韵律，可以陶冶幼儿的性情，增添幼儿的生活乐趣，开启幼儿的心智，还能培养幼儿的语言能力。儿歌为幼儿营造了饱浸着爱、溢满着真情的美好乐园。

1. 什么是"念儿歌"

儿歌的节奏感强，韵律和谐，是活在孩子们口头的文学。儿歌精致的韵律、明快的节奏、优美的音乐性使其更适合诵唱。儿歌的"诵唱"是指有节奏地念，可以让幼儿恰当地运用态势语，韵律优美、生动形象地念儿歌。

2. 念儿歌的方法

怎样才能念好儿歌呢？图3-51所示为念儿歌的方法。

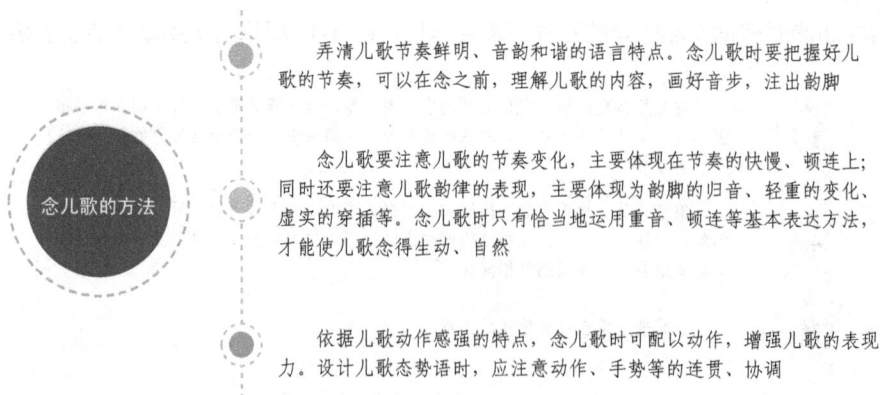

念儿歌的方法

弄清儿歌节奏鲜明、音韵和谐的语言特点。念儿歌时要把握好儿歌的节奏，可以在念之前，理解儿歌的内容，画好音步，注出韵脚

念儿歌要注意儿歌的节奏变化，主要体现在节奏的快慢、顿连上；同时还要注意儿歌韵律的表现，主要体现为韵脚的归音、轻重的变化、虚实的穿插等。念儿歌时只有恰当地运用重音、顿连等基本表达方法，才能使儿歌念得生动、自然

依据儿歌动作感强的特点，念儿歌时可配以动作，增强儿歌的表现力。设计儿歌态势语时，应注意动作、手势等的连贯、协调

图3-51　念儿歌的方法

（三）诗朗诵训练

幼儿诗是适应幼儿欣赏诵读的自由体诗。幼儿诗符合幼儿的心理和审美特点，表现幼儿的情感、性灵和体验，无不透露着幼儿活泼的天性、丰富的想象及成长中的各种情绪。

1. 幼儿诗的特点

幼儿诗虽不受句式、押韵、长短的限制，但幼儿诗的节奏与韵律是内在的，往往表现为一种自然天成的抑扬顿挫及作品内在情感的起伏。幼儿诗追求充满幼儿情趣的意境，感情内涵更加丰富，表达上更讲究用精练、雅致的语言来营造优美的意境，因而更适合年龄稍大的幼儿欣赏诵读。

2. 幼儿诗的诵读方法

幼儿诗主要有幼儿抒情诗和幼儿叙事诗，诵读幼儿诗时，要做到声情并茂。图 3-52 所示为幼儿诗的朗读方法。

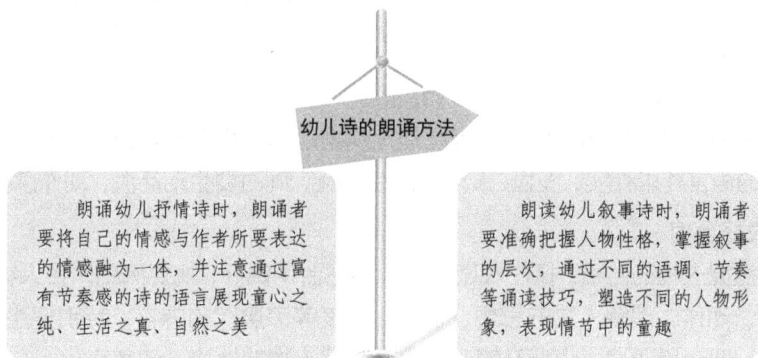

幼儿诗的朗诵方法

朗诵幼儿抒情诗时，朗诵者要将自己的情感与作者所要表达的情感融为一体，并注意通过富有节奏感的诗的语言展现童心之纯、生活之真、自然之美

朗读幼儿叙事诗时，朗诵者要准确把握人物性格，掌握叙事的层次，通过不同的语调、节奏等诵读技巧，塑造不同的人物形象，表现情节中的童趣

图3-52　幼儿诗的朗读方法

幼儿诗在诵读时，既要展开丰富的想象，又要善于揣摩幼儿诗的语言，才能准确表达幼儿诗中的情感，营造幼儿诗中的意境。

（四）散文朗读训练

幼儿散文是传达幼儿生活情趣及其心灵感受，适合幼儿审美需求和欣赏水平的散文样式。

1. 幼儿散文的特点

幼儿散文以优美的语言感染幼儿，以温馨、真诚的情感打动幼儿，给幼儿带来愉悦和美感。幼儿散文的语言既生活化、口语化，又有不少生动形象、规范优美的书面语，可以给幼儿更多的语言熏陶。

2. 幼儿散文的朗读方法

幼儿散文的欣赏对象主要是大班的幼儿。为了让幼儿更好地欣赏幼儿散文，幼儿教师就必须朗读好幼儿散文，只有这样，才能将幼儿散文的丰富多彩和神奇魅力传递给幼儿。

图 3-53 所示为幼儿散文的朗读方法。

> **1** ⟩⟩ 朗读幼儿散文时要进入童心童趣的意境，特别注意用幼儿的心灵去感受，使情感流露真切、自然
>
> **2** ⟩⟩ 朗读幼儿散文时，既要读出那富于音响和色彩的语言，又要字字含情，让幼儿在欣赏中获得美感，从而扩大幼儿的视野，丰富幼儿的想象
>
> **3** ⟩⟩ 为了更好地创设欣赏的情境，在朗读幼儿散文时可以借助画面、配乐等方式，让幼儿先入境，继而动情，收获美感

图3-53　幼儿散文的朗读方法

（五）戏剧台词训练

幼儿戏剧是戏剧的一个分支，是指以幼儿为对象，适合他们接受能力和欣赏趣味的戏剧。幼儿不可能直接阅读剧本，他们是通过观看和参与舞台表演来接受和欣赏幼儿戏剧的。

幼儿戏剧的主要部分就是剧本，即幼儿戏剧文学。幼儿戏剧语言是剧本最主要的组成部分。幼儿戏剧语言包括人物台词和舞台提示语。台词就是戏剧中人物（角色）自己所说的话。幼儿戏剧文学主要是通过角色的台词来塑造人物形象，推动剧情发展，表达主题思想，所以说好台词是幼儿戏剧表演的关键。

1. 幼儿戏剧语言的特点

幼儿戏剧要适合幼儿排演和欣赏，因此幼儿戏剧语言要符合幼儿的语言发展水平。

幼儿戏剧的语言要求朴实、浅显、口语化、生活化，同时要生动活泼，动作感强，充满童趣。

2. 如何说好台词

（1）准确把握人物的性格，抓住戏剧冲突。要把台词说好，就要深刻体会人物的个性特征，从人物的语言、动作中理解人物的思想、情感、态度等深层次的内容，特别要注意潜台词的表达。说台词时，要运用语速、语调及声音变化，表现人物的性格、情感变化。

（2）要区分人物对话、独白、旁白。人物对话是通过人物交谈的方式进行的，任何一方都是在积极感知对方的谈话之后，根据特定情境做出的相关反应。对话时，既要把握人物的个性特点、情感变化，又要顾及对方的反应，与对方交流。独白是角色在舞台上独自说出的台词，它是把人物的内心感情和思想直接倾诉给观众的一种艺术手段。独白时，既要把独白的内容说给自己听，又要注意与观众的交流。旁白是角色在舞台上直接说给听众听，内容主要是对对方的评价和对本人内心活动的披露。旁白时，不需与其他人物交流。

幼儿戏剧语言是人物为了达到自己的目的，向特定对象采取某种行动时所必须说的话，因而，幼儿戏剧语言原则上不允许是静态的、说明性的、叙述性的，而应是动态的，在人物的语言背后有人物活跃的思想活动、行为目的等。

（六）命题演讲训练

命题演讲就是根据事先给定的题目或范围而做的有准备的演讲。幼儿教师不论是职前还是职后，都有可能被要求或自愿参加各种命题演讲，命题演讲能更好地表达自己的观点和情感，引起听众的共鸣，是学习和工作中常见的交际形式。命题演讲训练能提高幼儿教师的口语表达能力，培养口语交际中良好的心理素质，是教师口语训练的一个重要方式。

命题演讲的训练主要包括拟稿、试讲记忆和正式演讲三个方面的训练。

1．拟稿

命题演讲是根据预定的题目事先写好讲稿的演讲，演讲前有比较充裕的准备时间，是凭借文字材料进行口语表达训练的重要方法，因此命题演讲首先要做的准备就是写好演讲稿。演讲稿是命题演讲的重要依据，演讲稿的好坏直接关系到演讲的成败。

（1）演讲稿的结构。一篇完整的演讲稿包括标题、开头、主体和结尾，如图3-54所示。

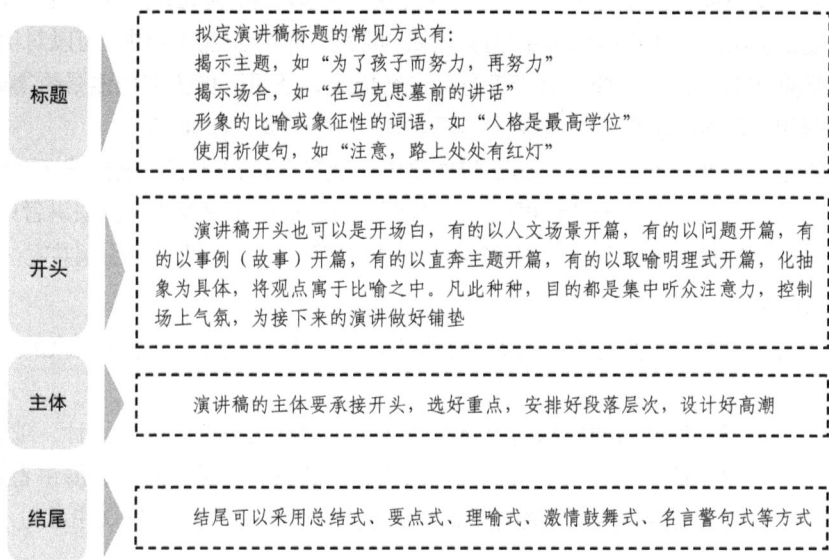

标题	拟定演讲稿标题的常见方式有： 揭示主题，如"为了孩子而努力，再努力" 揭示场合，如"在马克思墓前的讲话" 形象的比喻或象征性的词语，如"人格是最高学位" 使用祈使句，如"注意，路上处处有红灯"
开头	演讲稿开头也可以是开场白，有的以人文场景开篇，有的以问题开篇，有的以事例（故事）开篇，有的以直奔主题开篇，有的以取喻明理式开篇，化抽象为具体，将观点寓于比喻之中。凡此种种，目的都是集中听众注意力，控制场上气氛，为接下来的演讲做好铺垫
主体	演讲稿的主体要承接开头，选好重点，安排好段落层次，设计好高潮
结尾	结尾可以采用总结式、要点式、理喻式、激情鼓舞式、名言警句式等方式

图3-54　演讲稿的结构

（2）演讲稿的特点。演讲是一种既有实用价值又有审美价值的口语表达形式。演讲者要提出人们在生活和工作中最关心的问题并发表自己的见解，带给人启示，促成问题的解决。演讲同时又是语言的艺术，演讲者要以生动的语言、真挚的感情感染观众。图3-55所示为演讲稿的特点。

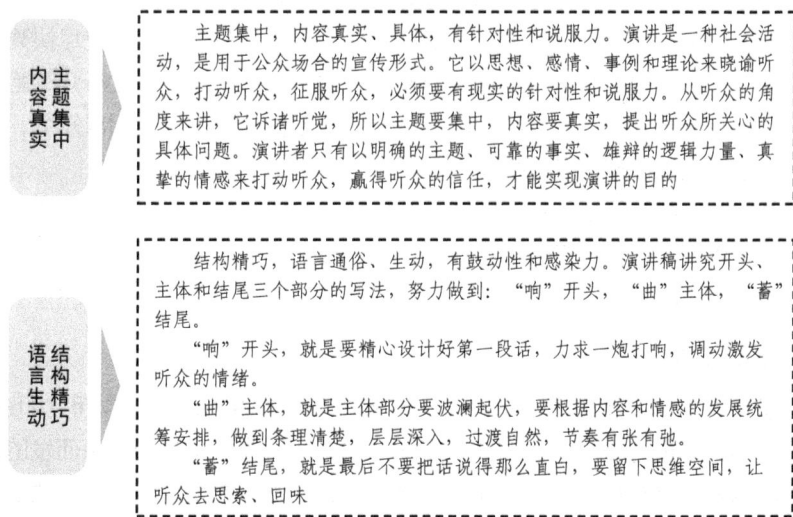

内容真实主题集中	主题集中，内容真实、具体，有针对性和说服力。演讲是一种社会活动，是用于公众场合的宣传形式。它以思想、感情、事例和理论来晓谕听众，打动听众，征服听众，必须要有现实的针对性和说服力。从听众的角度来讲，它诉诸听觉，所以主题要集中，内容要真实，提出听众所关心的具体问题。演讲者只有以明确的主题、可靠的事实、雄辩的逻辑力量、真挚的情感来打动听众，赢得听众的信任，才能实现演讲的目的
语言生动结构精巧	结构精巧，语言通俗、生动，有鼓动性和感染力。演讲稿讲究开头、主体和结尾三个部分的写法，努力做到："响"开头，"曲"主体，"蓄"结尾。 "响"开头，就是要精心设计好第一段话，力求一炮打响，调动激发听众的情绪。 "曲"主体，就是主体部分要波澜起伏，要根据内容和情感的发展统筹安排，做到条理清楚，层层深入，过渡自然，节奏有张有弛。 "蓄"结尾，就是最后不要把话说得那么直白，要留下思维空间，让听众去思索、回味

图3-55　演讲稿的特点

2. 试讲记忆

命题演讲的内容相对较多，时间较长，有充裕的准备时间，所以在写好演讲稿的基础上，要做好试讲工作。试讲记忆的方法如下。

（1）认真揣摩，准确把握演讲稿的感情基调，逐句逐段地分析，抓住观点和材料进行试讲。

（2）与有声语言、态势语的技术处理结合起来，在讲稿上做出相应的标记，以便能声情并茂地演讲。演讲是一种综合性的艺术活动，以讲为主，以演为辅，因此要注意"讲""演"结合。

（3）反复试讲可以有效克服演讲中暴露出来的问题。演讲者通过试讲，可以对自己吐字的清晰度、流畅度和对语音、语调、节奏等方面进行检查，还可以检查态势语是否得体；此外，试讲还可以促使自己更加熟悉演讲内容，加深理解，培养感情，增强信心。

（4）演讲者一定要熟悉演讲稿，达到脱稿演讲。熟悉演讲稿不能只进行记忆而轻视思考。演讲者不能忽视对演讲内容的推敲和再认识，不能把演讲看成简单的背诵。演讲者只有清晰地思考才能产生深刻的表达；只有感情的真实流露，才能使听众受到感染，引起共鸣。

3. 正式演讲

正式演讲就是与听众直接交流，用演讲去感召听众，说服听众，以引起听众的共鸣，所以要把握四个关键点。

（1）亮相与开场。开场白要根据场上情况或演讲主题独运匠心，精心设计，或奇论妙语，或幽默自嘲，或触景生情，或顺水推舟，或制造悬念，或直奔主题。总之，演讲者要以新颖、有趣、生动、敏慧的语言给听众留下深刻的印象，控制场上气氛，吸引听众注意力，更好地展开下面的演讲。

（2）高潮与蓄势。每一次演讲都会有高潮，没有高潮的演讲是平淡、乏味的。但要注意的是，高潮不是高声大叫，它是内在感情的不断涌动和积聚。高潮前要造势，就是在感情积聚到一定程度的时候造成一种气势。高潮要做强化处理，如高潮前真真切切的叙述和描述具有强大的感染力，由此顺势把感情推到最高峰。

（3）沟通与应变。演讲的目的是引起听众的共鸣，所以演讲中的沟通非常重要。这种沟通从上台伊始直至结束贯穿始终。演讲者走上演讲台后不要急于开口，首先应尽快建立起与听众之间的沟通与交流。为了实现有效的沟通和交流，演讲者不仅要注视每位听众的脸，还要将心灵的体验通过眼神传递给听众，激起听众的热情，增强他们的听讲兴趣和求知欲，使听众的思维处于积极的状态，以此提高信息的接受率。

（4）调节与控制。演讲的目的在于影响、感染听众。要达到这一目的，演讲者就必须实施有效的现场调节和控制。这种调控包括自控和控场。自控主要是克服自己的怯场心理，控场主要表现在遇到意外情况时的应变。

（七）即兴演讲训练

即兴演讲是在特定情境和主题的诱发下，或者是自发或者是别人要求而立即进行的演讲，是一种不凭借文字材料进行表情达意的口语交际活动。即兴演讲是临场有感而发的演讲，演讲者在很短的时间内要言之有物，言之有序，而且流畅、连贯，能表达观点，传达情感，引起观众共鸣，所以它要求演讲者思维敏捷、快速。

即兴演讲重在即兴，一般在正式场合的公开的即兴发言也可属于即兴演讲。幼儿教师学习、工作中经常自愿或被邀即兴演讲，如参加各种会议等，所以要掌握即兴演讲的要求和技巧，培养即兴演讲的意识和能力。

即兴演讲与命题演讲相比，无法事先拟就讲稿，也不允许反复修改、反复试讲、反复排练。即兴演讲有三个重要特点，如图 3-56 所示。

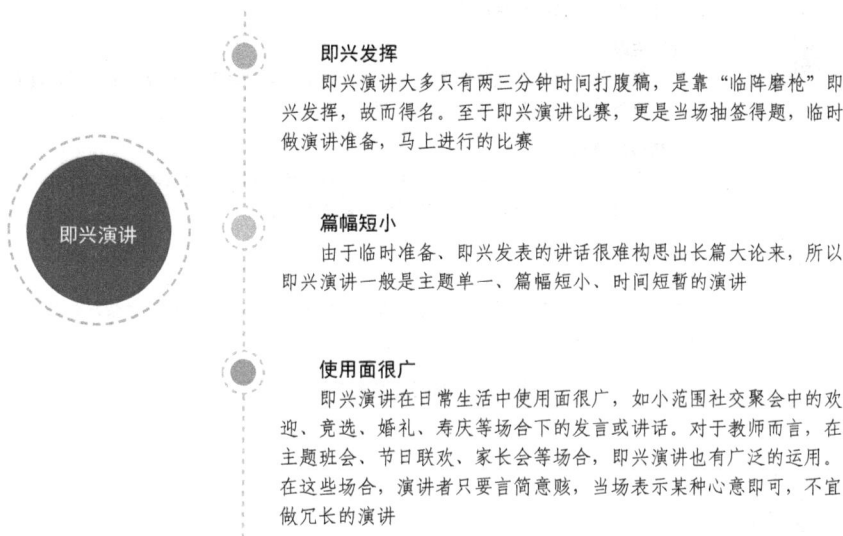

即兴发挥
即兴演讲大多只有两三分钟时间打腹稿，是靠"临阵磨枪"即兴发挥，故而得名。至于即兴演讲比赛，更是当场抽签得题，临时做演讲准备，马上进行的比赛

篇幅短小
由于临时准备、即兴发表的讲话很难构思出长篇大论来，所以即兴演讲一般是主题单一、篇幅短小、时间短暂的演讲

使用面很广
即兴演讲在日常生活中使用面很广，如小范围社交聚会中的欢迎、竞选、婚礼、寿庆等场合下的发言或讲话。对于教师而言，在主题班会、节日联欢、家长会等场合，即兴演讲也有广泛的运用。在这些场合，演讲者只要言简意赅，当场表示某种心意即可，不宜做冗长的演讲

图3-56 即兴演讲的特点

1. 即兴演讲的要求

即兴演讲的要求主要有以下两点。

（1）构思要敏捷。即兴演讲因为要在事先无任何准备的情况下临时构思发表演讲，所以要求构思敏捷。要真正做到"构思敏捷"是不容易的，正像诗人陆游所说："汝果欲学诗，功夫在诗外"。构思敏捷是以智慧和常识为基础的。要做到构思敏捷，有三个方法，如图 3-57 所示。

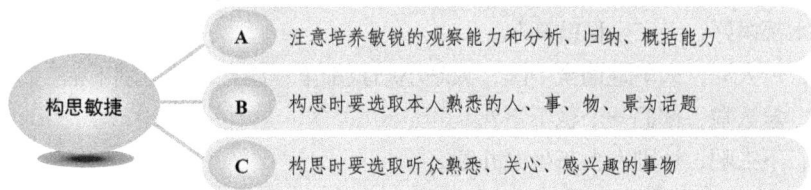

构思敏捷
A 注意培养敏锐的观察能力和分析、归纳、概括能力
B 构思时要选取本人熟悉的人、事、物、景为话题
C 构思时要选取听众熟悉、关心、感兴趣的事物

图3-57 构思的方法

（2）语言要简洁。即兴演讲本来篇幅就不长，而短短的几分钟演讲要给听众留下深刻的印象，就特别要求语言简洁，不能说废话、空话、套话，不能冗长啰唆，而且使用的句子不能过长，修饰语不宜用得过多。即兴演讲的语言稍纵即逝，句子太长，后半句还没说完，前半句子就可能淡忘了，听众就会觉得抓不住句子的主干，而把心思用在理解长句子的意义上，从而影响整个演讲的效果。因此，即兴演讲宜用短句，少用修饰语。即兴演讲的语言应简洁，不能单纯地把长句换成短句，而且要锤炼词句，要杜绝一切空话和废话，节省话语，含而不露，留有

余地，力求达到言简意赅的意境。

2. 即兴演讲的技巧

即兴演讲的重点技巧主要有四点，如图 3-58 所示。

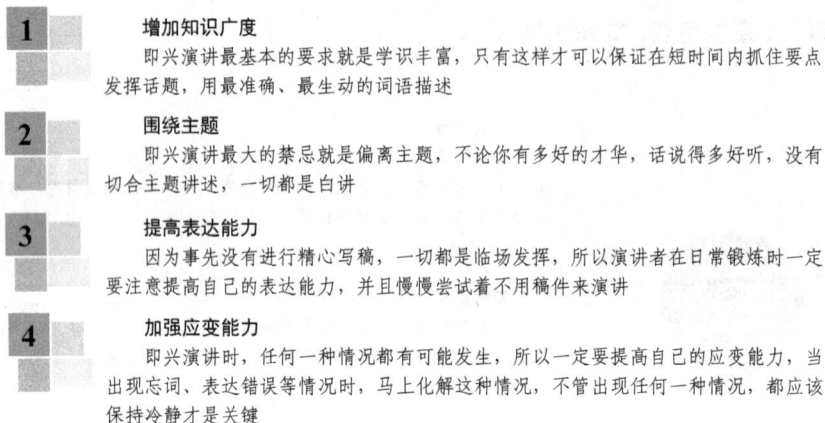

1 增加知识广度

即兴演讲最基本的要求就是学识丰富，只有这样才可以保证在短时间内抓住要点发挥话题，用最准确、最生动的词语描述

2 围绕主题

即兴演讲最大的禁忌就是偏离主题，不论你有多好的才华，话说得多好听，没有切合主题讲述，一切都是白讲

3 提高表达能力

因为事先没有进行精心写稿，一切都是临场发挥，所以演讲者在日常锻炼时一定要注意提高自己的表达能力，并且慢慢尝试着不用稿件来演讲

4 加强应变能力

即兴演讲时，任何一种情况都有可能发生，所以一定要提高自己的应变能力，当出现忘词、表达错误等情况时，马上化解这种情况，不管出现任何一种情况，都应该保持冷静才是关键

图3-58　即兴演讲的技巧

【思考与练习】

1. 口语交际的特点和原则是什么？
2. 故事讲述的表达技巧是什么？
3. 简述修辞方法的运用技巧。

【拓展训练】

1. 以"幼儿教育的重要性"为题做一篇演讲稿，并进行模拟演讲。
2. 小板凳，摆一排，小朋友们坐上来，这列火车跑得快，我当司机把车开。

（轰隆隆隆，轰隆隆隆，呜！呜！）抱洋娃娃的靠窗坐，牵小熊的往后挪。

皮球积木都摆好，大家坐稳就开车。

穿大山，过大河，火车跑遍全中国，大站小站我都停，注意车站可别下错。

哎呀呀，怎么啦，你们一个也不下？

收票啦，下去吧，让别人上车坐会儿吧。

这个作品是一首游戏儿歌，请带领幼儿边念边做游戏，念的时候要注意节奏。

第四章

幼儿教师教育口语训练

【学习目标】

◆ 了解幼儿教师教育口语应遵循的原则和要求。

◆ 熟悉幼儿教师教育口语的特点。

◆ 掌握各类幼儿教师教育口语的用法。

在幼儿时期进行情感、品德、行为习惯等非智力因素的培养，是幼儿素质教育的重要内容，而良好的品德行为也是做人的基本要求。《幼儿园教育指导纲要（试行）》（以下简称《纲要》）中指出："幼儿园德育教育应以情感教育和培养良好的行为习惯为主，注重潜移默化的影响，并贯穿于幼儿生活及各项活动之中。"幼儿园教育过程是教育者把道德规范、社会规则及良好的行为习惯内化为幼儿德行的过程，这个过程的完成必须借助于幼儿教师的教育口语。因此，幼儿教师教育口语有其独特的原则和要求。

一、幼儿教师教育口语的原则

引导案例

午饭过后，到了午睡的时间，而两个大班的孩子一直在窃窃私语，旁边的小朋友也不睡觉，睁大了眼睛听得津津有味，老师看到这一情形非常生气，本想走过去训斥一番，走近了却发现，那个孩子在讲西游记中孙悟空大闹天宫的情节，讲得活灵活现，非常精彩。这时，老师静下心来，对那几个孩子说："等午睡过后，爱讲故事的小朋友可以到台上来讲故事，让所有小朋友都听听，但是现在是午睡时间，大家先好好睡觉，这样下午才有精气神儿讲故事，好不好？"孩子们听后非常开心，很听话地躺下来，闭上眼睛，不说话了。

教师教育口语应从促进幼儿身心发展，让幼儿体会或感受情感、情绪出发，将教育内容贯穿于幼儿日常生活和各种教学活动之中。这就要求教师要有高超、纯熟的语言技巧，善于捕捉幼儿细微的情感、情绪变化，随机进行教育。在对幼儿进行教育的过程中，不能只靠单纯的说教，要将德育因素融入日常生活和各种教学活动中，渗透在幼儿游戏、学习、劳动、娱乐的各个过程之中，渗透在幼儿与同伴以及与成年人的各种交往关系之中。这种渗透应遵循教师教育口语的四项原则。

（一）民主性原则

《纲要》明确要求："创造一个自由、宽松的语言交往环境，支持、鼓励、吸引幼儿与教师、同伴或其他人进行交谈，体验语言交流的乐趣。"《纲要》同时指出："建立良好的师生、同伴关系，让幼儿在集体生活中感到温暖，心情愉快，形成安全感、信赖感。"因此，在教育的过程中营造民主的谈话氛围，鼓励幼儿大胆表达，促进幼儿语言的学习和发展，同时将道德观、价值观、人生观等教育内容蕴含其中，就可以让幼儿在轻松、没有压力的环境中受到潜移默化、润物细无声般的启迪。

贯彻民主性原则，对教师有三点要求，如图4-1所示。

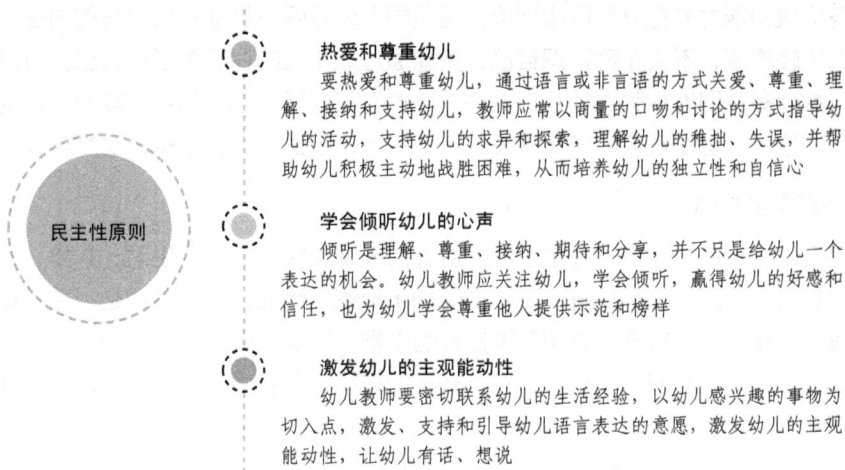

热爱和尊重幼儿
要热爱和尊重幼儿，通过语言或非言语的方式关爱、尊重、理解、接纳和支持幼儿，教师应常以商量的口吻和讨论的方式指导幼儿的活动，支持幼儿的求异和探索，理解幼儿的稚拙、失误，并帮助幼儿积极主动地战胜困难，从而培养幼儿的独立性和自信心

学会倾听幼儿的心声
倾听是理解、尊重、接纳、期待和分享，并不只是给幼儿一个表达的机会。幼儿教师应关注幼儿，学会倾听，赢得幼儿的好感和信任，也为幼儿学会尊重他人提供示范和榜样

激发幼儿的主观能动性
幼儿教师要密切联系幼儿的生活经验，以幼儿感兴趣的事物为切入点，激发、支持和引导幼儿语言表达的意愿，激发幼儿的主观能动性，让幼儿有话、想说

民主性原则

图4-1 民主性原则

幼儿教师在与幼儿交流的过程中，只有怀着主动、真诚的态度才能平静、坦然地接受孩子们的缺点和错误，而孩子们也能在教师创设的宽松、民主的氛围中大胆地表达自己的心声，用心和教师交流。教师站在孩子的角度上审视自身的言行，便是对幼儿真正地接纳和尊重。

（二）肯定性原则

美国教育家把成功教育幼儿的奥秘概括为"信任幼儿"四个字。我国当代教育家陶行知先生也说"相信儿童，解放儿童""人人都说小孩小，谁知人小心不小，您若小看小孩子，便比小孩还要小"。这都说明了幼儿教育的真谛，即尊重孩子，相信孩子，肯定孩子。教师对幼儿的肯定不仅让幼儿体验到教师的理解、尊重与接纳，而且感受到教师对自身发展潜力的肯定，非常有助于其形成积极的自我意识，能更主动地内化教育要求，不断进行自我完善。

肯定性原则体现了教师对幼儿的尊重，对生命的尊重。因此，幼儿教师要树立正确的儿童观和教育观，善于发现幼儿身上的闪光点，巩固和发扬幼儿的优点，纠正幼儿的缺点，提升教育的效果。图4-2所示为肯定性原则的要求。

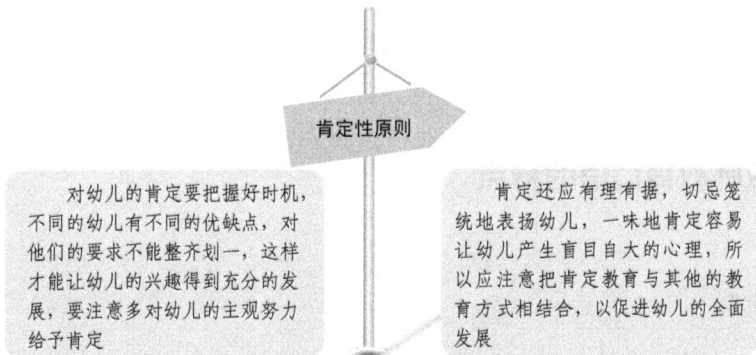

肯定性原则

对幼儿的肯定要把握好时机，不同的幼儿有不同的优缺点，对他们的要求不能整齐划一，这样才能让幼儿的兴趣得到充分的发展，要注意多对幼儿的主观努力给予肯定

肯定还应有理有据，切忌笼统地表扬幼儿，一味地肯定容易让幼儿产生盲目自大的心理，所以应注意把肯定教育与其他的教育方式相结合，以促进幼儿的全面发展

图4-2 肯定性原则的要求

在教育的过程中，教师充分肯定幼儿的优点，对培养幼儿的自信心有极大的帮助。自信心

是人对自身价值和能力的充分认识和评价，是激励个体自强不息地实现理想的内在动力。幼儿的是非观念比较模糊，不会正确认识自己，只能通过成年人的评价来了解自己，所以在教育教学活动中，教师有意识地加强对幼儿自信心的培养至关重要。教师的肯定能使幼儿变得更加乐观自信，不怕挫折，勇往直前；能够激发幼儿的潜能，增强自信，更积极地参与各项活动。

（三）浅显性原则

幼儿思维的具体形象性特点决定了他们更容易理解和接受直观、生动、具体、浅显的教育影响，特别是对观念的感知和理解，更需要借助于形象。因此，幼儿教师必须善于运用语言创造直观形象，来帮助幼儿理解和感知各种抽象的事物、词语、概念。

有这样一个故事：公园里一个孩子在折幼树的枝条，孙敬修老先生靠近树干贴耳细听，孩子问他在干什么，他说："小树说，痛死我啦！"这个孩子不好意思地哭了。这就是艺术性教育方式的力量。显然浅显，没有说教，孩子心灵却受到巨大的震撼。

（四）针对性原则

"一个孩子一个样，每个孩子不一样"，幼儿教师所运用的教育语言应当因人而异、因学习内容而异、因学习环境而异、因时间变化而异等，这是针对性原则的要求。

首先，应针对不同年龄阶段的幼儿使用不同的教育口语，如图 4-3 所示。

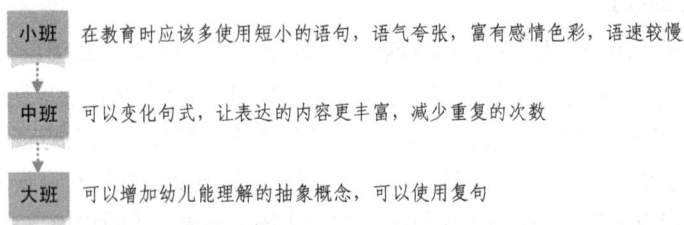

小班	在教育时应该多使用短小的语句，语气夸张，富有感情色彩，语速较慢
中班	可以变化句式，让表达的内容更丰富，减少重复的次数
大班	可以增加幼儿能理解的抽象概念，可以使用复句

图4-3　针对不同年龄阶段幼儿的教育口语

其次，应对不同性格特征的幼儿使用不同的教育口语，如对性格内向的幼儿要多鼓励，少批评，语气亲切，语调柔和，多用肯定性的评价帮助他们树立自信，不在公开场合批评或打击他们；对性格外向、活泼好动的幼儿，可以降低声调，具体明确地进行教育，抓住问题的核心，对症下药。

以上各原则在教育过程中的运用不是孤立的，而是互相渗透、相互关联的，所以幼儿教师在使用时应注意各原则之间的联系。

二、幼儿教师教育口语的特点

引导案例

在玩"丢手绢"游戏时，婷婷不小心把笑笑撞倒了，婷婷看了一眼，只说了一句"对不起"之后就要走。张老师看到这一情形，感到婷婷并没有意识到自己的错误，也没有承担自己的责任，便走过去将笑笑扶了起来，问道："为什么哭啊？"笑笑说："疼！""婷

92

婷不是已经说对不起了吗，还疼啊。"笑笑回答："还疼。"张老师这时对婷婷说："婷婷以前摔倒时疼不疼啊？""疼！""那你疼的时候希望别人怎么做呀！"婷婷想了想，便蹲下去，对着笑笑的伤口吹了吹，又把笑笑身上的尘土拍干净，真诚地说："对不起啊，你去哪里，我扶着你好不好？"老师看到婷婷的转变，非常欣慰。

语言是一把双刃剑，幼儿教师的一句话可能使幼儿终身受益，也有可能给幼儿带来难以抹去的阴影。幼儿教师应掌握教师口语的特点，因材施教，通过教育口语促进幼儿的全面和谐发展，为幼儿在生活习惯、规则意识、学习能力、情感情绪、审美情趣等各方面的健康发展奠定基础。

（一）明理启智

幼儿的道德行为和道德判断是在掌握语言以后才逐步产生的，所以对幼儿来说，重要的不只是灌输道德知识和道德观念，还要促进其道德情感的萌发。

在语言活动的初期，随着日常生活自己良好的行为获得成年人"好""乖"的评价，幼儿开始理解哪些是"好的"行为，哪些是"不好的"行为。随着语言和认知的进一步发展，3岁后幼儿的道德感开始形成，他们通过交往和模仿学习，逐渐掌握了一些行为规范和各种道德标准，还开始关心自己或别人的行为是否符合道德规范，并由此产生相应的满意或不满意的情感，各种道德习惯也逐渐形成。

在现阶段的德育教育中，普遍存在重知识、轻实践，重逻辑方法、轻情感体验的现象。表面看幼儿获得了大量的教育信息，实际上，为教师们所津津乐道的德育要求在很大程度上并没有内化为幼儿的品德。言行不一、表里相悖的现象在幼儿中间时有发生。

教育题材俯拾即是，在各种活动和一日生活中，教师应注重挖掘德育因素。例如在音乐活动中学唱歌曲《分果果》，教师可联系独生子女对长辈的关怀只接受不知道回报的现实，让幼儿从"李小多分果果"中受到教育，懂得关爱家中的长辈，在日常生活中养成谦让的好习惯，逐渐养成"心中有他人"、尊重长辈的良好品德。

教育中要做到明理启智，就应重视引导、启发，而不是教导。幼儿道德行为的养成不能依靠成人的要求和说教，缺乏情感体验的道德认知是苍白无力的。研究表明，过于强调道德认知，而忽视道德情感，会导致道德认知和道德情感的分离，无法形成道德信念和道德行为。例如，幼儿教师常说："要互相谦让，懂得谦让的才是好孩子。""你打人不对，快说'对不起'。你（指被打的幼儿）快说'没关系'。"结果幼儿根本不理解实际的意义，常常出现下列情景：两名幼儿争抢玩具，其中一名幼儿竟理直气壮地喊："老师你看，他不让给我。"再如，一名幼儿把别人打哭了，可他只毫无歉意地说了一声"对不起"就离开了，走了几步似乎想起了什么，回来对还在流泪的同伴大声指责："你还没说'没关系'呢？"这些事例说明了说教式的教育难以促进幼儿良好道德品质的形成。

在教育活动中，教师不能只片面地强调幼儿对于义务、责任的认同，孤立地要求幼儿做出分享、谦让和友爱等行为，应当在幼儿一日活动中随时抓住有价值的教育契机，注重加深幼儿对各种行为后果的感受、体验，同时在教师的参与下，使他们在感受与体验中分辨出正确的行为，感受积极行为所带来的愉快。

（二）简约规范

幼儿期正是幼儿学习语言的黄金时期，幼儿语言的获得主要通过自然观察和模仿而习得，在学前阶段，教师无疑是幼儿的模仿对象、学习的榜样，教师的一言一行、一腔一调，甚至连口头禅都对幼儿产生影响，使其乐于模仿。幼儿教师在教育过程中，语言必须简洁，恩格斯曾说过："言简意赅的句子，一经了解就能牢牢记住，变成口语，而这是冗长的论述绝对做不到的。"

（三）直白具体

幼儿年龄小，对教师的语言只能按表面的意思去理解，所以教育口语的使用就必须具体、直白，这样才便于幼儿领会教育的目的。幼儿教师在教育幼儿时一定要注意以正面教育为主，切不可说一些幼儿听不懂的"反语"，或讽刺、挖苦幼儿。

例如，有一个刚入园的小班幼儿，在回答老师"人有几只眼睛"的问题时说："有三只眼睛。"老师非常生气，于是故意说："人的眼睛有四只。"幼儿马上点头跟着说："是四只。"这样的语言不仅会造成幼儿的思维混乱，还是对孩子不尊重的表现。

新《课标》明确提出："尊重和维护幼儿的人格和权利，保护幼儿的好奇心和自信心。"苏联教育家加里宁说过："一个教师也必须好好检点自己，他应该感觉到，他的一举一动都处在最严格的监督之下，世界上任何人，也没有什么东西能比孩子的眼睛更加精细，更加敏锐……"作为一个教师，应该处处严格要求自己，做到言传身教，为幼儿做出表率。"要给幼儿一杯水，教师自身必须是一条涓涓流淌的小溪。"幼儿教师应提高自身的思想和语言素养，才能使幼儿健康成长。

例如，当幼儿不愿意吃胡萝卜时，如果教师说："胡萝卜里含有大量的胡萝卜素，可以转化成维生素 A，给身体提供所需营养，能预防各种疾病，提高身体免疫力，所以小朋友都要吃胡萝卜。"幼儿不能理解，效果就不尽如人意。如果简单地说"胡萝卜有营养，小朋友吃了身体壮"，孩子更容易理解。因此，教师的语言应力求简单、直白，这样才易被幼儿理解。

（四）语言儿童化

儿童的世界有着他们特定的语言，当我们用成年人的语言表达方式和孩子交流时，尤其是教师想要和孩子"打交道"，走进孩子的世界，教育好孩子，就需要蹲下来，倾听孩子的语言，学说孩子爱说的话，让语言成为与孩子沟通的桥梁。作为在教学岗位一线的教师，语言表达仅仅做到准确、清晰、规范是不够的，还要做到"活"用儿童化语言以提升教学的质量。图 4-4 所示为语言儿童化的要求。

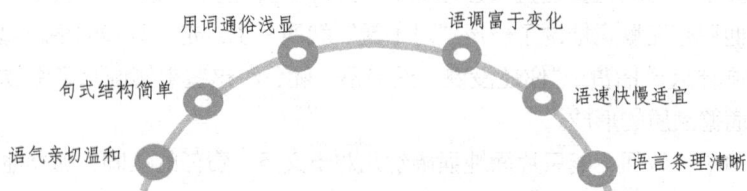

用词通俗浅显　语调富于变化
句式结构简单　　　语速快慢适宜
语气亲切温和　　　　　语言条理清晰

图4-4　语言儿童化的要求

苏联教育家马卡连柯说："同样的教学内容，同样的教学方法，因为语言的不同就可能相差 20 倍。"可见教师语言的重要性。教师要想实现语言儿童化，需要从两方面入手，如图 4-5 所示。

语言儿童化

幼儿教师要从理论上了解各阶段幼儿的心理特征和言语习惯，为教育语言儿童化提供依据和基础

教师应多听儿歌、幼儿故事，多看幼儿节目等影像材料，经常观摩优秀幼儿教师的教育教学活动，大量阅读幼儿文学作品，以熟悉儿童化语言的语音语调，了解幼儿言语的词汇、句式等

图4-5　实现语言儿童化的方法

教育口语儿童化，并不意味着教师应模仿幼儿语法混乱、用词不当的娃娃腔，而是指教师的语言贴近幼儿生活，符合幼儿心理特征，表现幼儿的情感，富有幼儿情趣，用幼儿所能理解、接受的语言来说话。

三、幼儿教师教育口语的分类

引导案例

　　午睡过后，小朋友们都起来了，只有玲玲迟迟不肯起床，实习老师走过来叫道："玲玲，该起床了。"玲玲睡眼惺忪地说："老师，我还想睡。""你都睡了两个小时了啊，别的小朋友都起来了，快起床！"玲玲还是不起："老师，我真的很困。"实习老师说："不会的，马上起来，一会就好了。"玲玲低下头小声说道："我还想睡。"

　　这时，王老师走过来对玲玲说："老师有时候也是这样，睡完之后还是困。"玲玲抬起头问："老师也是这样吗？为什么啊？""可能是午睡没睡好，也可能是晚上睡得太晚。玲玲是为什么呢？"玲玲说："我昨天睡得太晚了。"王老师摸了摸玲玲的头，笑着说："我告诉你妈妈，今晚让你早点儿睡，好吗？"玲玲说："好，那我起床吧。""玲玲真懂事！"

　　实习老师站在一旁，深有感触，原来教育口语也是有技巧的。

　　根据教育目的的不同，幼儿教师教育口语可以分为沟通语、激励语、批评语、暗示语等，教师要掌握各种教育口语的技能，遵循幼儿身心发展规律，考虑幼儿现有语言接受能力，注意幼儿之间存在的个体差异，因材施教，以促进幼儿语言能力和思维能力的发展。

（一）沟通语

1. 沟通语及其作用

沟通语是指在体察对方特定处境的前提下，迅速选择恰当的表达内容和方式以争取对方认同或配合的言语策略和技巧。通俗点讲，就是通过对话、交谈、眉目传情、肢体接触等方式达到彼此心领神会，互相更加信任、理解，相处更加默契。

沟通是双方互动的过程。在幼儿园里，运用沟通技巧的目的是用爱的情感开启幼儿的心扉，是教师与幼儿之间的心与心的对话。在教师与幼儿沟通的过程中，教师的观点、评价对幼儿有一定的权威性，所以能够与幼儿进行有效沟通是每个幼儿教师必备的技能。图4-6所示为沟通的作用。

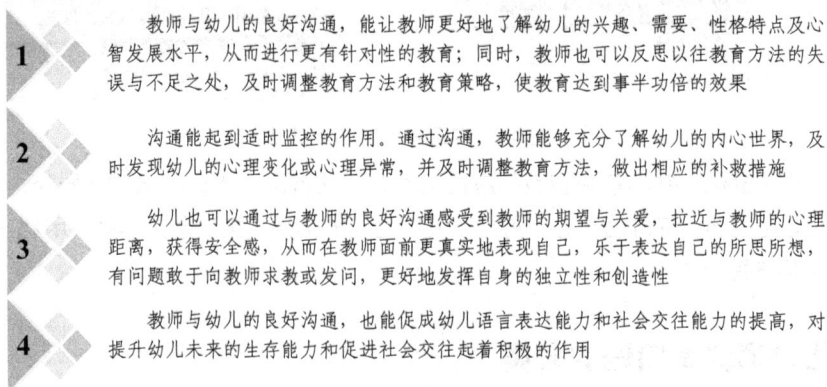

1 　教师与幼儿的良好沟通，能让教师更好地了解幼儿的兴趣、需要、性格特点及心智发展水平，从而进行更有针对性的教育；同时，教师也可以反思以往教育方法的失误与不足之处，及时调整教育方法和教育策略，使教育达到事半功倍的效果

2 　沟通能起到适时监控的作用。通过沟通，教师能够充分了解幼儿的内心世界，及时发现幼儿的心理变化或心理异常，并及时调整教育方法，做出相应的补救措施

3 　幼儿也可以通过与教师的良好沟通感受到教师的期望与关爱，拉近与教师的心理距离，获得安全感，从而在教师面前更真实地表现自己，乐于表达自己的所思所想，有问题敢于向教师求教或发问，更好地发挥自身的独立性和创造性

4 　教师与幼儿的良好沟通，也能促成幼儿语言表达能力和社会交往能力的提高，对提升幼儿未来的生存能力和促进社会交往起着积极的作用

图4-6　沟通的作用

2. 沟通的两种基本形式

（1）非语言沟通。非语言沟通在幼儿教育中非常重要。因为一方面，幼儿以直觉行动和直观形象思维为主，与语言相比，其对动作更容易理解，教师的表情、动作、体态等远比语言更能表达教师对幼儿的尊重、关心、关爱、呵护、欣赏、肯定；另一方面，幼儿也需要与教师进行身体接触，心理学实验证明，身体接触有利于安定幼儿的情绪，让幼儿感到温暖、亲切、安全，消除紧张等。

运用非语言沟通应掌握四种技巧，如图4-7所示。

（2）语言沟通。非语言沟通是交流的辅助手段，语言沟通是交流的主要手段。正常的人际交往离不开语言沟通，尤其是随着幼儿年龄的增长，对语言的理解能力增强，需要用语言来表达自己的需要和丰富的内心世界。教师要想了解幼儿，达到心灵交汇，就必须掌握语言沟通的技巧。

幼儿教师虽然天天都在和幼儿交谈，但事实上并不是所有的交流都是有效的沟通。成年人常说，不知道孩子是怎么想的，了解孩子很难；与此同时，孩子们也渴望成年人了解他们的世界。

3. 言语沟通技巧分类训练

（1）引发交谈的技巧。引发交谈是指教师要找到与幼儿交谈的切入点，激发幼儿与之交谈的兴趣。这就要求教师善于捕捉幼儿表面言行折射出的信息，并给予迅速积极的反馈；要善于发现幼儿感兴趣的话题，抓住时机，创造谈话的良好氛围，将幼儿自然引入交谈。

微笑沟通　由衷地看着幼儿微笑，通过微笑表达对幼儿的欢迎、接纳、支持、关心等情感，让教师的爱变成具体动作。在关注幼儿活动的过程中，以微笑与幼儿的目光进行对视与交流，会为幼儿营造一种温馨、友好、宽松的心理氛围，让幼儿感到愉快和安全，无形中会增强幼儿对教师的好感，是教师与幼儿进一步交流与沟通的基础

　用眼睛表达对幼儿的关注。眼睛是心灵的窗户，幼儿很会领会教师用眼睛所传达的信息，在日常生活和集体教育活动中，教师更多的时候是要面向全体幼儿讲要求，讲游戏规则；在组织活动中，面对幼儿的不同反应，教师往往需要"用眼睛来说话"，以达到与幼儿的沟通，促进活动的正常进行　**眼神交流**

平等交流　蹲下来与幼儿说话。近年来"蹲下来和幼儿说话"逐渐被人们接受和认同，对于幼儿教师而言，这虽然是一个简单得不能再简单的姿势，却代表了一种全新的教育理念，一种民主公正的态度。只有与幼儿进行平等交流，在充分尊重彼此的基础上形成一种朋友的关系，幼儿才能从教师的眼睛里看到尊重与信任

　侧着或与幼儿并排进行沟通。教师与幼儿说话，不要站着让幼儿仰视，与幼儿之间的距离和位置要适当。一般教师与幼儿说话的距离不超过一米，幼儿单独说话不超过一尺，双方朝着一个方向，这样使幼儿感到轻松自然，没有压力　**距离适当**

图4-7　非语言沟通的四种技巧

（2）倾听的技巧。倾听对幼儿教师至关重要，在沟通中教师乐意倾听，并能对幼儿说的话给予适时、适地的反应，使幼儿更乐意倾诉，并相信教师是自己随时可以交谈的对象。

听是教师与幼儿沟通的必要前提。但在实际工作中，真正掌握倾听艺术的教师并不多。有的因工作忙，在与幼儿的沟通中不能认真、耐心地倾听；有的不愿用幼儿的视角倾听，因此常会觉得幼儿说话滑稽、可笑、幼稚、不可思议而不屑倾听，从而难以做到与幼儿互相倾诉，彼此聆听，很难了解幼儿的心声，自然很难与幼儿进行有效的沟通。

幼儿和成年人一样，说话有三个目的，如图 4-8 所示。

这些满足生命基本需求的愿望十分简单。因此，无论幼儿所说的话是多么奇怪、可笑、幼稚、断断续续或重复，教师一定要用心倾听。

（3）扩展谈话的技巧。扩展谈话指教师用幼儿可以理解的方式，向幼儿提供适宜的信息、词汇或问题，引导幼儿把谈话继续深入下去。

扩展谈话是教师进一步与幼儿交流的必要阶段，不仅能使教师多方面获得幼儿的信息，还

能使幼儿的语言表达能力得到锻炼和提高，使幼儿对教师产生信任和依赖。

（4）结束谈话的技巧。教师适时地结束谈话，让幼儿表现出满足感，即使由于客观原因必须结束谈话，也要让幼儿感到教师很想听他讲话，只是条件不允许，但以后还会有向教师倾诉的机会。实践证明，沟通的效果如何，并不完全取决于交谈时间的长短，尤其是在幼儿园，每个环节的安排是相对紧张的，教师应既有根据实际情况引出话题的能力，又有结束话题的能力，与幼儿的沟通不能漫无目的，想到哪儿说到哪儿，有头无尾，草草收场或不了了之。

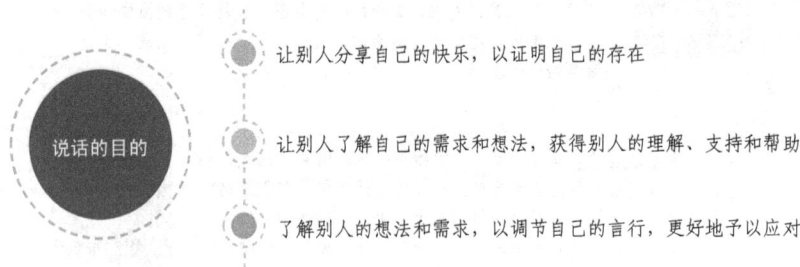

说话的目的

- 让别人分享自己的快乐，以证明自己的存在
- 让别人了解自己的需求和想法，获得别人的理解、支持和帮助
- 了解别人的想法和需求，以调节自己的言行，更好地予以应对

图4-8 说话的三个目的

4. 沟通语使用的基本要领

在使用沟通语时，应注意灵活机动地运用两种方法，如图4-9所示。

语脉接引
顺着幼儿的意思说

沟通语的运用

幼儿没说到的就给他"垫"上一两句，共同说一个意思，表达一种感情
互补交流

图4-9 沟通语的使用要领

在与幼儿进行沟通时，还要避免以下两种情况出现，如图4-10所示。

沟通错位
故意岔开幼儿的语意指向，从贬抑或否定的角度，答非所问地同幼儿说话

沟通语的运用

情感的"热度"要尽量一致，不出现反差。当幼儿主动同教师说话时，冷漠、草率或敷衍都是不适宜的
情感反差

图4-10 沟通语注意事项

5. 不同气质幼儿的沟通语

所谓气质，即通常说的性情或脾气，这种个性化的气质特点是与生俱来的。气质与其他个性特征相比具有更大的稳定性。幼儿的气质类型有多种划分标准。传统的气质类型是由古希腊医生希波克利特提出的，他认为气质可分为四种类型：抑郁质、胆汁质、黏液质、多血质，如表4-1所示。

表4-1　四种气质类型

气质类型	神经类型	心理表现
抑郁质	弱	敏感、畏缩、孤僻
胆汁质	强、不平衡	反应快、易冲动、难抑制
黏液质	强、平衡、惰性	安静、迟缓、有耐心
多血质	强、平衡、灵活	活泼、灵活、好交际

　　气质无所谓好坏。上述四种类型的气质都各有利弊，但是它影响到幼儿的心理活动和行为，正确的教育能够发展良好的个性特征，错误的引导将会形成不良的个性。因此，在对幼儿进行引导和教育时，必须充分考虑每个幼儿的气质特点。同样的情境和状况，需要教师根据幼儿不同的气质特点有区别地施教。这就要求幼儿教师在教育活动中，除了具备正确的儿童观、教育观，并考虑不同幼儿的兴趣、爱好、心智发展水平外，还必须考虑不同气质类型幼儿的语言接受能力，特别是要学会用恰当的语言表达方法与他们交往，以促成幼儿更好地发展和成长。图4-11所示为不同气质幼儿的沟通语。

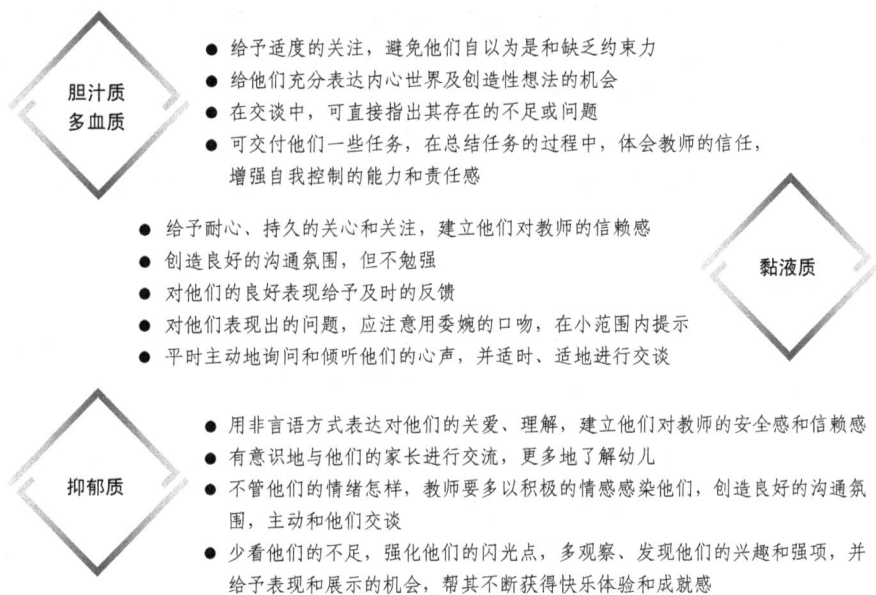

胆汁质　多血质
- 给予适度的关注，避免他们自以为是和缺乏约束力
- 给他们充分表达内心世界及创造性想法的机会
- 在交谈中，可直接指出其存在的不足或问题
- 可交付他们一些任务，在总结任务的过程中，体会教师的信任，增强自我控制的能力和责任感

黏液质
- 给予耐心、持久的关心和关注，建立他们对教师的信赖感
- 创造良好的沟通氛围，但不勉强
- 对他们的良好表现给予及时的反馈
- 对他们表现出的问题，应注意用委婉的口吻，在小范围内提示
- 平时主动地询问和倾听他们的心声，并适时、适地进行交谈

抑郁质
- 用非言语方式表达对他们的关爱、理解，建立他们对教师的安全感和信赖感
- 有意识地与他们的家长进行交流，更多地了解幼儿
- 不管他们的情绪怎样，教师要多以积极的情感感染他们，创造良好的沟通氛围，主动和他们交谈
- 少看他们的不足，强化他们的闪光点，多观察、发现他们的兴趣和强项，并给予表现和展示的机会，帮其不断获得快乐体验和成就感

图4-11　不同气质幼儿的沟通语

　　总之，与幼儿的沟通是一门科学，也是一门语言艺术，需要每个教师在工作中不断反思和总结，不断地学习。

（二）激励语

　　陈鹤琴先生曾经说过："积极的鼓励胜于消极的制裁。"可见鼓励和激励比批评意义更重大。

当教师用语言、行为等来肯定幼儿的想法、行为时，幼儿就会受到鼓舞，精神感到振奋，将各种规则和要求转化为积极自觉的行动。

不同的幼儿对激励语言的接受和理解能力也不同。因此，怎样激励幼儿的兴趣和积极性是一门艺术，不分场合、不讲分寸、不看对象地随意激励都会导致激励失败。这就要求教师懂得使用激励语言的技巧，讲究使用激励语言的策略和方法。激励语技巧有以下几点。

1. 对多血质、胆汁质幼儿要在"抬高"中"煽动"

对于热情但容易冲动的多血质、胆汁质幼儿，教师要语气肯定，语言富于"煽动"性，目光直视，并适当增加态势语，使幼儿的情绪高涨。教师同时还要善于趁热打铁，点出问题核心，委婉表明态度和要求，有意抬高幼儿的"境界"，达到使其"热情澎湃"而自愿采取行动的效果。

2. 对黏液质幼儿要在"抚慰"中"启发"

对于幼儿来说，挫折失败是难以避免的，多数情况下幼儿的表现是哭鼻子、发脾气。这时候，教师恰当的激励语就显得更加重要。教师应使用悦耳、活泼的语言，面带微笑的表情，给予幼儿更多抚慰，平息情绪，鼓励和引导他们参加活动。同时，教师要注意启发幼儿能多角度、多侧面地思考和解决问题，帮助他们寻找原因，使他们思维活跃，性格开朗起来。

3. 对抑郁质幼儿要多理解帮助

有些幼儿的生活条件优越，但抵抗挫折的能力相对不足，缺乏韧性，遇到困难就退缩，却都向往成功。每一点微小的进步，在成年人眼里可能微不足道，却能点燃幼儿心中的希望之火。因此，教师要注意观察幼儿，捕捉幼儿点点滴滴的进步，并在关键时刻适当地进行帮助，可使幼儿坚定战胜困难的决心。尤其对于敏感、孤僻但又细心的抑郁质幼儿，教师更需要用亲切、柔和的语气与和蔼的目光与其对话，用肯定性的评价帮助他们树立起信心，积极参与各项集体活动。

（三）批评语

对于幼儿语言行为所表现出来的损害他人、推卸责任、发泄不满等表现，教师要在不伤及幼儿人格及自尊的前提下合理引导，正面教育，阐明错误行为所带来的不良后果。批评是对幼儿某种不良言行做否定的评价，它是一种教育手段，为的是让幼儿引起警觉，自觉纠正缺点或错误，规范行为，有时还能从反面激发幼儿积极向上的动力。合格的幼儿教师既要敢于批评，又要善于批评。批评必须注意方式方法，坚持实事求是，不带偏见、歧视，从关心爱护的角度出发，平等地对待每一位幼儿。对于是非分辨能力较低的幼儿来讲，不时"犯"些小错误是难免的。图 4-12 所示为批评语的基本要领。

幼儿教师要根据幼儿出现的问题性质、幼儿对待问题的态度和幼儿不同的语言接受能力，有针对性地进行批评教育。图 4-13 所示为针对不同气质幼儿批评语的设计。

（四）暗示语

1. 激励性暗示语

当幼儿遇到困难，丧失信心时，教师应鼓励幼儿积极探索，对其说一些激励性的暗示语言。

例如，很多幼儿懒得动脑筋，害怕麻烦，任何问题都想希望教师说出答案，一遇到提问总说自己不会。

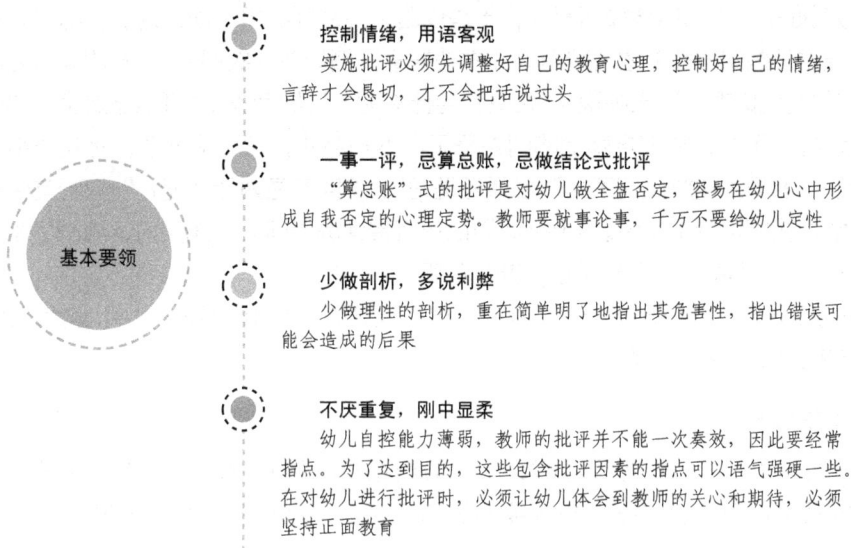

控制情绪，用语客观
实施批评必须先调整好自己的教育心理，控制好自己的情绪，言辞才会恳切，才不会把话说过头

一事一评，忌算总账，忌做结论式批评
"算总账"式的批评是对幼儿做全盘否定，容易在幼儿心中形成自我否定的心理定势。教师要就事论事，千万不要给幼儿定性

少做剖析，多说利弊
少做理性的剖析，重在简单明了地指出其危害性，指出错误可能会造成的后果

不厌重复，刚中显柔
幼儿自控能力薄弱，教师的批评并不能一次奏效，因此要经常指点。为了达到目的，这些包含批评因素的指点可以语气强硬一些。在对幼儿进行批评时，必须让幼儿体会到教师的关心和期待，必须坚持正面教育

基本要领

图4-12　批评语的基本要领

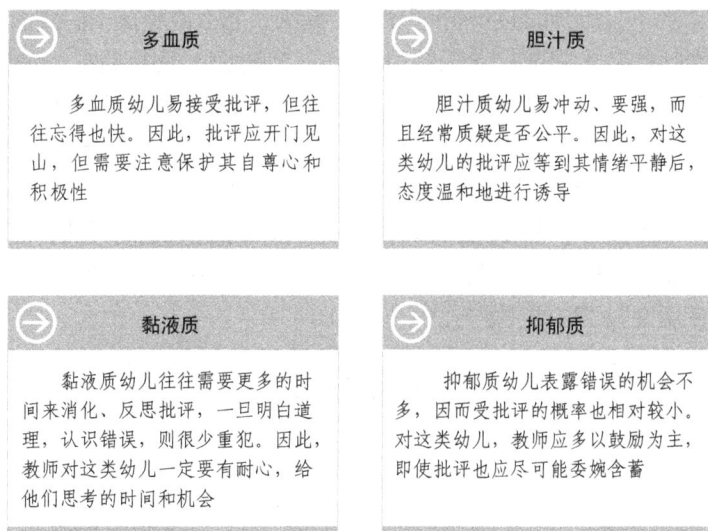

多血质
多血质幼儿易接受批评，但往往忘得也快。因此，批评应开门见山，但需要注意保护其自尊心和积极性

胆汁质
胆汁质幼儿易冲动、要强，而且经常质疑是否公平。因此，对这类幼儿的批评应等到其情绪平静后，态度温和地进行诱导

黏液质
黏液质幼儿往往需要更多的时间来消化、反思批评，一旦明白道理，认识错误，则很少重犯。因此，教师对这类幼儿一定要有耐心，给他们思考的时间和机会

抑郁质
抑郁质幼儿表露错误的机会不多，因而受批评的概率也相对较小。对这类幼儿，教师应多以鼓励为主，即使批评也应尽可能委婉含蓄

图4-13　针对不同气质幼儿批评语的设计

这时教师就可以说"你非常棒，开动脑筋想一想，老师知道你肯定可以的，加油！""再试一遍吧，这次一定可以成功。"等语言来暗示幼儿，这些语言将会对那些即将失去信心的幼儿提供巨大的精神支持，可以成为幼儿解决问题的动力，坚定其完成任务的信心。当幼儿说出自己的发现和看法时，教师应及时给予鼓励的语言暗示，如"嗯，真好""你挺厉害的""你的

想法不一般""好样的，孩子，继续努力"，这些语言在幼儿心理产生巨大的鼓舞力量，能够刺激他们进一步表现的欲望。

2. 引导性语言暗示

幼儿遇到难题，不知道该如何解决，于是便跑来向教师寻求帮助，这时教师不能直接提供答案，而应通过某些引导性的语言暗示幼儿主动探索。例如在一次课间，欢欢跑来对老师说："老师，走廊上的花瓶倒啦！"老师说："是吗？为什么呢？"她回答："可能是走廊上的门没有关好，风太大了。"于是，她把走廊上的门关严了。不一会儿，花瓶又倒了，有几个小朋友跑过来对老师说："老师，花瓶又倒了！"老师还是问："这回又是为什么呢？"只听其中一个小朋友说："可能是花瓶里没水了吧。"于是他们把花瓶带到洗手间的水龙头前，灌满了水。"老师，这回花瓶肯定倒不了啦！"欢欢开心地告诉老师。

当孩子遇到困难时，教师不一定要及时给出标准答案，而可以通过一些引导性的语言暗示，让幼儿自己去尝试，寻找答案。

（五）说服语

当幼儿遇到争执、纠纷等问题时，教师恰当和及时的说服是必要的。说服语就是使幼儿听从和接受某种意见、主张、措施或办法的语言。它是教育幼儿的一种本领，也是一门艺术。

例如，一天下午户外体育活动，老师提供了多种活动材料，孩子们自己选材进行活动，不少男孩子玩呼啦圈，都把呼啦圈当成方向盘，自己当司机玩起了"开车"的游戏，不一会儿车速变快，像是在"赛车"，老师的心一下子紧张了起来，怎么说服孩子们减慢车速，避免发生碰撞和意外呢？老师是这样说的："今天的司机真守交通规则。司机朋友，你们都工作半天了，该下班了吧？""司机"一听，就放慢了速度。老师马上又说："能告诉老师，你们都开的是什么车吗？"孩子们七嘴八舌地报出自己"车"的名字。接下来老师提出了问题，"呼啦圈除了可以当方向盘，还可以怎么玩？"并让孩子们尝试自己说的玩法……

在幼儿活动出现不安全因素时，这位教师并没有采取紧急制止的办法，而是巧妙地根据幼儿的认知水平做了委婉、积极的暗示，话未挑明，却表达了教育的意图，成功地说服了幼儿改变活动方式。在使用说服语时要注意方法，如图 4-14 所示。

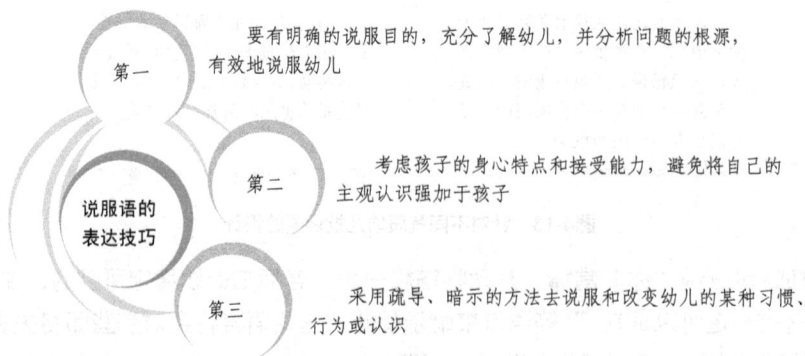

第一　要有明确的说服目的，充分了解幼儿，并分析问题的根源，有效地说服幼儿

说服语的表达技巧

第二　考虑孩子的身心特点和接受能力，避免将自己的主观认识强加于孩子

第三　采用疏导、暗示的方法去说服和改变幼儿的某种习惯、行为或认识

图4-14　说服语的表达技巧

说服语往往围绕一个中心，解决一个主要问题，循循善诱，以理服人。切忌主次不分，武断轻率，说大话、空话，用教师的身份压服幼儿。要重视调查，有的放矢；要尊重幼儿，谈话时注意分寸；要多从正面诱导，热情诚恳，既要求严格，又态度和蔼，使幼儿心服口服。

（六）劝慰语

一日生活中，幼儿的诸多语言表现背后隐含着对教师强烈的心理期待和情感需求。教师对于幼儿诸如友善、关爱、发现、探求等语言行为应予以积极回应，予以充分关注，适宜引导，适时鼓励、肯定、赞赏；同时幼儿还会因为自身不适应、无知、意愿未达成等原因造成不良情绪困扰，因此教师要善于分析导致幼儿不愉悦的原因，给予适宜的劝慰。教师的劝慰语要真诚地表示出同情和理解；对幼儿的诉说要耐心地倾听；要针对幼儿的不同气质类型给予劝慰，使幼儿尽快走出不良心境。

使用劝慰语要根据幼儿的不同性格特点对症下药，如图 4-15 所示。

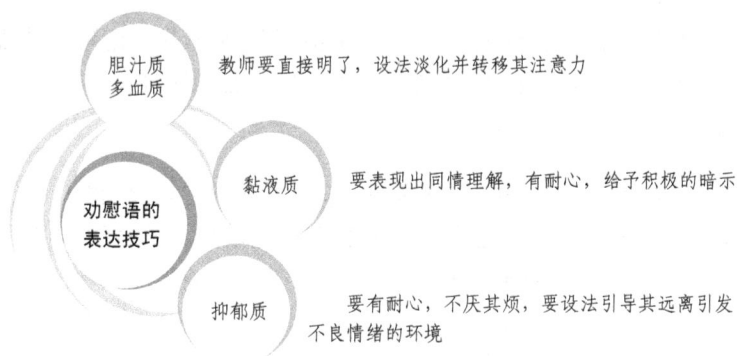

图4-15 劝慰语的表达技巧

（七）表扬语

表扬是一种对幼儿的思想和行为给予肯定的评价，使其优点不断得到巩固和发展的教育方法。恰当地运用表扬，对幼儿认识好与坏、善与恶，提高是非观念和判断能力起到直接作用，能使幼儿明白自己的优点与长处，并得到巩固和发展，还能使幼儿得到精神上的满足和愉悦，从而更加努力上进。

在使用表扬语时，要注意方法和力度。表扬语的基本要领有以下几点。

1. 要善于发现幼儿的"闪光点"

虽然每个幼儿的个性特点存在差异，但他们身上都普遍存在着"闪光点"。对这些一"闪"而过的亮点，及时的表扬是对幼儿积极向上的心理愿望的"助燃"，否则，它会因时间的推移而减弱。因此，教师应善于挖掘幼儿的闪光点，并进行"热处理"和"助燃"，给予及时的肯定和表扬，并且具体表明表扬的原因和幼儿值得表扬的地方。

2. 表扬语要恰当适度

表扬要适度。言过其实的夸张、称赞会使被表扬的幼儿不能正确地看待自己，极易产生负面效应。因此，表扬语既不能言过其实，又不能轻描淡写，要根据幼儿的具体行为和表现做出适度的鼓励性评价。同时，表扬要适量。"量"的掌握要从行为本身产生的效果与周围的关系进行全方位考虑，缺少任何一方面都会降低教师说话的力度。总之，过度表扬不但对幼儿起不到教育作用，还会使幼儿习得不良品格，这是每个幼儿教师都要注意的。

3. 表扬形式要生动活泼

表扬语要避免过于单一，要针对不同的情况使用不同的表扬语，力求表扬形式多样化，使幼儿始终保持活跃的思维状态。除了教师对幼儿予以正确评价外，还可调动其他幼儿参与表扬和激励的教育活动，使被表扬幼儿的优点、进步得到广泛认同。一个会心的微笑、一个赞许的眼神、一个亲昵的动作、一次和老师的拥抱都可作为表扬语的辅助形式。

4. 语态要真诚，语调要热情

幼儿年龄虽小，对成年人说话的语气、表情、动作还是相当敏感的。表扬语要避免语气平淡、语调平板，否则会削减表扬的力度，甚至适得其反。

5. 适合幼儿的气质

对多血质、胆汁质幼儿的表扬要投其所好，直接明了，使其扬长避短；对黏液质、抑郁质幼儿的表扬要情真意切，活泼热情，以体态语辅助，使其树立自信心。

（八）评定语

评定语即在活动中使用的、即时的、情景性的口头评价。它能灵活地点拨、引导、激励幼儿的行为。教师应从多个角度，以公正的、发展的眼光去关注幼儿的思维能力、学习方法，对每个幼儿都抱以积极的态度，寻找他们的闪光点，给予充分的肯定和欣赏，留住幼儿最宝贵的兴趣和好奇心，让评定语成为滋润幼儿心灵的甘泉。

评定语是教师教学中的口语技巧、教育智慧的全面展示，更是教师文化底蕴、人格魅力、敬业情怀的真实体现，虽然多属即兴发挥，却源自教师个人的良好素养。

评定语有多种方法，在使用时要灵活运用。评定语的基本方法有以下十种。

（1）诱发法。一般用于启发诱导幼儿思考、提问，如"你看，大家的积极性多高，一个个都举手了，咱们看谁说得最好"。

（2）试探法。目的在于引导幼儿思考，如"你的看法真有意思，你为什么会这样认为呢"。

（3）激将法。在遇到难题或气氛不活跃的情况下，可用"激将法"激发幼儿的学习积极性，如"这个问题是不是把大家难住了？""我看，这个问题未必有人会回答"。

（4）赞赏法。主要用于肯定、赞扬幼儿的问答，如"这个主意真不错！你一定还有很多别的好主意"。

（5）协商法。可以用来帮助幼儿更正答案，如"咱们能不能把刚才的那个办法再改一下"。

（6）鼓励法。一般用于鼓励幼儿发扬优点，克服不足，如"你唱得很不错，如果再大声一点就更好了"。

（7）壮胆法。主要用于鼓励能力较弱或性格内向的幼儿，如"你前面讲得很好啊，真让老师高兴！来，再接着说，没关系"。

（8）煽动法。主要用于鼓励幼儿发言，如"这个问题老师也不明白，看谁最厉害，给我们讲一讲怎么回事，我们为他鼓掌"。

（9）追问法。进一步激发幼儿思维，让其思考、回答得更全面些，如"你说得对，还有别的想法吗"。

（10）补充法。用于补充强调幼儿的答案，如"'小白兔'这个名字取得不错，如果我们再给他加上'骄傲的'三个字，变成'骄傲的小白兔'是不是更好啊"。

要想学会正确使用评定语，必须掌握评定语的基本要领。不管是在形式上，还是在语调上，评定语都有自己的特点。教师要掌握其中精髓，运用起来才能游刃有余。评定语的基本要领有以下几点。

1. 评定语应简明、准确、有针对性，让幼儿听得真切明白

评定语应客观地指出幼儿的长处及存在的不足，语言要简洁明了，不冗长，不含糊，对于着意要强调的某个方面，更要讲得清清楚楚。因此，评定语务必恰当准确，有分寸感。另外，教师在评价幼儿时要注意，既不能一味地简单赞扬，也不能草率地批评，要让幼儿知道对在哪里，错在何处。

2. 评定语应情真意切，让幼儿感到实在亲切

教育是一种温暖的抚爱，"没有爱就没有教育"。教师的评定语必须是发自内心的，对幼儿的赞美一定要真诚而亲切，应注意情感效应，要关怀幼儿的成长，理解和体谅幼儿，真诚地帮助幼儿。

3. 评定语应饱含激励，让幼儿获得自信

幼儿在学习和生活中都渴望得到一定的认可，获得成功感。不管是教师的评价，还是其他同伴的互评，哪怕只是回答对了一个提问，或是做了某件值得一提的小事，他们都会产生积极而愉快的心理体验。当幼儿获得愉快体验的时候，教师的及时肯定和激励会加重这种体验的感情色彩，从而使体验长久存留，促进积极行为的再度出现。

4. 评定语应富有变化，让幼儿耳目一新，喜闻乐见

激励的评定语要注意恰到好处，不要言过其实，给人虚假的感觉，同时也要注意避免单调枯燥，总是把一些套话进行机械重复，如"你真棒""好的""很好"等。相反，评价语言灵活多样，随机变化，注重创新，幼儿就想听，爱听，而且愿意为之积极争取。评价语言不能囿于某种固定形式，除了经常变换词句外，还可以将预设语和随机语有机结合，将整句变为散句，散句变为整句，还可以根据需要及时调整语气、语调、重音、节奏等。

5. 评定语应幽默风趣，让幼儿在轻松愉快中接受教育，获得知识

幽默风趣的语言是口语交际的润滑剂。同样，运用幽默、风趣的评价语言也是拉近师生关系和调节活动气氛所不可缺少的方法。富有幽默感的语言更容易使教师实现对教学的有效控制，更容易缓和师生间的紧张气氛，也更能使幼儿保持一种积极、乐观的态度，让幼儿在轻松愉快中接受教育，获得知识。此外，评定语的使用要注意将结果评价和过程评价、即时评价和延时评价结合起来。

6. 根据幼儿的不同气质设计评定语

教师应注意幼儿的个性气质差异，区别对待，做到因人而异，"一把钥匙开一把锁"，注重评价的层次性。对多血质幼儿应多一些赏识与鼓励；对黏液质幼儿应多一些幽默语言，增强其信心，引导其主动进步；对胆汁质幼儿应多一些宽容与耐心；对抑郁质幼儿应多一些亲近和肯定，拉近双方的距离。

另外，在幼儿园教育实践中，表扬、激励和批评语经常结合在一起使用，并常常在与幼儿的交流中进行。因此，激励语、表扬语及批评语从某种程度上都可以被认为是评定语的一种，在实践中要注意综合训练。

【思考与练习】

1. 幼儿教师教育口语的原则是什么？
2. 简述幼儿教师教育口语的特点。
3. 幼儿教师教育口语有哪些分类？

【拓展训练】

1. 小西喜欢色彩鲜艳的东西，幼儿园组织植物园春游，小西非要摘几朵玫瑰花回去，你作为老师，应该怎样劝说？
2. 结合实践，讲述劝慰语与说服语之间的区别。

第五章

幼儿教师教学口语训练

【学习目标】

◆ 掌握教学口语的特点与要求。

◆ 掌握不同教学口语的用法。

◆ 掌握教学口语的注意事项。

教师教学口语是教师在教学活动中使用的工作语言。幼儿教师教学口语是教师在幼儿学习活动中为达到教育教学目标使用的语言。因此，教师应有一定的知识信息量，让幼儿增长见识，获取经验，而且教师应具有对课堂意外情况的控制能力和应变能力，保证教学活动的正常进行。

一、教学口语的特点与要求

引导案例

语文课上，老师对孩子们说："小朋友们，今天我们班级里新来了一个好朋友，是一个戴着红领巾的灰色小熊，它比较胆小，怕小朋友们不喜欢它，不敢自己出来，大家从《孤独的小熊》里把它找出来，好不好？"孩子们听老师讲完后，都翻开书本，在老师的带领下兴致勃勃地读起来。几分钟后，老师问："大家应该都找到小熊了，那么，现在谁想和小熊做朋友啊？"孩子们都举起小手来，说喜欢小熊，要和小熊做朋友。"要想和小熊做朋友，得先了解小熊，谁能先告诉老师小熊为什么孤独？"老师问完后，孩子们都非常积极地举手回答。在老师的带领下，整个课堂的气氛一直非常好。

一名教师如果在语言修养上达到了较高水平，教学过程就会对其学生有一种无形的吸引力。苏霍姆林斯基指出："对语言美的敏感性，是促使孩子精神世界高尚的一股巨大力量。这种敏感性是人类文明的一个源泉所在。"幼儿教师的教学口语不仅要符合一般的语言规律，更要符合幼儿教育的特殊要求，适应不同年龄幼儿的心理特征和语言接受能力，这样才能达到预期的教学效果，实现教育教学目标。因此，掌握和遵循教学口语的特点与要求极为必要。

（一）知识性与科学性

教学口语是传递知识的重要手段。幼儿教师的教学口语中要包含一定的知识信息量，在表达时要求知识点准确，符合幼儿的认知水平，所以教师必须有一定的知识积累，不断进行学习和沉淀，提高自身的文化底蕴。

教学口语的科学性是指教学口语能准确无误地反映客观实际，其形式能准确地表现思想内容。具体地说，教学口语必须能表现出正确的立场观点，所用语言材料必须确切、真实、可靠，从发音到用词，从概念的阐述到教学内容的分析，从课堂提问到释疑，都能达到准确、科学。图 5-1 所示为教学口语科学性的要求。

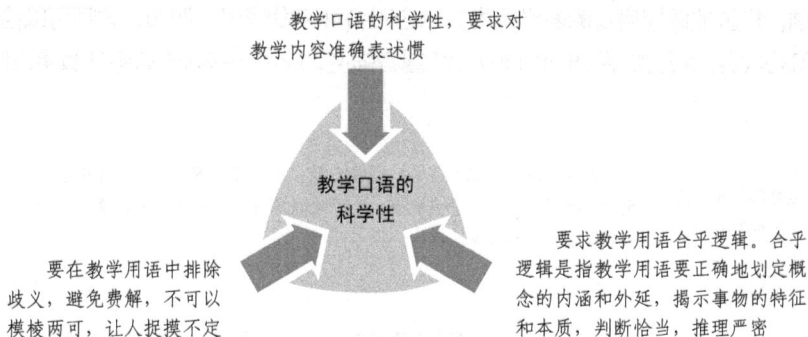

教学口语的科学性，要求对教学内容准确表述惯

教学口语的科学性

要在教学用语中排除歧义，避免费解，不可以模棱两可，让人捉摸不定

要求教学用语合乎逻辑。合乎逻辑是指教学用语要正确地划定概念的内涵和外延，揭示事物的特征和本质，判断恰当，推理严密

图5-1 教学口语科学性的要求

（二）启发性与教育性

教学口语的启发性是指教师要以教学的规律与学生的发展特点和需要为依据，用巧妙的话语给学生带来启迪、开导和点拨。教学口语的启发性要求教师在教学活动中做到话不说透，点到为止，留有余味；合理运用提问语、设问语和反问语来刺激学生的求知欲望，启发其设问与解答能力，使学生们开拓思路，在思考中学习，在学习中思考。图 5-2 所示为教学口语启发性的要求。

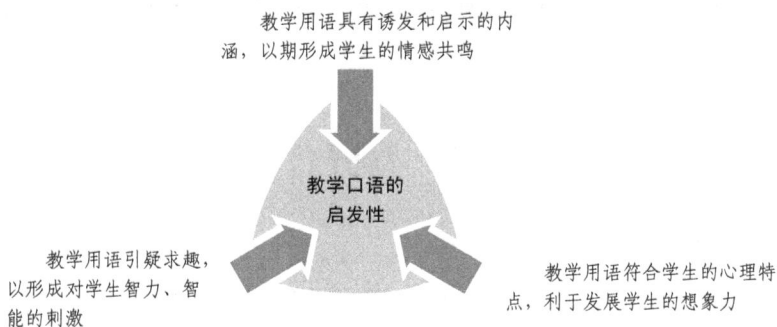

教学用语具有诱发和启示的内涵，以期形成学生的情感共鸣

教学口语的启发性

教学用语引疑求趣，以形成对学生智力、智能的刺激

教学用语符合学生的心理特点，利于发展学生的想象力

图5-2 教学口语启发性的要求

教学口语的教育性是指教师不仅要传授知识，还应当激发学生高尚的情感，鼓励他们追求理想。

（三）制约性与针对性

教学口语的制约性体现在三个方面，如图 5-3 所示。

由于其制约性，教学口语要有针对性。教师要能在教学时根据各门课程的特点和教学目的、环境的不同及教学对象年龄层次、知识水平的不同选择不同特点的教学口语，以使其教学更适合教学对象的需求。

（四）调控性与协同性

教学口语的调控性是指教师根据教学时遇到的复杂情况，找准时机，合理运用教学口语来调节控制教学，使其有效、顺利地进行。课堂教学的过程中存在着众多不确定因素，这就要求教师及时发现问题，机敏地调控自身的教学行为，以应对各种突发情况。例如，教师可以恰当运用指示语、问答语和幽默语，或改变话语的语调高度和重音强度，或讲一些新奇有趣的故事以吸引学生等。

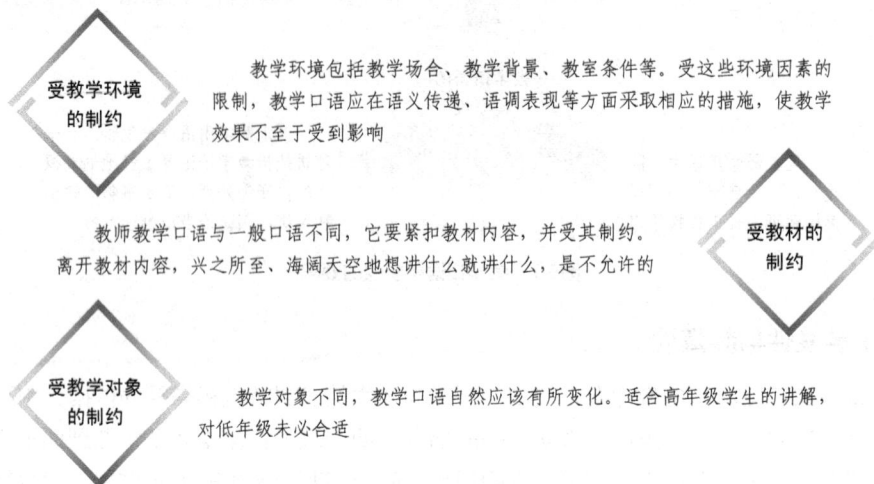

受教学环境的制约 教学环境包括教学场合、教学背景、教室条件等。受这些环境因素的限制，教学口语应在语义传递、语调表现等方面采取相应的措施，使教学效果不至于受到影响

教师教学口语与一般口语不同，它要紧扣教材内容，并受其制约。离开教材内容，兴之所至、海阔天空地想讲什么就讲什么，是不允许的 **受教材的制约**

受教学对象的制约 教学对象不同，教学口语自然应该有所变化。适合高年级学生的讲解，对低年级未必合适

图5-3 教学口语的制约性

教学口语的协同性是指教师在每个教学环节中，面对复杂的教学情景，将各种教学口语互相配合，协同运用，使教学活动顺利、有效地进行。做到教学口语的协同性要满足以下要求，如图 5-4 所示。

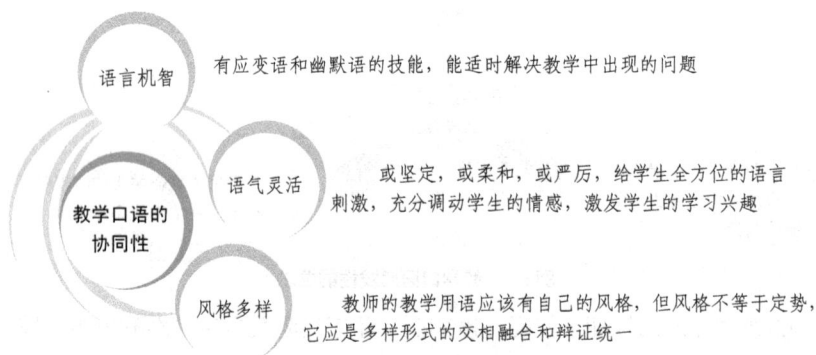

语言机智 有应变语和幽默语的技能，能适时解决教学中出现的问题

教学口语的协同性

语气灵活 或坚定，或柔和，或严厉，给学生全方位的语言刺激，充分调动学生的情感，激发学生的学习兴趣

风格多样 教师的教学用语应该有自己的风格，但风格不等于定势，它应是多样形式的交相融合和辩证统一

图5-4 教学口语的协同性

教学口语最忌讳单一的语言模式，教师应根据教学内容、教学对象做出相应的变化。

（五）创造性与审美性

教学口语的创造性是指教师围绕教材的内容，在语体、词汇、语音等方面进行再创造，从而使话语生动有趣，起到提高教学效果的作用。教师在进行教学时，除了传授知识以外，还要培养学生的创造性思维，这就要求教师的教学口语本身就具有创造性。

因此，教师在教学时不能生搬硬套，照本宣科，应把教材中的书面语转化为口语，把比较难懂的词语转换成通俗易懂的词语，而且发音要标准、清楚，句读分明，语句流畅。教师通过语言的再创造，使教材内容变得形象生动，同时富有启发性，从而培养学生的创新思维，体现基础教学的智育功能。

教学口语的审美性是指教学口语在内容上充满哲理，并以含蓄的方式表现出来，能够给人带来启迪，让人产生一种豁然开朗的感觉，且其语言形式表现为清润圆亮，抑扬顿挫，富有情感。这就要求教师在教学活动中不仅要注重教学口语的内容，还要注重教学口语的形式。无论是遣词造句、修辞运用，还是语调修饰、情感把握，都要富有艺术的美感，努力达到审美要求，从而产生巨大的教学魅力，使学生在独特的审美体验下自发形成热爱知识、追求知识的情感，从而端正思想，净化心灵，体现基础教学的美育功能。

二、导入语

引导案例

某节课，孙老师要带孩子们学习"尊老爱幼"这一传统美德。刚一开始上课，孙老师便为孩子们播放了一个孩子为妈妈洗脚的公益短片，之后又问孩子们："大家有没有为自己的妈妈或爸爸洗过脚呀？"之后又让孩子们讲述了父母关爱自己的点滴小事，成功地引出了"尊老爱幼"这一美德，并让孩子们体会到父母对自己的爱和尊敬父母的重要性。

在课堂上，导入语可以激发幼儿的学习兴趣和求知欲，唤起幼儿的注意力，同时也能明确学习任务和学习目的，激活幼儿的思维。教师要学会设置导入语，以此增加教学效果。

（一）导入语的设计要求

导入语也叫导语，是一节课开始时教师为吸引幼儿的注意或引出新课而说的话。它可以活跃气氛，激发幼儿的学习欲望，使幼儿在不知不觉中进入新课的学习节奏。导入语设计得好，有助于创设最佳的教学情境，引导幼儿尽快进入学习状态。图 5-5 所示为导入语的设计要求。

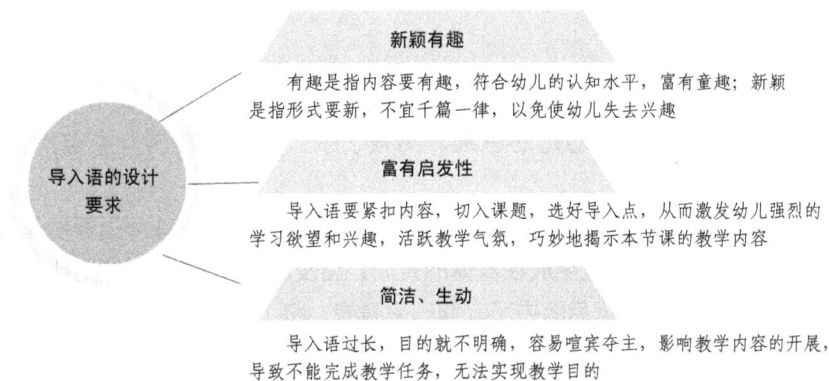

导入语的设计要求

新颖有趣
有趣是指内容要有趣，符合幼儿的认知水平，富有童趣；新颖是指形式要新，不宜千篇一律，以免使幼儿失去兴趣

富有启发性
导入语要紧扣内容，切入课题，选好导入点，从而激发幼儿强烈的学习欲望和兴趣，活跃教学气氛，巧妙地揭示本节课的教学内容

简洁、生动
导入语过长，目的就不明确，容易喧宾夺主，影响教学内容的开展，导致不能完成教学任务，无法实现教学目的

图5-5 导入语的设计要求

（二）解题导入

解题导入能够描述事物的主要特征，帮助幼儿理解活动内容，启发幼儿的学习兴趣。例如，常识课《认识青蛙》的教学导入语："今天，老师要请你们猜一样东西，'大眼睛，宽嘴巴，白肚皮，绿衣裳，地上跳，水里划，唱起歌来呱呱叫，专吃害虫保庄稼。'请小朋友动脑筋想一想，这是什么动物？对了，今天我们一起来认识青蛙！"

（三）观察导入

让幼儿带着任务去观察，幼儿会留心注意事物。例如，科学领域中的《认识小蝌蚪》，导入时可以说："小朋友们，老师在桌上准备了许多盆，盆里装了许多小蝌蚪，它们长什么样子呢？老师要请小朋友去看看，看的时候要认真、仔细，还要牢牢记住它们的特征。"通过观察的形式导入新课，能使幼儿快速理解并牢固掌握所学知识。

（四）情景导入

情景导入是一种通过设置具体的、生动的环境，让幼儿在课堂教学开始时就置身某种与课堂教学内容相关的情景，促使幼儿在形象的、直观的氛围中参与课堂教学。实践证明，利用"生活情景导入"进行教学，更有利于激发幼儿的探究思维和学习兴趣，完成课堂教育教学目标。

例如，教师在讲关于自然现象"雷雨"时，先播放关于"雷雨"的小视频，让幼儿对"雷雨"有一个清晰的印象，通过视觉和听觉上的感染，增强幼儿的好奇心。

（五）故事导入

教师通过讲述与教学内容相关的故事，可以让幼儿对本次教学内容有一个大概的了解，在不知不觉中进入学习状态。

例如，音乐活动中《粗心的小画家》的导入语："今天，老师给小朋友讲一个故事，有一个小朋友叫'丁丁'，他很喜欢画画，他画只鸭子尖嘴巴，画只兔子圆耳朵，画匹大马没尾巴，你们说他是一个什么样的画家呢？对，他是一个粗心的小画家。今后我们无论做什么事情都要细心，仔细观察，千万不能马马虎虎。今天，我们来学习歌曲《粗心的小画家》。"

（六）游戏导入

游戏可以让幼儿进入奇妙的童话世界或真实的生活世界，吸引幼儿积极主动地参与游戏活动。游戏导入可以激发幼儿的思维，寓教于乐，使幼儿在游戏中自然地进入学习情境。

例如，科学领域中的《小手的秘密》，导入新课时可这样安排——教师引导幼儿做游戏"请你照我这样做"，最后让幼儿把双手放在身体的背后，启发诱导："咦！你们把什么藏在背后去啦？哦！原来你们把手藏在身体后面去了。伸出来看看，每个人都有几只手？两只手还可以怎么说？（回答：一双手）。"

三、讲授语

引导案例

> 数学课上，老师找来了几个小朋友，让穿着红色衣服的孩子站在一边，又让穿着黑色衣服的孩子站在另一边，然后对台下的小朋友说："看看，现在台上有几个红萝卜？有几个黑萝卜？台上的同学也数一数。"幼儿回答道："三个黑萝卜，四个红萝卜！"这时，老师拿了一个画有加号的海报，站在了两组同学的中间，问道："现在老师把这几个萝卜收回家，那么老师一共可以收走多少个呀？"孩子们兴致勃勃地数了起来，最后回答："7个！""小朋友们真棒呀！所以说3+4等于几呀？"幼儿回答道："7！"

　　讲授语不仅要求语言形式的华美，更要真实地反映教师的内在感情，也就是教师对讲授内容的理解、对传授知识的冲动、对讲述对象真挚的爱。这样的讲授语是用心、用情讲出来的，即使是充满严密的、平淡的甚至枯燥的逻辑推理、数理演算，也会让听课对象集中精力认真听讲。

（一）讲授语的设计要求

　　讲授语也叫讲解语，是教师讲述、阐述教学内容的一种教学用语。讲授语是最主要的教学用语，主要用来向幼儿传授学科知识和技能。

　　讲授语是教师向幼儿讲授学科知识，介绍游戏方法、规则，或者指导幼儿进行活动、操作时使用的语言，所以一定要明确具体，简洁清晰，并且尽量做到生动有趣。图 5-6 所示为讲授语的设计要求。

（二）讲述

　　讲述是教师通过语言向幼儿说明活动内容、游戏规则，或者将文学作品介绍给幼儿时常用的方法，是教师组织语言活动时最基本的表达方式，是教师用语在语言教育中的主要体现。讲述的特点是充分发挥教师的主导作用，使幼儿在较短的时间内理解教师的要求、活动的规则等。因此，讲述语言要运用恰当才能产生语言教育活动的效果。

（三）讲解

　　讲解要简洁、精确。在讲解时，首先要明快、简洁，多选用口语化的词语，词语尽量不要带有言外之意，不含比喻义和象征意义；多用短句，不用或少用关联词语和修饰限制性词语。其次要通俗、精确，准确把握知识的内在结构，抓住关键词和要点。

（四）讲演

　　讲是说，演是肢体动作。幼儿教师在授课过程中，为了增加教学的趣味性，吸引幼儿的注意力，可以一边用生动的语言描述，一边加入适当的肢体动作和表情来增强课程的感染力，这样幼儿在全神贯注地听讲时会将知识点记得更牢。例如，教师在形容柳树时，就可以加入手势动作，展现柳树枝条随风飘动时的柔弱之感。

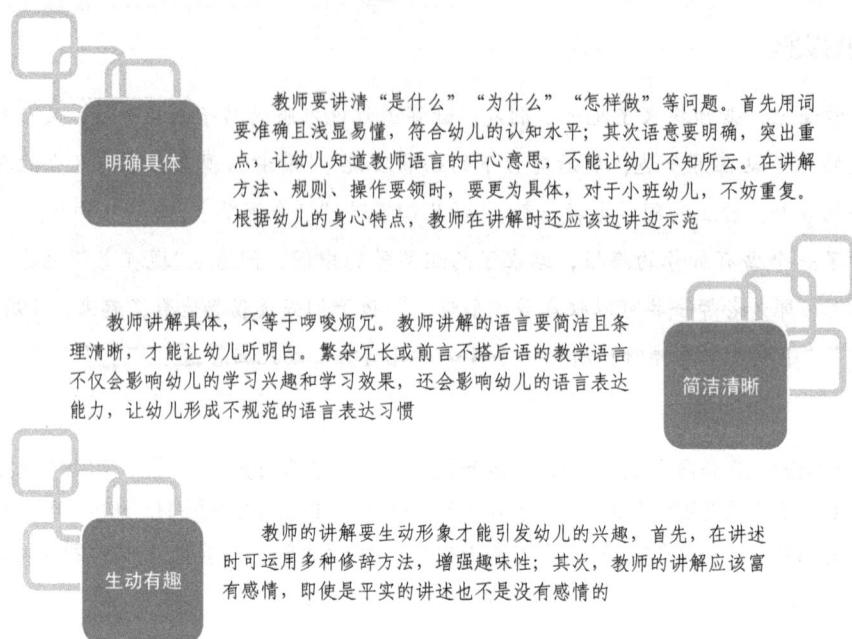

明确具体

教师要讲清"是什么""为什么""怎样做"等问题。首先用词要准确且浅显易懂，符合幼儿的认知水平；其次语意要明确，突出重点，让幼儿知道教师语言的中心意思，不能让幼儿不知所云。在讲解方法、规则、操作要领时，要更为具体，对于小班幼儿，不妨重复。根据幼儿的身心特点，教师在讲解时还应该边讲边示范

教师讲解具体，不等于啰唆烦冗。教师讲解的语言要简洁且条理清晰，才能让幼儿听明白。繁杂冗长或前言不搭后语的教学语言不仅会影响幼儿的学习兴趣和学习效果，还会影响幼儿的语言表达能力，让幼儿形成不规范的语言表达习惯

简洁清晰

生动有趣

教师的讲解要生动形象才能引发幼儿的兴趣，首先，在讲述时可运用多种修辞方法，增强趣味性；其次，教师的讲解应该富有感情，即使是平实的讲述也不是没有感情的

图5-6　讲授语的设计要求

（五）谈话

谈话可以分为交谈语和谈话活动用语，其中交谈语是教师与幼儿之间互通信息，交流感情，以达到相互沟通与了解的一种口语形式，包括集体交谈和个别交谈两种方式。集体交谈是教师与全班或小组围绕某个话题展开的语言交流。个别交谈是教师与幼儿进行的一种有针对性或随机性的语言交谈。还有一种交谈形式是幼儿与同伴之间围绕感兴趣的话题进行的一种言语沟通与交流。

谈话中，教师应做到五点，如图 5-7 所示。

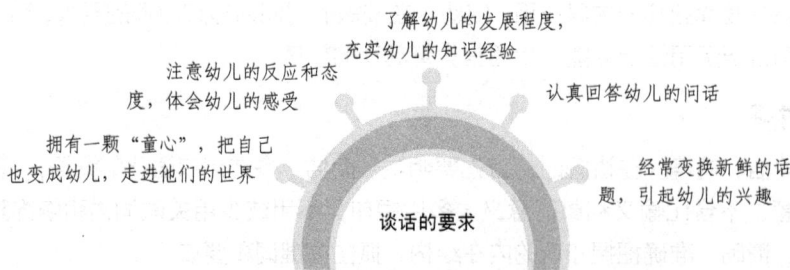

了解幼儿的发展程度，充实幼儿的知识经验

注意幼儿的反应和态度，体会幼儿的感受

认真回答幼儿的问话

拥有一颗"童心"，把自己也变成幼儿，走进他们的世界

经常变换新鲜的话题，引起幼儿的兴趣

谈话的要求

图5-7　教师谈话的要求

1. 拥有一颗"童心"，把自己也变成幼儿，走进他们的世界

教师要作为幼儿的同伴出现，蹲下身体和幼儿说话。要充满爱心，摆脱成年人的说话语气，

抛开"大人""教师"的身份，让幼儿感到是随意、自然地与教师聊天。教师与幼儿交谈，要体会幼儿的想法，走进幼儿的内心，多与幼儿进行良好的沟通，让自己成为幼儿喜欢的谈话对象。

2. 注意幼儿的反应和态度，体会幼儿的感受

在和幼儿说话时，教师常常会急着表达自己的指令和意见，希望幼儿乖乖地照自己的话做，最好不要有其他意见，所以往往会打断幼儿的话，没有耐心听完幼儿的话，忽略了幼儿的反应。教师在言语中应该表达出对幼儿发自内心的关注和兴趣，主动向幼儿发起话题，如"你能告诉我假期怎样过的吗？""哦，听起来很有趣，后来怎样了呢？"

3. 了解幼儿的发展程度，充实幼儿的知识经验

明白每个幼儿的发展程度是相当重要的，如果教师总是说一些幼儿无法理解的话，幼儿就会失去继续交谈下去的意愿，教师和幼儿之间的对话也就无法继续。教师若要保持与幼儿之间的沟通渠道畅通，就要不断地丰富幼儿的知识经验，让幼儿能说，会说，有话可说。

4. 认真回答幼儿的问话

创设良好的谈话环境，教师热心接纳、尊重、理解幼儿是前提，这样才能使幼儿的自我意识得到发展，自我价值得以体现。幼儿提出问题时，即使再幼稚可笑，也不能嘲笑幼儿的无知，应先了解其问题的真正含义，针对幼儿的需要做出回答。

例如，幼儿问："老师，您想不想听一首咱们没学过的歌曲？"这个问题的真正含义就是："老师，我想给您唱一首我刚学会的歌曲。"假如教师知道幼儿的真正目的，就可以回答："想啊，你能给我唱一首吗？"幼儿听了一定会很高兴。

此外，对于幼儿提出的知识性问题，教师要慎重回答，或带着幼儿一起寻找答案。这样，幼儿以后不管遇到什么问题，都会主动与教师讨论，这就大大增加了教师随机教育的机会。

5. 经常变换新鲜的话题，引起幼儿的兴趣

例如"猜猜看今天老师会带你们到什么地方去玩？""如果有一天外星人来到了我们的幼儿园……""青蛙小时候长什么样子"等这些话题，与说"今天过得好不好""高兴不高兴"相比更能刺激幼儿的交谈欲望。同幼儿交谈是一门学问与艺术，需要独特的方法与技巧。只要教师恰当地掌握这些窍门，就拥有了一把开启与幼儿沟通之门的钥匙，能顺利地走进幼儿的心灵，达到理想的教育目的；相反，若是不懂这些技巧，就可能会遭遇挫折，徒劳无功。

教师要充分利用日常生活中的机会与幼儿交谈，进餐、如厕、穿衣、候车、排队等都是教师与幼儿交流的良好契机。教师每天的晨间接待是与幼儿谈话交流、让幼儿学习语言、提高语言运用能力的最佳时机，可以从最简单的互相问好及与家长道别的礼貌用语开始，再到师生之间互相的谈话交流。例如，"今天是谁送你来幼儿园的呢？""是妈妈送我来的。""你喜欢上幼儿园吗？""喜欢。""为什么呢？""今天天气冷，你穿厚衣服了吗？""昨天回家后，妈妈给你讲故事没有？"这样的师生之间的谈话交流，话题内容丰富多样，师生关系都比较放松，有交流的气氛。

四、提问语

　　老师在课堂上引导幼儿认识小羊的特征，问道："小朋友们，都有哪些动物长着犄角呀？"幼儿回答："牛、羊、梅花鹿。"老师问："这些动物中，谁的身上是雪白的呀？"幼儿回答："羊！"老师说："非常好，小羊都吃什么呀？"幼儿回答："草！"老师问："那它怎么叫呢？"幼儿们纷纷学起来。老师说："小朋友们学得真像！"然后老师拿出羊与其他动物的图片，贴在黑板上，让幼儿找出羊与其他动物的不同之处，最后将羊的全部特征都引了出来。

　　提问语贯穿教学活动的始终，而向幼儿提问是幼儿园教学活动的主要环节。完整的师生互动过程通常是由教师提出问题、幼儿回答问题、教师进行回应三部分组成的。教师的提问质量关系到师生互动的质量，所以教师要善于提问，对幼儿要进行回应或评价。

（一）提问语的设计要求

　　教师必须根据教学要求和幼儿的实际情况提出问题，在提问前设计好提问语。图 5-8 所示为提问语的设计要求。

图5-8　提问语的设计要求

1. 目的明确

　　教学活动中提出的问题要做到选点准确，指向明确；与教学目标紧密联系，围绕教学的重点和难点进行提问；切忌毫无目标，单纯为了提问而提问。

2. 层层递进

　　教师的教学活动要有层次性，设计的问题要由简到繁，由易到难，环环相扣，层层递进，这样才便于幼儿主动思考，并积极寻求答案。

3. 难度适当

　　提问语要有一定的难度，让幼儿在有一定困难的情境中积极思考，挑战难度，培养良好的思维习惯和学习能力。太容易的问题会使幼儿失去探索的动力。例如，总是让幼儿回答表面看到的或听到的问题，幼儿会不耐烦，可以扩展或深入地提问"你想到了什么？"或"为什么是这样的？"等。

4. 善于倾听

教师在提问时要善于倾听，从幼儿的回答中了解幼儿对问题的理解程度，然后或深入进行提问，帮助幼儿深入思考；或及时予以反馈，解答幼儿的疑惑。提问不是把问题推给幼儿，而是通过提问培养幼儿的认知能力、思维能力和解决问题的能力。教师在提问中要倾听、引导、启发幼儿，帮助幼儿掌握知识，提高幼儿的认知水平。

5. 简洁明了

提问语的语句要清晰，句式要短，问题要落在实处，要用恰当的技巧来表现，注意突出重音，注意节奏和语气语调。

提问语要具有启发性、层次性、辅助性、提示性等特点，不要提让幼儿难以回答的问题、似是而非的问题或只用"是""不是""对""不对"就能回答的问题。有些教师甚至把"是不是"变成了口头禅，根本起不到提问作用，久而久之，幼儿再也不理会教师这类"是不是"的问题了。教师提问时还要注意态度和蔼，言语礼貌，给幼儿树立良好的口语交际的榜样。

（二）填空式

填空式提问是把问话组织成像试题中的填空那样，然后依次发问。这种提问多是根据活动中的一些需要记忆的地方提出来的问题，又可称为重点式提问。通常需要记忆的知识也就是重点问题，所以，根据教材中的教学重点提出明确的问题，把这个问题弄清楚，本课的知识目标也就达到了。这种提问方式可以训练幼儿边看边听，边记忆边概括的能力。

例如，教幼儿认识猫，教师可提出："小花猫的耳朵是什么形状的呀？嘴边长了什么呀？小花猫走路是什么样的啊？"等一系列了解小花猫特点的问题。

（三）比较式

比较式提问是用比较的方法来提问。比较的方法很多，仅以科学领域的教学而言，就有不同形状、重量、颜色的比较等；就比较的目的而言，既有不同点的比较，又有相同点的比较。在教学中经常运用这种提问的方法，有利于发展幼儿的求异思维和求同思维。

例如，教小朋友认识沙子，教师可以这样提问："沙子和土有什么区别？干沙子和湿沙子在堆小山时有什么不同呀？"教小朋友认识表情，可以这样提问："小朋友们，你们在笑的时候，嘴有什么相同之处呀？哭的时候嘴有什么相同之处呀？"

（四）信息反馈式

信息反馈式提问是指针对幼儿的学习效果提出的具体问题。这样的问题可以帮助教师明确幼儿对知识的掌握程度，以便于教师正确把握课堂教学的方式方法，必要时可随时做调整。这样的问题在幼儿园教学中必不可少。例如，"你们懂了吗？你们是怎么想的？你们是怎么做到的？"

（五）扩展延伸式

扩展延伸式提问是指将现在所学内容和以前所学的内容，以及与此有关的内容连在一起提问的方法。这种提问法有由新温旧、由此及彼、融会贯通的作用。扩展式提问法可以把各方面的知识串连起来，建立起多方面的联系，培养幼儿立体思考问题的能力，因而比孤立地学记得更牢，理解得更深。

五、结束语

引导案例

小元老师带领孩子们认识钟表，在快下课的时候，小元老师让孩子们回过头看教室里的钟表，问道："小朋友们，现在是几点呀！"孩子们异口同声地回答后，老师说道："那么时针、分针、秒针，哪一个走得最快呀？"孩子们纷纷回答："秒针！""所以我希望小朋友们要学习秒针，像它一样勤快，不偷懒。"

以这样的话语作为课堂结束语，孩子们既巩固了关于看钟表的知识，又懂得了要养成不偷懒的好习惯。

结束语是一节课或一个教学环节结束时教师说的话。成功的结束语，或归纳总结本节课内容，或巩固强化教学效果，给幼儿留下深刻的印象。结束语要求用词精当，语句简练，表达时语气肯定，语速放慢，重音突出。

（一）结束语的设计要求

结束语要概括、精当、简练。幼儿园教学活动的时间一般为小班 15~20 分钟，中班 20~25 分钟，大班 25~30 分钟，如果超出时间，幼儿容易分散注意力。因此，教师的结束语首先要概括、简练，忌拖沓。如果结束语啰唆、杂乱或小题大做，就会让幼儿厌烦，影响教学效果；其次要精当，就是要语意明确，能对幼儿的知识起巩固和强化作用，对幼儿的思想感情起启迪和升华作用，但不能仓促收场。

运用结束语时要把语速放慢，语调要平缓一些，语气肯定，并有重点地表达出强调的语意来。平实的语言不等于平淡，教师要运用相应的技巧把精当、概括的结束语讲得抑扬顿挫，使幼儿在课堂结束时仍保持极大的学习热情。

（二）归纳总结

教师做提纲挈领的总结和归纳，可以使幼儿加深印象，提高认识，加强记忆。教师可以从内容、形式、语言等方面，有所侧重地将本次教学内容与幼儿以前学过的知识进行对照比较，最后总结归纳，从而促使幼儿牢固地掌握所学知识。

例如，《会唱歌的昆虫》结束语："'知了'又叫'蝉'，是会唱歌的昆虫。会唱歌的昆虫还有蟋蟀、蝈蝈等。它们没有嗓子，没有声带，大多数是利用身体的某一个器官摩擦或扇动翅膀发出声音。"

（三）首尾呼应

教学活动的尾声往往是幼儿表现的高潮，有时需以首尾呼应的方式总结巩固教学内容。例如，小班音乐活动《宝贝在哪里》（教幼儿认识五官）的结束语："老师再弹唱一遍儿歌，小朋友和老师一起演唱和表演，一定要找到你的宝贝哦！"（教师弹唱：好宝宝，我问你，你的鼻子在哪里？好宝宝，我问你，你的眼睛在哪里？……幼儿边唱边指自己的鼻子、眼睛、嘴巴、耳朵。）

（四）扩展延伸

教学活动的结束不应是学习的结束，而是拥有新的知识或体验，养成良好习惯的开始。例如，中班健康活动《天天好习惯》的结束语："今天我们学习了小熊和小猪的做法，你们喜欢小熊还是小猪，为什么？（幼儿回答后）希望小朋友们养成良好的生活习惯。"

在活动结束时，教师有意将幼儿的视野由课内引向课外，指导幼儿去观察生活，在生活中寻求知识，使之成为课内活动的延伸和补充。运用这样的结束语，还可以促进家庭和幼儿园的合作和沟通。

六、其他教学口语

引导案例

课堂上，每个孩子的桌子上都摆了十根小棍，老师让孩子们把这些小棍两两一组分开，看能分出多少组，老师看到每个人的桌子上都有五组，但浩浩的桌子上只有两组。老师便问浩浩："浩浩，你为什么这么摆啊？"浩浩紧张地说："两个一组，有五组，我想看看五个一组是几组。"老师说："浩浩真是一个爱思考的好孩子，那你一定发现了什么规律，来给大家讲一讲好不好？"浩浩受到了肯定，非常开心，自信地娓娓道来。

教师的教学口语对幼儿来说具有重要的意义，不仅给幼儿带来丰富的知识，还有心智上的启发。合理的教学口语可以大大增强教学效果，启迪幼儿的心灵。教师要根据具体情况，对幼儿给予中肯的评价，鼓励幼儿，增强他们的自信心，也要提升自我应变能力，合理使用评价语、过渡语和应变语。

（一）评价语

教学中的评价语是指对幼儿在集体活动中的表现做出评判时说的话。它告诉幼儿什么是好，什么是坏；什么是对，什么是错；怎样做能成功，怎样做会失败等。评价语可以激发幼儿学习的积极性，培养他们良好的品质。

在集体教学活动中，教师适时适当地对幼儿进行评价，也是对幼儿学习的一种指导。图5-9所示为评价语的内容。

1 对幼儿学习习惯或表现进行评价
这种评价就是对幼儿在学习过程中表现出来的好的或不好的行为、习惯进行评价，或肯定、表扬，或否定、批评，如"这个小朋友听得很认真，所以他知道……"

2 对幼儿学习兴趣和能力进行评价
教师要用表扬的方式做肯定评价，对于希望幼儿改进的地方，尽量用委婉的方式表达，起到引发兴趣、促进能力发展的作用。不能用过激的语言来表达，如"你真笨""你到底有没有听老师讲课"等

3 对幼儿认识水平和理解水平进行评价
这种评价主要是回应幼儿的回答结果，有效的评价语言能激发幼儿的学习兴趣，调动幼儿思维的积极性，如"××这句话说得很清楚。他告诉我们……"等

图5-9 评价语的内容

教师生动、丰富、富有感染力的评价语，可以调动幼儿的学习兴趣以及参与活动的积极性，使幼儿注意力集中。在使用评价语时，要符合四个要求才能使评价语产生其应有的作用。图5-10所示为评价语的要求。

1 要尊重幼儿。在教学中，教师的评价要保护幼儿的自尊心、求知欲，承认幼儿的个性差异和发展潜力，以鼓励为主

2 教师在评价中要避免只求"结论化"。教师可以根据幼儿的回答，通过转问、反问和追问等方式，进一步提出具有探究性的问题，促使幼儿深入思考

3 评价要实事求是，抓住关键。不能简单以"好"或"不好"来评价，要进一步说明好在哪里，不好在哪里

4 用语要贴切中肯，语气亲切，语调平缓。对幼儿的评价既不能过分拔高，也不能随意贬低，必须用词贴切中肯。评价、回应时要语气亲切，语调平缓，以调动幼儿学习兴趣和思维的积极性，促进幼儿的健康发展

图5-10 评价语的要求

在教学活动中，教师的评价不能一律是"很好""真不错""你真棒"之类的回答，这是教师评价语匮乏的体现，也是教师回应能力、驾驭教学活动能力弱的表现，所以教师应多用有指导性的评价。

教师在教学活动中还可以指导幼儿对同伴的回答进行评价，培养幼儿的倾听习惯、倾听能力、判断能力和语言表达能力。

（二）过渡语

过渡语是教学环节中起连接、过渡作用的话。恰当使用过渡语可以使教学环节之间紧密相连，自然流畅，不仅有利于幼儿正确掌握知识要领，更能使教学活动锦上添花。

过渡是教学得以衔接的必要形式，过渡语也是教学口语的主要组成部分。在幼儿园教学活动中，如果没有过渡语，整个活动就会显得散乱，缺乏层次感和系统感，过渡语就像一条线，串起各个环节。过渡的方法有很多，从方法上看，常用的过渡语有三种，如图5-11所示。

问题式过渡语

教师在一个环节即将结束时，用提问的方式进入另一个环节，集中幼儿的注意力，引发幼儿思考，激发幼儿兴趣。例如在讲完胃有什么功能以后，教师说："胃的功能是消化，那么，它又是怎样帮助我们把食物消化的呢？"通过过渡语，把讲"是什么"的内容转向讲"怎么样"的内容，一环扣一环

教师简要地把一个环节的重点进行归纳总结，然后过渡到下一个环节。例如在美术活动中，教师教幼儿画公共汽车，教师边说边示范，示范结束后，教师说："刚才老师已经告诉小朋友怎么画公共汽车了，要画在纸的中间，先画车厢，车厢是长方形，再画车头……接下来，请小朋友们拿起笔，在自己的纸上画汽车，先画什么，再画什么，大家要记住了。"

归纳式过渡语

评论式过渡语

教师对上一个环节所学的知识或幼儿的表现进行简要评论，从而提出新授知识的内容或下一个环节的活动内容。例如在谈话活动"快乐的暑假生活"中，教师先讲自己的暑假生活，然后说："暑假生活是丰富多彩的，老师相信你们也和老师一样，度过了一个快乐的暑假。老师觉得和小朋友们一起分享快乐，就更加快乐了。接下来，请小朋友们也来说说你的暑假生活，和大家一起分享。"

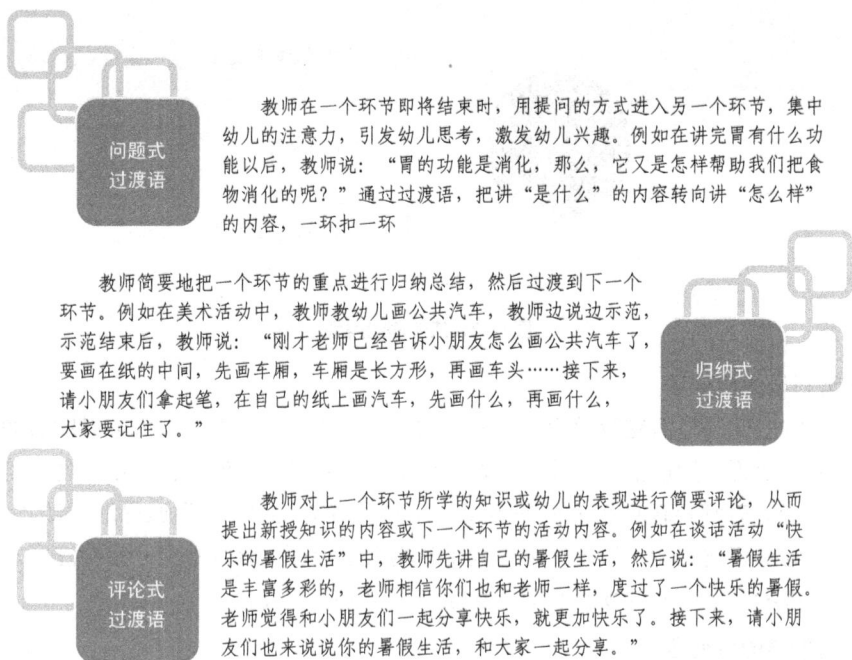

图5-11 过渡语的类型

巧妙的过渡语会起到自然衔接、深化逻辑的作用，能引导幼儿从一个环节的学习过渡到另一个环节的学习，也使教学活动过程自然流畅。图 5-12 所示为过渡语的要求。

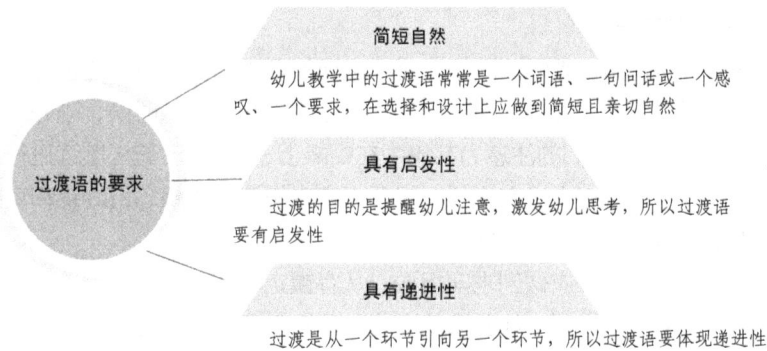

过渡语的要求

简短自然
幼儿教学中的过渡语常常是一个词语、一句问话或一个感叹、一个要求，在选择和设计上应做到简短且亲切自然

具有启发性
过渡的目的是提醒幼儿注意，激发幼儿思考，所以过渡语要有启发性

具有递进性
过渡是从一个环节引向另一个环节，所以过渡语要体现递进性

图5-12 过渡语的要求

（三）应变语

应变语是在教学活动中出现各种意外情况时，教师做出调整以及应变时而说的话。在教学活动中，由于教师对幼儿情况估计不足或教师个人原因，常常会出现一些意外情况，掌握好应变语的技能，培养语言机智，对提高教学质量至关重要。

教师在教学活动中对突发事件不宜采取不管不顾的态度，要采取应急性教学语言。应变的方法有很多种，教师的应变能力因人而异，但通常可以采取下列办法，如图 5-13 所示。

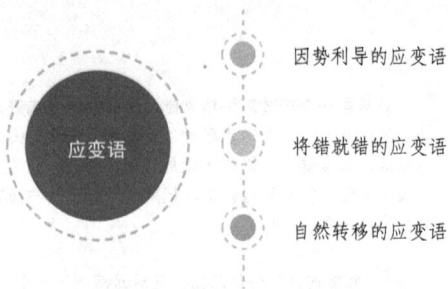

图5-13 应变语的类型

1. 因势利导的应变语

因势利导的应变语是指在教学活动中发生意外的时候，教师抓住时机或借助事物对幼儿进行引导的一种应变语。如在上课过程中，教师忘记关闭手机，突然手机响了。幼儿的注意力立刻集中在手机上。教师轻轻拿起手机并当着幼儿的面将其关闭，然后诚恳地对幼儿说："小朋友们对不起，老师忘记关闭手机了！手机响了影响大家上课，老师下次一定会注意。所以我们上课的时候，或者在某些公共场所要保持安静，避免影响别人。"

2. 将错就错的应变语

将错就错的应变语是指教师在教学活动发生意外的时候，不动声色地把意外发生的情况也作为教学内容的一种应变语。例如在计算活动课中，教师不小心把用于计算的磁铁水果碰掉了，课堂中立即出现骚动。教师不慌不忙地对孩子们说："小朋友们，数一数，有几个水果掉下来了？还有几个在黑板上贴着？"

3. 自然转移的应变语

自然转移的应变语是指在教学活动中，对于出现的意外情况，教师结合活动内容，及时做出调整，顺应变化所采用的一种应变语。例如学习《三只蝴蝶》的时候，刚好有一只蝴蝶从教室窗口飞进来又飞出去，孩子们的注意力都集中在蝴蝶上，教学活动无法继续进行。教师说："小朋友们，我们到操场上看看还有没有蝴蝶，然后大家来扮演红蝴蝶、白蝴蝶和黄蝴蝶，找到红花姐姐、白花姐姐和黄花姐姐，好不好？"

教师在遇到突发情况时，应做到求实坦诚、从容镇定、和蔼和亲、因势利导，使问题能够得到妥善解决，否则便无法应对突如其来的变化。若不予理睬，或粗暴对待突发情况，可能会产生不良影响，如图 5-14 所示。

图5-14 可能产生的不良影响

教师必须以正确的方式解决突发状况，避免突发状况带来恶劣影响，这就要求教师有较强的应变能力，正确运用应变语。图 5-15 所示为应变语的要求。

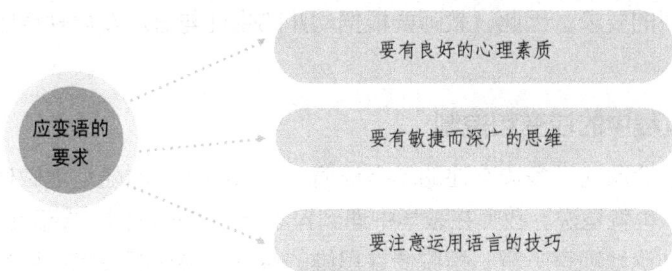

图5-15　应变语的要求

（1）要有良好的心理素质。教学中的应变需要教师具有自信而宽容的心理素质。遇到意外，教师首先要不慌不忙，相信自己能够应对，也要对幼儿宽容，对他们进行正面引导。

（2）要有敏捷而深广的思维。应变能力是思维灵活性、新颖性的直接表现，也是对思维深度、广度的要求。因此，教师要善于应变，有良好的思维能力。一些调皮的幼儿常会给教师带来意外，个别智力超群或阅历超常而又外向的幼儿常会给教师带来意外。对于这样的一些突发情况，教师要善于具体对待。对于调皮的幼儿，教师多从行为方面去引导他；对于智力超群的幼儿，教师可以从知识方面去引导他，甚至有时可以重新构思指导策略，如让幼儿当老师等。这些幼儿如果被教师引导好，教学活动就会更有新意、更出彩。

（3）要注意运用语言的技巧。在教学活动中，教师可以通过调整句式、增加重音和使用委婉的语句等方式应用应变语，在语音上可以通过语气、语调、语速、重音的改变来适应变化。

七、教学口语需要注意的事项

引导案例

上课前，老师带领孩子们学习新歌曲，刚刚打开音乐，一个孩子就拿着笔敲文具盒，喊道："咚咚咚呛，开始唱戏喽！"其他孩子也活跃起来，拿着笔跟着一起敲打，课堂顿时乱了起来，都是敲文具盒和敲桌子的声音，有的孩子还互相比谁敲的声音大。这时，老师没有怒斥孩子们，而是说："咱们班有许多小指挥家呀！大家一边学习这个歌曲，一边跟着节奏敲，看看谁敲得准，好不好？"孩子们一下子就对这首歌起了兴趣，跟着音乐节奏有规律地敲起来。

教学过程是师生共同参与的一个十分复杂的动态过程，受教师、学生、教学环境等诸方面的因素影响，总处于不断变化之中，因此课堂教学充满着各种可变性因素。教师应根据幼儿发展的进程，对不同特点的幼儿因材施教，不搞"一刀切"式的教育，要符合现代教育倡导的自主合作、探究性的学习。这种开放性的课堂瞬息万变，对教师的教学尤其是现场应变与调控提出了更高的要求。因此，教师要根据幼儿的生理与心理发展规律因势利导，才能完成教学任务。

（一）教学过程中的应变和控制

幼儿园的教学活动处于多边交往的动态语境中，教师要随时随地地做适应性的变化和调整，这就叫应变。也就是说，教师在教学中遇到猝不及防的情况时，要镇定自信，头脑冷静，语态平和，通过准确地观察听辨，摆脱惯性思维的束缚，快速抓住症结所在，及时恰当地运用应变的语言，变被动为主动，以保证正常教学活动的进行。应变是教学机制和语言机制的结合。

调控就是调节、控制。任何一次教学活动都是一个有序的系统，教师应根据课堂内部与外部的各种变化，不断进行调节，使课堂始终处于某种预定的状态，这个过程就是调控。教学活动始终处于动态语境之中，只有通过成功的调控，才会呈现有张有弛、意趣盎然的生动局面。教师不能照本宣科，不能只是津津乐道于自己预先的准备，而要"一心二用""目中有人"，既要达到既定的教学目标，又要从教学活动的实际出发，审时度势，随机应变，从而完成教学任务。

1. 时间的应变和调控

图 5-16 所示为调控时间的四种方法。

根据幼儿兴趣的变化调控时间

根据"生成性"教育
资源的出现调控时间

根据活动的目标和完成
情况调控时间

根据幼儿的想象力来调控时间

图5-16 调控时间的方法

（1）根据幼儿兴趣的变化调控时间。兴趣、成就感及他人的关注等因素可以构成幼儿学习的动机。对幼儿来讲，这些因素更会直接地影响活动时的状况：活动内容过难，幼儿可能会因难以理解或缺乏获得成功的可能而丧失兴趣和积极性；活动内容过易，幼儿可能会因缺乏新奇性、挑战性而降低注意力。教师应当适当安排，随时随地以幼儿的兴趣变化来调节课堂或活动的时间。

（2）根据"生成性"教育资源的出现调控时间。"不以自己的智慧代替儿童的智慧"是蒙台梭利对幼儿教师提出的一个要求。每个幼儿都是一个独立的个体，他们生活在自己的世界，而不是成年人的世界，因而他们的想法、观察事物的角度往往有出人预料之处。对这些"生成性"的宝贵教育资源，教师应该特别留意，并加以鼓励、肯定，适时地延长教学时间。

（3）根据活动的目标和完成情况调控时间。幼儿园各种活动的目标是事先设置的，但通过活动实现目标的过程是灵活多变的，在具体活动的指导过程中，可能出现种种的变化和意外，教师应灵活地应对这些变化，尽量采取各种各样的方式，达到最佳的教学效果。

（4）根据幼儿的想象力来调控时间。在教学活动中，幼儿应该始终是活动的主体，幼儿在活动中表现出来的想象、发挥，正是教师所鼓励、肯定的，所以不能因为时间的限制而受到影响。

2. 内容的应变和调控

教师的活动设计是事先编制的，是对活动的预设与安排，它体现出教育的预见性、目的性和科学性。但是，无论怎样完整的教案都是固定的，它不可能预测所有可能发生的事情。教师在实际实施教案的过程中，应灵活地调控教学内容，既有现成的方案，又能根据实际情况增减临时的内容，让设计方案成为灵活的教学活动，让幼儿的每一次活动都有收获，达到最佳的效果。

教学活动过程中常常遇到意外的情况，意外情况一般来自三个方面，如图 5-17 所示。

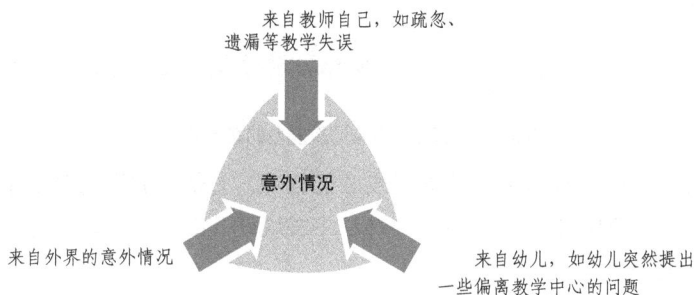

图5-17　意外情况的三个方面

如果遇到这些意外，教师可以通过妙语补充来摆脱困境，例如，巧借台阶化解尴尬，借题发挥反客为主，顺水推舟机智过渡，故说闲话转变话题，暗设悬念随机点拨，这些都是有经验的教师处理紧急情况、调控课堂的有效方法。

（1）教师的失误。教学是一种极其复杂的创造性劳动，尽管教师在活动前已经预见了可能出现的情况，但在组织教学活动的过程中，仍然避免不了出现一些意想不到的自身失误，如读错字（口误）、写错字（笔误）、遗漏内容或卡壳，遇到幼儿提出超出预设内容的问题等，这就需要教师具备随机应变、补救自身失误的能力。

（2）教学对象方面的偶发事件。有许多时候教师都会遇到这种尴尬的场面，例如午饭前，教师问幼儿："老师给大家讲个故事好不好？"本以为幼儿会异口同声地说"好"，谁知某个幼儿突然来一句"不好"，还引来其他几个幼儿的随声附和，诸如此类的事情还有很多，对于施教者来说，当自己的"权威"受到挑战时，教师要有一颗宽容的心，而不能采取一些比较霸道的方法或是对那些反对意见置之不理。

因为每位幼儿都有自己的兴趣、爱好和需求，所以教师首先要去真正地了解幼儿，尊重和倾听他们的选择，询问他们为什么不喜欢，想干什么，可以适当改变自己的设计方案，看看是否符合幼儿的需求和兴趣。当幼儿的意见不一致时，教师可让有不同意见的幼儿提出自己的见解，如有几种不同的意见，可尊重多数人的意见。

（3）来自外界的意外情况。在幼儿园教学活动中，有时也会突发意想不到的情况。幼儿生性好奇，一切新鲜、好奇、多变的事物都能吸引幼儿，引起他们的关注，这就给教学活动带来不确定性，就要求教师适时恰当地处理突发情况。只要注意随机引导，巧用意外，有时还能收到意想不到的效果。

3. 应变与调控能力的基本要求

对幼儿教师而言，教学活动中无论是时间的应变调控还是内容的应变调控，都是教学机智的体现，是教师教学能力的综合体现，因此教师要不断提高自身的应变和调控能力。图5-18所示为掌握应变与调控能力的基本要求。

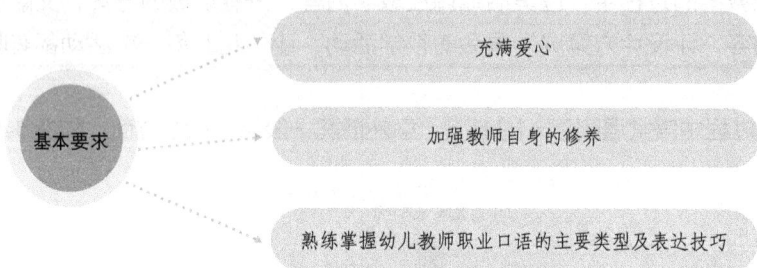

图5-18　掌握应变与调控能力的基本要求

（1）充满爱心。要让自己成为一个充满爱心的教师，对幼儿的爱与尊重是成功调控教学活动的一个重要条件。教师要尊重幼儿的想法并从中发现幼儿的长处。尊重是一种教育智慧，也是一种教育艺术的体现。

（2）加强教师自身的修养。要加强教师自身的修养。幼儿教师在课堂上直接表现出来的是有声语言的讲述，但内在的是自身的学识与修养，包括道德情操、思想品德、学术水平、知识积累等。丰富的知识（包括教育学、心理学及专业知识）、敏锐的思路、独特的视角无一不浸透其中。正所谓"台上一分钟，台下十年功"，只有日积月累的知识积淀，长期的教学探索，才能厚积薄发，在教学活动中得心应手，从容不迫，游刃有余，对在教学中随时可能发生的意外进行有效调控，因势利导，化消极因素为积极因素，使所有的幼儿在教学活动中获益。

（3）熟练掌握幼儿教师职业口语的主要类型及表达技巧。教师要熟练掌握幼儿教师职业口语的主要类型及表达技巧，在幼儿的教学活动中见机行事，灵活使用诸如导入语、表扬语、批评语、疏导语、提问语等，并正确运用语气、语调、语速、重音、停顿的变化，培养自己敏捷的思路和机智的语言，以保证教学活动的顺利进行。

（二）对不同气质幼儿的教学口语的运用

幼儿时期是人的个性形成的初步时期，每个幼儿都表现出与众不同的气质特征。教师应充分了解幼儿的气质特征，尽量照顾每个幼儿的气质特点，有针对性地运用不同的口语表达方式。例如，对多血质幼儿说话要具体明确，语气要肯定；对黏液质幼儿说话要语气活泼；对胆汁质幼儿说话要语气婉转；对抑郁质幼儿说话要语气亲切。因气质类型不同而施教，会起到事半功倍的效果。

1. 对多血质幼儿的教学口语运用

多血质幼儿的个性特点是"活"，他们能较快地适应新环境，愿意与人交往，爱争强好胜，理解事物快，上课喜欢积极举手发言，但是做事容易粗心大意，不能坚持。在对多血质幼儿说话时，话要说得具体明白，直截了当，点到问题的核心，语气要肯定，不容置疑，目光要直视他，否则他们很可能听不进去。还有一点，教师绝不能讽刺挖苦幼儿，以免打击他们的积极性。

教师："明明，你刚才摔了娃娃，把小娃娃都摔疼了，快对娃娃说句对不起。"

2. 对黏液质幼儿的教学口语运用

黏液质幼儿的个性特点是"慢、细"。他们比较内向，自制力强，注意力集中，做一件事情能坚持较长时间，但谨小慎微，与同伴的交往能力差。教师在对黏液质幼儿说话时，要多用鼓励的话语，用活泼的语调，面带微笑，多引导他们参加集体活动。同时，要启发他们多角度、多方面地思考和解决问题，引导他们有创意地完成任务，使他们思维活跃起来，防止他们墨守成规。

教师："刚才三位小朋友编的故事结尾都不错。其余的小朋友自由编故事的时候，老师都听见了。萍萍想的结尾特别好，来，萍萍，现在请你把你编的故事结尾给大家讲一讲。萍萍勇敢一点啊。"

3. 对胆汁质幼儿的教学口语运用

胆汁质幼儿的个性特点是"急"，他们精力旺盛，思维灵活，敢于探索新鲜事物，但粗心大意，任性冲动，爱发脾气。教师在对胆汁质幼儿说话时，音量要低，语气要婉转，语调要柔和，既触动他们，又不至于激怒他们。

教师："明明，你刚才摔了娃娃，把小娃娃都摔疼了，你快给她揉揉吧。"（幼儿揉揉娃娃）"你轻轻地对着她的耳朵说：'对不起，我以后不摔你了，我要好好地抱着你。'"

4. 对抑郁质幼儿的教学口语运用

抑郁质幼儿的个性特点是"敏感"，他们做事踏实、细心，能够坚持，但敏感怯懦，性情孤僻，行动迟缓，优柔寡断，不愿在众人面前表现自己。教师在对抑郁质幼儿说话时，语气要亲切，语调要柔和，目光要和蔼，也可轻轻拉着幼儿的手，抚着幼儿的肩，使幼儿觉得教师喜欢他，对他特别信赖。要多用肯定性评价帮助他们树立自信心；切忌在公开场合粗暴批评或指责他们，否则可能对幼儿造成难以弥补的伤害。

教师："阳阳，今天你做的汽车真是像极了，老师打算明天把它放在陈列角里，让大家看看，你同意吗？"（抚摸幼儿的头发。幼儿点头）。

教师："同意了？阳阳真是好孩子！"（教师用征求意见的口吻和幼儿商量事情，这充分体现了他对幼儿的尊重，同时还用适当身体接触和肯定性评价，使幼儿感到亲切。）

（三）双语教育

双语教育是指以两种以上语言作为教学媒介的教学，其中一种语言并不一定是学生的母语，其目标是让学生充分地、平衡地掌握两种语言，或者促使学生学习和使用第二种语言。双语教育的出现有着多重社会文化背景。

1. 幼儿园开展双语教育的可行性

随着社会不断发展进步，幼儿教育越来越被人们所重视。作为启蒙教育的奠基石，全球性语言交流作为现代文明社会直通道，得到全世界各国的高度重视。针对这种发展趋势，幼儿双语教育成为社会关注的"热点"，在幼儿园开展双语教育具有可行性。

（1）社会对未来人才的要求。教育应从娃娃开始抓起，幼儿期有必要学习第二语言（英语）。学习第二语言，熟悉不同种类文化将促使人的智力的性质和结构发生变化。现在的幼儿是未来我国现代化建设的主力军，因此对幼儿实施双语教育也是教育面向世界、面向未来的一项具体措施。

（2）幼儿具备学习双语的自身条件。幼儿学习英语是可能的。根据一些心理学家和神经生理学家研究表明，0~6岁是幼儿语言学习的最佳时期，处于这一时期的幼儿都有形成两个以上语言中枢的可能性；另外，还有一些非语言因素对幼儿英语学习有利。例如，幼儿很少因出错而烦恼，学习时能够得到更多的反馈，他们可把这种学习作为一种新的"语言游戏"来玩。众多的例子可以证明幼儿期不仅可以学习第二语言，甚至能轻松地掌握两门以上的外语。托尔斯泰和屠格涅夫就是在幼儿期掌握了英、法、德等几门语言。

（3）双语学习对幼儿的发展具有极大的影响。学习并掌握第二语言使幼儿有可能与不同语言群体的成员进行交往，可以在一个多文化环境中认识世界，与此同时更好地认识自己、评价自己，从而提高自我认知和自我评价的能力。总之，在幼儿阶段对幼儿进行双语教育具有一定的可行性。

双语学习对幼儿能够产生哪些积极影响呢？

① 学习双语能促进幼儿语言的发展。第二语言的学习向幼儿展示了一套与母语完全不同的语言符号系统。一方面可以促进幼儿对语言多样性的理解，丰富幼儿的多种语言经验；另一方面可以促进幼儿语言能力的发展。第二语言的学习可以使幼儿对两种语言之间的差异产生敏感，其直接结果是幼儿开始将语言看作他们头脑中已经拥有的诸多系统中的一个特殊系统，从而提高了他们的语言操作能力和交往能力。

② 学习双语能促进幼儿认知水平的提高和思维的发展。研究表明，与学习单语的幼儿相比，学习双语的幼儿较早地发展了一种分析语言结构的能力，他们能较早意识到言语表征与语义是分离的。他们在学习语言时注意力更加集中在语义上而不仅仅在形式上。语言作为思维的工具，在概念的形成、思维的发展过程中起着重要作用。幼儿学习第二语言使同一形象与两种语言序列发生联系，对幼儿概念的形成和思维能力的提高，特别是发散思维能力的提高起到促进作用。因此，学习双语的幼儿往往在思维的流畅性、创造性和新颖性方面优于学习单语的幼儿。

2. 幼儿园双语教育的年龄阶段目标

（1）小班母语为主，英语为辅。主要进行汉字无意识记和提高母语表达能力，同时渗透简单的英语日常用语。教师通过听听、说说、唱唱、玩玩等各种形式的活动，为幼儿创设趣味性的双语活动环境，让幼儿初步掌握两种语言的正确发音，初步感受文字符号，培养幼儿听和说的兴趣，使幼儿理解和运用简单的礼貌用语，培养文明礼貌的行为习惯。母语教学在听说训练的基础上，进行汉字无意识记训练，一学年汉字识字量为 250~300 个，以培养幼儿初步阅读汉字的能力。

（2）中班双语并进，英语教育培养"听、说"能力，母语教育培养"听、说、读"的能力。第一个学期母语教学量为 70%，英语教学量为 30%，主要巩固和发展汉字识记和表达能力，逐步加大英语学习量。第二个学期英语教学量为 70%，母语教学量为 30%，英语教学向大班教学目标靠拢，母语教学继续发展幼儿的母语听说能力和识字水平，一学年汉字识字量为 150~200 个。逐步加大情景对话和故事、歌曲、表演训练，激发幼儿运用双语进行交际的兴趣，提高幼儿灵活运用双语的能力，培养幼儿活泼开朗、大方自信的个性品质。

（3）大班英语为主，母语为辅。英语发展"听、说、读"三种能力，以听说为主，阅读为辅。把英语作为生活和教学活动的交流工具，为幼儿创设立体式全方位的英语环境，发展幼儿英语思维和英语交际能力。适当开展普通话训练活动，主要衔接小中班识字教学，一学年汉字识字量为 100~150 个，通过散文、故事、儿歌、看图讲述等形式，继续发展幼儿母语听、说、读的能力，发展幼儿的母语表达能力。结合节日活动和中西方文化特点，使幼儿初步萌发英语思维，创造性地使用英语进行交际，提高幼儿感受英语文学作品的能力，进一步培养幼儿活泼开朗、自信大方的个性品质。

3. 双语教育的基本要求

（1）教师要向幼儿展示正规成熟的语言。教师要让幼儿学习规范性母语。幼儿园教师在教学生学习汉语的过程中，要让幼儿学习规范性的母语。幼儿园的幼儿思维比较简单，学习状态等比较原始，如果教师教授的语言不规范，那么将直接影响幼儿的汉语学习。教师要努力让幼儿得到纯正的"发音存储"。

教师要向幼儿展示规范的英语教学。在幼儿园教学中，教师要教授幼儿规范的英语，让幼儿能够从小感受到正规英语的读音和单词写法以及学会使用简单的英语口语表达。

（2）教师要让幼儿多听，强化印象，并尝试用英语交流。教师要指导幼儿在学习中不急于说，仔细听清后再准确模仿。教师可以让幼儿多倾听英文儿歌、民歌等，在听到英文儿歌后，不要让幼儿急于学习，而要听准确后再发音。这样，幼儿在反复听的过程中就会强化印象，得到准确的英文发音。同时，教师在上课时要温故而知新，让幼儿将前面的内容听一遍，再去学习新的知识。

教师要尝试让幼儿自由运用外语进行交流。经过一段时间的幼儿园生活和中英文学习，教师要尝试让幼儿在欣赏和模仿之后试着运用外语进行表达。教师不要对幼儿提出过高的要求，只要幼儿能够运用英语做简单的日常交流就可以了。

（3）教师要采用多种有效生动的教学形式，让幼儿产生对双语学习的兴趣。教师可以采用多媒体等多种有效形式，培养幼儿双语学习的兴趣。幼儿的思维方式比较直接，教师在授课时可以采用多媒体课件引入。幼儿通过多媒体课件，既熟悉了英语环境，又产生了学习英语的兴趣。

幼儿喜欢游戏，因此，教师可以利用他们的游戏天性让幼儿在游戏中以及各种生活中不知不觉地学习英语。

　　总之，在幼儿园中开展双语教育，要遵从幼儿学习的天性，让幼儿能够在快乐中学习双语。

【思考与练习】

1. 导入语有哪几种类型？
2. 简述提问语的设计要求。
3. 简述幼儿园开展双语教育的可行性。

【拓展训练】

1. 当教师在讲"公鸡"这个单词时，有幼儿学公鸡叫，作为教师，你会怎么做？
2. 针对数学课 10 以内的加减法运算设置导入语。

第六章

幼儿教师交际口语训练

【学习目标】

◆ 掌握与不同对象的交际口语。

◆ 掌握与不同年龄幼儿的沟通方式。

◆ 掌握各类活动中幼儿教师口语的运用技巧。

良好的口语表达能力是每一位现代人不可缺少的，也是师范教育培养合格师资不可或缺的任务之一。在教育、教学活动中，教师交际口语的对象不仅仅是幼儿，还有家长及单位同事。教师要掌握与不同对象的交际口语，不断提高与人沟通的能力，增强与人沟通的良好效果。

一、幼儿教师交际口语

引导案例

　　一个大班幼儿的奶奶在幼儿园门口碰到了老师，不满地问道："我家隔壁的孩子才上中班，就已经开始学拼音了，你们怎么不教啊？"老师连忙解释说："我们是按照教育规律安排幼儿的学习内容，拼音属于小学教学内容。"奶奶又问道："那别人家的孩子先学了，我家孩子上小学不就比别人落后了吗？"

　　这时老师想起前几天进行调查时，另一所幼儿园的一个孩子在拼音发音上面存在很多问题，便对奶奶说起了这件事，告诉奶奶如果拼音发音不标准，一旦形成习惯，便很难纠正过来。奶奶一改之前不满的态度，说："是啊，隔壁家的孩子就平翘舌不分。"

　　老师向奶奶进行了耐心解答，并根据老人爱孙心切的心理特点，完美地解决了奶奶的疑惑，并赢得了奶奶的尊重。

　　口语交际是听说双方在共同所处的语言情境中相互传递信息、分享信息的过程，是交际双方的互动，是人与人之间交流和沟通的基本手段之一。幼儿教师在工作和生活中必须具备与人交往的一般口语能力。

（一）幼儿教师交际口语概述

　　幼儿教师交际口语是指教师在直接的教育教学活动之外，以教师身份参与其他工作而使用的口语，如教师同家长、上级、同事及社会各界人士进行交际所用的口语。

（二）幼儿教师交际口语的特点

1. 双向互动

　　幼儿教师交际口语具有双向互动性。双向互动性是指乙方接收到甲方的信息后引起反应，然后将这种反应反馈给甲方，便构成双向的交流，即双方均参与传递信息的活动，相互影响。

　　说者和听者的地位在不断变化中求得平衡。乙方是信息传递者时，甲方即为信息接收者；当甲方变为说者时，乙方就成了听者。甲乙双方在交流中呈现出双向循环的互动过程。

　　双向互动作为一种双向传输语言信息的交际活动，受到时间、场合、传递方式的种种制约，具有发生的随机性（除有计划、有预约的会谈和访谈外）、话题的游移性、时间的不确定性（随时可能中断）、表达的口语性（由于交谈的随机性，往往来不及对语言进行加工润色，多用平实、自然的口语，以达意为主）及主客体的互变性（听、说互换，问、答交替）等特点。掌握交谈的特点和技巧，讲究交谈的艺术，对于交谈的融洽、高效、成功具有重要的作用。

事实上，人们在口语交际活动中，除了双方偶然邂逅的即兴交谈或无明显交际目的的随意闲聊外，一般都有明确的交际目的，并且由交际主动的一方控制话语权，决定着交际内容的指向，因此交际中主动的一方要注意以下三点。

（1）善于提出话题。提出话题的方法有以下三种，如图 6-1 所示。

图6-1 提出话题的方法

① 开门见山法。交谈一开始，就直截了当地从正面提出交谈的话题，表明交谈的目的，或提出要询问的问题，明确探讨的重点，很快"进入角色"。

② 迂回入题法。有时，直入正题还缺乏心理、情感基础，或者估计交谈对方会有唐突之感，可以先谈些别的话题，边谈边分析对方的反应，先消除对方的戒心，缩短心理距离，待"时机"成熟，再巧妙切入，谈话成功的希望会大得多。

③ 创设情境法。在进行思想沟通的交谈中，有时遇到"敏感"的话题不便直接提出，可以创设情境做好铺垫。该方法常用于疏导、说服、劝慰的交谈中，容易促人感悟。

（2）善于控制话题。在一般"即席性"交谈中，参与交谈者可以随时提出自己感兴趣的话题，因而常常会出现话题随着交谈的进行而自由转换的情况。即使事先做出限制，如果中途不加以控制，交谈就会没有重心，如果是会谈、议事，就容易出现"跑题"，开成拖沓、冗长的"马拉松"会议，甚至"议而无决"。控制话题的方法主要有提醒法、重申法、引导法。

（3）善于转换话题。恰当地提出话题，主动地控制话题，这是交际成功的重要条件。但在某些情况下，也需要巧妙地转移话题。掌握时机，讲究技巧，以避免给对方造成唐突或不礼貌的感觉。

2. 角色的定位与转换

在工作交往和社会活动中，我们只要是以幼儿教师这一角色出现，交际的对方必然会把角色定位在幼儿教师这一职业角色上，就会按照幼儿教师的标准来衡量我们，因此幼儿教师要遵守职业道德，树立良好的职业形象。

在教育、教学活动中，幼儿教师口语交际的主要对象是幼儿，教师处于主导的权威地位。在教师其他工作语境中，交际对象变换，是幼儿以外的社会上的各种人，口语交际双方就处于平等的地位。因此，教师还要具备"角色转换"意识，既要在口语交际中体现教师的学识修养，又不能给对方好为人师的感觉。

不成功的口语交际有时是由于在不同场合中忘记角色转换，也就是交际场合变了而角色没变，这样自然会影响双方的交流。

李老师作为幼儿园代表参加一个会议，大会结束后，旁边有一位女士和李老师交谈："你好，

请问你在哪里工作？"

李老师说："市直幼儿园。"

那位女士眼睛一亮："太好了，你贵姓啊？我的孩子马上就要上你们幼儿园了，我想咨询一下，是不是上了蒙氏班孩子就更聪明？"

李老师说："免贵姓李，蒙台梭利教学法是一种全面提升儿童素质、发展儿童潜能的教育方法，你可以到网上再深入了解一下。"

这时女士从包里掏出了一个小盒子，递到李老师面前："李老师，咱们真是有缘分啊，这种口红特别好用，你试试吧！"

李老师说："谢谢了，但是我不能收你的礼物。"

女士接着说："孩子要去你那儿上幼儿园，将来还希望你多照顾照顾呢！你就收下吧！"

李老师微笑着说："欢迎你把孩子送到我们幼儿园，我和所有的老师都会很好地照顾孩子的。幼儿园还有事，我就先走了，等你送孩子的时候我来接待你，再见！"

李老师的话恰当准确，简洁又不失热情，符合人们心目中对幼儿教师的定位，也体现了幼儿教师的职业道德。

3. 适应语境

语境是语言环境的简称。语境很重要，它是众多学科关注的问题，更是修辞学、语用学关注的对象。语境是语言交际所处的现实环境，包括社会环境或自然环境、交际的时间或交际的场合、交际对象以及交际双方的各种相关因素（如身份、经历、性格、修养、心情、处境、知识水平及关系亲疏等）。语境有狭义和广义之分，如图6-2所示。

狭义的语境

通常指言语内部之间的关联，即"前言后语"和"上下文"。

冯广艺先生在《语境适应论》一书中认为："作品内的上下文，从语篇的构成上看，它包括篇、段、句、词语等。"在具体语用中，孤立地看一个词、一个句子，难以理解。例如某报有一篇谈洗澡的文章，说到"美国人为别人洗澡"而"中国人为自己洗澡"，不看文章上下文，这两句话就令人费解。人们发出疑问："难道美国人有这样的风俗，洗澡时自己舒舒服服躺在浴缸里，由他人为他清洗？"直到看了上下文才明白作者所要表达的意思。原来美国人习惯早晨上班前洗澡，是为了让同事、老板感到自己精神饱满，留下一个朝气蓬勃的好印象；中国人为了自己的清洁和舒服，所以一般在晚上洗澡。可见，任何一个词、一个句子、一个言语片断都不能脱离上下文语境

广义的语境

广义的语境是指狭义语境之外的语境，如社会环境、地域环境、时代背景、社会思潮、文化积淀、交际对象、民族民俗风情等。这些语境又有显性语境和隐性语境之分。

显性语境是指对语言交际起着直接制约作用的构成因素，如言语交际的时间、地点，交际对象的性别、年龄，交谈的话题，表现的言语行为甚至言外之意等都是显性语境的构成要素。

隐性语境是指那些制约言语交际的潜在因素，如社会环境、社会思潮、民族民俗风情、言语交际双方的心境乃至性格、为人等，这些潜在的因素不易让人感知，而要通过认知才能领悟到

图6-2 狭义语境与广义语境

适应语境的基本原则是因地制宜、因时制宜、因人制宜。教师在口语交际中，要根据不同的处所、时间、表达对象，选择恰当的表达内容和方式。教师要注意在庄重的场合不轻佻戏言；在喜庆的集会上不说不吉利的话；对老人说话要恭敬和蔼；对家长说话要通俗易懂；对性格急躁的人说话要简洁明确；对屡受挫折的人说话要亲切热情，要先创造和谐的气氛再做劝勉。

适应语境是一个复杂的语用活动，它包括两个心理活动过程，如图 6-3 所示。

适应语境

语用主体在未建构话语之前，必须认知语境，即必须认知语言行为是面向何人、何时、何地、何事，从而准确感悟、认知语境，包括显性语境和隐性语境

语用主体必须根据已认知的语境驾驭语言，使言语形式承载的言语内容不仅要尽可能地顺从、适应语境，还要充分利用语境来建构得体的话语，从而收到好的效果

图6-3　适应语境的两个心理活动过程

（三）幼儿教师运用交际口语的原则

幼儿教师运用交际口语的原则主要有四点，如图 6-4 所示。

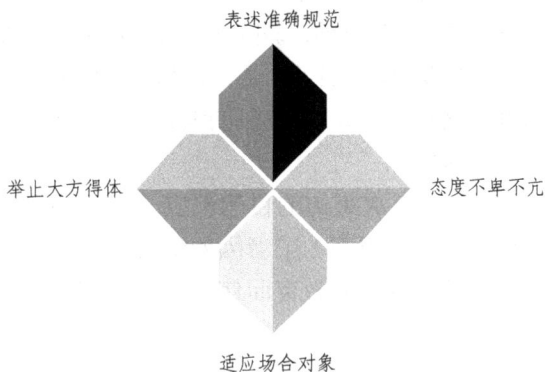

表述准确规范

举止大方得体　　　　　　态度不卑不亢

适应场合对象

图6-4　幼儿教师运用交际口语的原则

二、幼儿教师交际口语分类训练

引导案例

在一次家长会上，老师针对学生的平时表现和期末的考试成绩，对每位学生进行了点评，首先对学习成绩优异、表现优秀的学生进行了表扬，并夸赞家长教育得好，对孩子很负责任；又一脸不满地对学习成绩较差的学生进行了严厉批评，告诉家长不要只顾

着工作，不管孩子，并说道："如果你们负责一点，孩子成绩能这么差吗？"之后又点了几个学生的名字，说："这几个学生不仅学习不好，还总闯祸添麻烦，如果成绩再这么差，就转到别的班吧。"这几个学生的家长顿时就红了脸，一脸沉重地离开了教室。

教师是知识和教养的化身，是新一代的塑造者。教师不仅要仪态端庄，气质优雅，着装得体，更要有较高的语言修养。这样不但能给学生树立起可亲、可敬的榜样形象，而且有助于教师教学活动的成功。教师口语能力的强弱，直接影响教学工作的成败。

（一）与幼儿家长的交际口语

1. 家访谈话

幼儿园教育与家庭教育紧密相关。互通情况、争取家长配合也是幼儿园教育不可缺少的一部分。因此，教师必须定期或不定期地做家访。幼儿的家长分布在社会各界，而且层次不同，性格各异，能否进行有效的家访，在很大程度上取决于教师的谈话技巧。因此，教师必须具备与幼儿家长沟通的语言技能。

家访的目的是与幼儿家长互通情况，交流各方面的信息。它不仅能沟通教师和幼儿之间的感情，解决一些在幼儿园难以处理的问题，还能使幼儿家长了解并支持幼儿园的工作，在对幼儿教育方面与幼儿园保持一致，形成教育的合力。

在家访前，教师要做好以下两方面的准备。

（1）了解幼儿，把握家庭情况。家访前，教师必须对幼儿在幼儿园的表现有一个全面具体的了解。幼儿的优点有哪些，主要缺点是什么，应该加强哪些教育，所有这些情况都要有根有据、公正客观。对幼儿家庭应该有所把握，如家长的职业、家长个性特征、家庭基本状况、家庭教育情况等，以此确定谈话的方式。

（2）目的明确，家访及时。每次家访的目的都应十分明确具体，或者因为幼儿存在某方面的缺点而想了解家庭方面的原因；或者因为幼儿有某方面的特长，希望得到家长的支持；或者因为家长忽略了某方面的教育而使幼儿存在某方面的不足，建议家长采取措施等。

根据家访的目的，谈话重点有所不同，同时必须及时发现问题，及时与家长联系，及时解决问题。家访必须从关心和教育幼儿出发，而不是向家长告状，不是利用家长来惩治幼儿。

家访谈话要讲究策略和技巧。交谈时，要营造和谐的氛围。谈及幼儿在幼儿园的表现时要从肯定话语开始，创造良好的谈话环境。当与家长意见不一致时，要避免与家长争吵，更不能对家长下达命令，对家长的建议和批评要巧妙地提出来。

一位幼儿教师初访某孩子家庭时，见客厅里有两位年纪相仿的成年男子，她凭与孩子容貌的相似程度，向其中一位说道："我是某某的老师。如果没有猜错的话，您就是某某的父亲。"对方点头称是。另一位指着孩子的父亲插言道："他还是我们总经理。"老师微微一笑，答道："这一点我早从幼儿登记表中知道了。不过，我这次来可是找孩子的父亲的。"

教师巧妙地回答，把自己置于与孩子家长平等的地位上，接下来她侃侃而谈，毫不拘谨，博得了家长的敬意。

这位教师以不卑不亢的态度创造了良好的谈话环境，不仅把双方放在了平等的地位上，而且明确了家长的责任，有益于和家长进一步交谈。

2. 家长会谈话

家长会是由教师组织幼儿家长共同参加的集体会谈。召开家长会前，教师要精心准备，思考如何介绍幼儿园、班级概况、幼儿的学习情况及表现、需要家长配合解决的问题等，对家长可能提出的问题要有一定的思想准备，以便在家长会上应付自如，不打无准备之仗。

家长会上的讲话特点是"一对多"。教师讲话要从正面赞扬入手，不要点名批评幼儿，以使家长难堪，更不要把家长会变成"告状会"，而应该创造同喜同忧、和谐融洽的谈话氛围，争取获得家长配合，顺利完成既定的教育任务。

3. 接待家长来访谈话

接待家长来访包括当面来访与电话来访。现在的家长已经认识到教育的重要性，越来越多的家长主动到学校找老师了解情况。当幼儿家长主动来访时，教师要热情接待，态度要谦和诚恳，认真听取家长的意见并有针对性地做出解答。如果态度冷淡，寥寥数语就想把家长打发走，无疑会失去家长的信任，既有损于自己的教师形象，也影响幼儿园的声誉。在接待家长来访时，教师要迅速了解家长来访的动机与心情，认真倾听谈话内容，以便有针对性地调整话题，使其适应谈话的语境。

4. "亲子活动"语言设计

"亲子活动"是"亲子教育"的重要组成部分，是一种以亲缘关系为基础，为了建立良好的亲子互动关系，实施亲情影响的、有目的、有计划的教育活动。具体来讲，幼儿园的"亲子活动"是根据幼儿的身心发展规律，在教师的指导下，以游戏活动作为主要教育手段，由孩子的父母或其他看护者共同参与的活动形式。

随着社会的发展，人民生活水平的提高，家长们越来越重视对子女的教育，但是在家庭教育中，"亲子活动"普遍存在着一些问题，如图 6-5 所示。

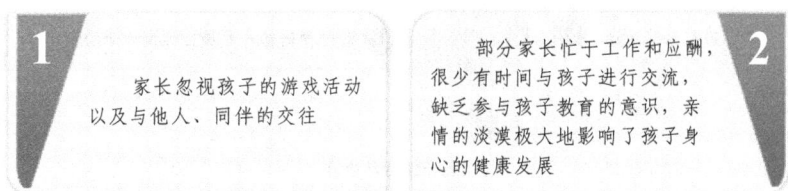

1
家长忽视孩子的游戏活动以及与他人、同伴的交往

2
部分家长忙于工作和应酬，很少有时间与孩子进行交流，缺乏参与孩子教育的意识，亲情的淡漠极大地影响了孩子身心的健康发展

图6-5 "亲子活动"存在的问题

因此，幼儿园举办形式多样的"亲子活动"，不但能够让亲子关系更密切，而且能促进孩子的健康发展。具体来讲，"亲子活动"具有三个方面的价值，如图 6-6 所示。

（1）通过"亲子活动"促进亲子关系的健康发展。家庭中的亲子关系将对孩子终身发展产生重大影响。亲子关系直接影响孩子的心理发展、态度行为、价值观念及未来成就，但由于有些家长的压力较大，被自身的一些问题所困扰，情绪很不稳定，对孩子的态度较为急躁，导致亲子关系比较紧张，缺乏应有的和谐愉悦。有的家庭则是几个大人围着一个孩子，对孩子过分溺爱，这种亲子关系也是不正常的。

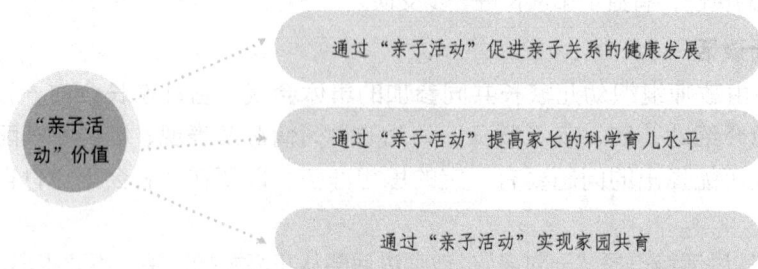

图6-6　"亲子活动"的价值

在孩子的成长过程中，健康的亲子关系很重要，开展丰富多彩的"亲子活动"不仅有益于亲子之间的情感交流，促使亲子关系健康发展，同时对幼儿本身的发展也具有重要的促进和影响作用。

（2）通过"亲子活动"提高家长的科学育儿水平。幼儿园是按照幼儿身心发展的特点为幼儿设计和组织各种"亲子活动"。在"亲子活动"中，教师可以引导家长对幼儿进行观察，帮助家长更深刻地认识幼儿，了解幼儿，反思自己的家庭教育内容和方法，使其在活动中获得正确的育儿观念和育儿方法，并将观念和方法融入与孩子相处的每一刻，逐步了解培养与教育孩子的重要性，从而最终实现孩子的健康和谐发展。

（3）通过"亲子活动"实现家园共育。"亲子活动"是家园共育的重要途径和组织方式。开展"亲子活动"既能满足孩子依恋父母的情感需要，也能满足家长希望了解孩子在集体生活情况的愿望，同时还可以进一步拉近教师与家长的关系，为孩子与家长、教师与家长、家长与家长之间搭起一座沟通的桥梁。

在"亲子活动"中，教师的活动组织通常按五个环节进行，如图6-7所示。

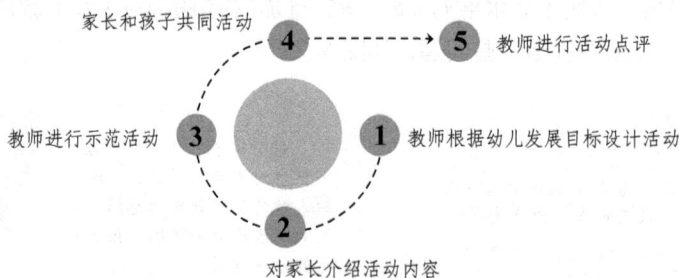

图6-7　教师活动组织的五个环节

在介绍活动内容、示范讲解及活动点评中，教师的交际语言尤为重要。

在介绍活动内容时，教师要清楚地说明活动的目的、意义、流程，这样才能达到普及科学育儿知识的目的，便于家长参与进来；在进行示范活动时，教师的语言要简练，活动规则要介绍清楚，并提示家长注意事项，以便活动顺利开展；在进行活动点评时，教师主要评价活动的效果，感谢家长的积极参与，有针对性地帮助家长指导幼儿，旨在使每个幼儿获得自身的最大发展，使家长充分了解活动效果，以对教师的工作能够充分肯定和信任，为下一次活动的开展奠定基础。

（二）与单位同事的交际口语

1. 与单位同事交际应遵循的原则

（1）语境协调的原则。教师口语交际的语境有了变化，交际对象不再是幼儿或家长，场所也不再是活动室及户外活动等空间，说话的时间、地点、场合、对象都不同，这就要求教师与单位同事进行口语交际时，做到语言运用与所处的特定言语交际环境相切合、相适应。

（2）得体原则。在与单位同事交际时要做到得体，应符合三方面要求，如图 6-8 所示。

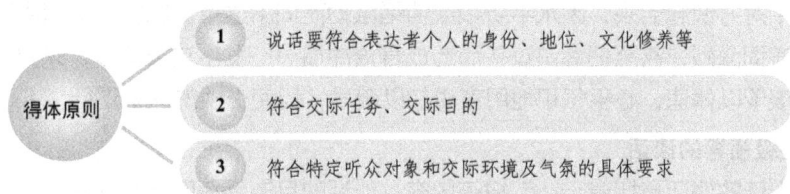

> 得体原则
> 1 说话要符合表达者个人的身份、地位、文化修养等
> 2 符合交际任务、交际目的
> 3 符合特定听众对象和交际环境及气氛的具体要求

图6-8　与单位同事交际的三方面要求

与不同级别的同事进行交谈，需要注意不同的事项，也要根据交谈对象和交际场合采用合适的用语。贯彻得体原则需要注意以下事项。

① 教师同上级的谈话，态度要认真，用语要注意谦恭、坦诚、简明。选择恰当的谈话时机，尽量说指向性的话题，便于实现谈话目的。

② 教师与同级的谈话，用语要注意平等相待，真诚平和。谈话双方意见不合时，不要恶语伤人，冒犯对方；不要讥讽挖苦，穷追不舍。要从言语策略入手，说服对方。总之，多点谦和，少点傲慢。在集体活动中，教师做主持、串场、致辞等形式的讲话时，用语要注意求新、求巧、求真。同时，时间一般不宜太长，应点到为止。

③ 教师在教研活动中的用语，要注意口语风格和书面语风格的有机结合。做到立论鲜明、准确、简明、条理明晰、重点突出、主次分明、态度平和。同时要认真倾听，紧扣主题，不要信口开河，垄断会场，也不要沉默不语，只当听众。

（3）尊重谅解原则。尊重就是尊敬与重视。与同事交往中的尊重主要体现在三个方面，如图 6-9 所示。

尊重除了在语言内容上表现出来以外，还有一个十分重要的语言标志，就是运用敬辞尊称和必要的礼貌用语。它是情感交流的必要方式，也是说话人社会身份、文化素养、道德水平的一种体现。

谅解是一种宽容大度的表现。言语交往过程中的谅解，就是在体察对方心理、领悟对方用意的基础上，不去挑剔或指责对方的言语疏忽或错误。尊重是相对于对方的平等地位或自己的优势而言的，谅解则是相对于对方的言谈过失而言的。

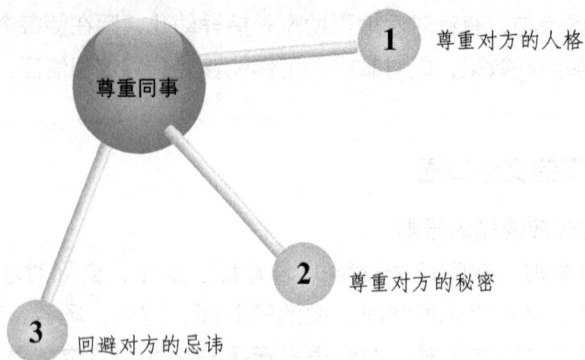

图6-9　尊重同事的三个方面

言语交往过程中需要谅解的情形比较多。例如，所表达的意思对方一时半会儿领悟不了或误解了原意；对方说起话来，因水平所限或情绪激动而词不达意；在特定语境中，对方说话因一时情急而言词激烈，甚至把话说过头而造成言语冲撞……发生这类情形，只要对方不是故意所为，就应该予以体谅，心平气和地用言语加以疏导，促使交谈的深入进行。

2.　与上级领导的谈话

教师与上级的谈话包括请示、汇报等内容。谈话的目的是争取上级领导的认可、理解、信任和支持。汇报是指对工作的总结。教师在和上级领导谈话时要做到两点，如图 6-10 所示。

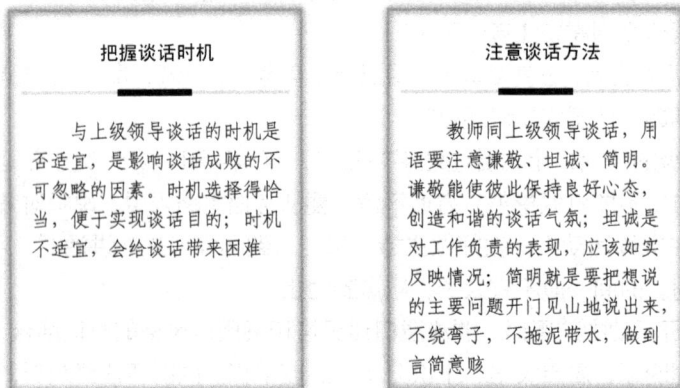

图6-10　教师和上级领导谈话的要求

3.　与同级的谈话

教师与同级的谈话，从形式上看，有接待、访谈、协商等；从对象来看，包括教师与同事间的工作性谈话、学校之间或学校与社会之间的协作性谈话等。教师在与同级进行谈话时，主要有三个要求，如图 6-11 所示。

4.　集会活动中的讲话

集会活动中的讲话是指在庆贺娱乐、安慰鼓动或其他工作性质的集会活动中，教师做主持、串场、致辞或演说等形式的讲话。这种讲话一般可以看作是以教师身份参与的特定社会活动中的即兴演讲。集会活动中的讲话要注意符合三个要求，如图 6-12 所示。

1 巧于应对

教师在应允、拒绝、答疑等接待性谈话中不是主动角色，所以要巧用应对技巧。例如，当能满足对方的要求时，可正面应允，开诚布公；当难以满足对方的要求时，可间接回答，婉言拒绝；当对方提出的问题令人尴尬时，笑而不答，缓和僵局

2 善于提问

教师在拜访、探望、采访、调查等访谈性谈话中是主动角色，所以要善于提问，寻找话题，最大限度地进行沟通。有时可以直接询问，有时可以委婉发问

3 掌握话题

教师在洽谈、协商等谈话中要注意掌握话题。提出话题可开门见山，也可侧面迂回。交谈时注意控制话题，可正面引导，导入话题，也可转换话题，达到交际目的后结束话题

图6-11 教师和同级谈话的要求

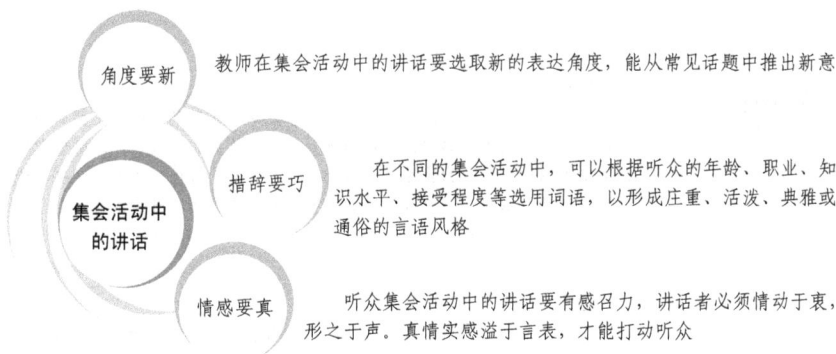

角度要新　教师在集会活动中的讲话要选取新的表达角度，能从常见话题中推出新意

措辞要巧　在不同的集会活动中，可以根据听众的年龄、职业、知识水平、接受程度等选用词语，以形成庄重、活泼、典雅或通俗的言语风格

集会活动中的讲话

情感要真　听众集会活动中的讲话要有感召力，讲话者必须情动于衷，形之于声。真情实感溢于言表，才能打动听众

图6-12 集会活动讲话的要求

5. 教学研讨中的讲话

教师为提高学术水平，经常要参加教研活动，如座谈会、专题讲座、学术报告等。这是一种庄重、严肃的学术性讲话活动，因此要做到三点要求，如图 6-13 所示。

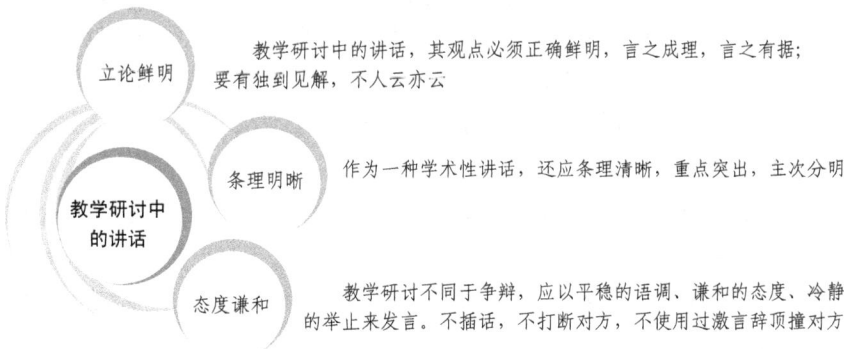

立论鲜明　教学研讨中的讲话，其观点必须正确鲜明，言之成理，言之有据；要有独到见解，不人云亦云

教学研讨中的讲话

条理明晰　作为一种学术性讲话，还应条理清晰，重点突出，主次分明

态度谦和　教学研讨不同于争辩，应以平稳的语调、谦和的态度、冷静的举止来发言。不插话，不打断对方，不使用过激言辞顶撞对方

图6-13 教学研讨中讲话的要求

（三）与社会相关部门的交际口语

教师有时因工作需要与社会各方面进行洽谈、协商，目的是寻求合作，特别是社会上以某

种特征划分出来的社区，拥有丰富的学前教育资源。在进行口语交际时，要想使自己的话语能给人留下良好的印象，要注意以下四点。

1. 注意遵守文明礼貌原则

人际交往，无论是个人与个人之间还是个人与集体之间，无论是单位与单位之间还是国家与国家之间，都必须讲究礼貌，遵守礼貌准则，运用礼貌的语言。礼貌言语主要体现在三个方面，如图 6-14 所示。

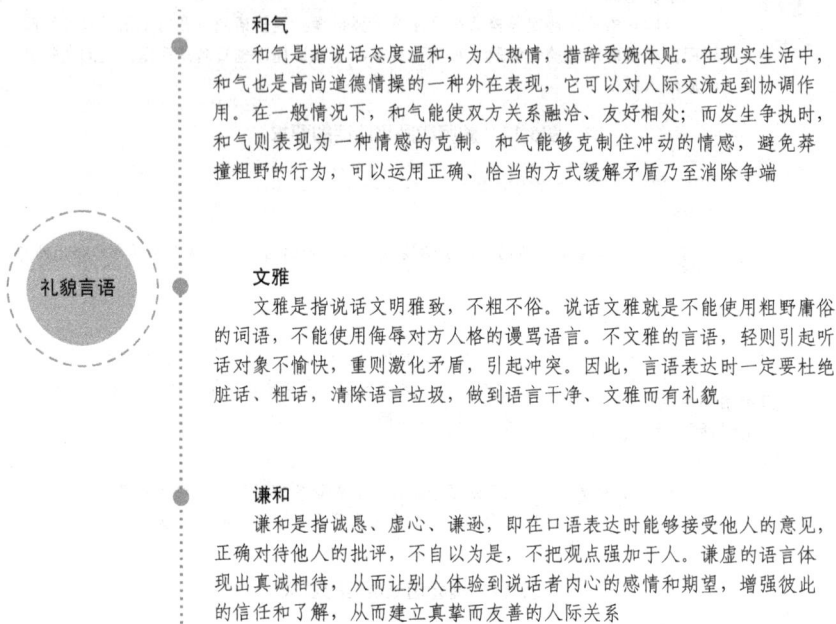

礼貌言语

和气
和气是指说话态度温和，为人热情，措辞委婉体贴。在现实生活中，和气也是高尚道德情操的一种外在表现，它可以对人际交流起到协调作用。在一般情况下，和气能使双方关系融洽、友好相处；而发生争执时，和气则表现为一种情感的克制。和气能够克制住冲动的情感，避免莽撞粗野的行为，可以运用正确、恰当的方式缓解矛盾乃至消除争端

文雅
文雅是指说话文明雅致，不粗不俗。说话文雅就是不能使用粗野庸俗的词语，不能使用侮辱对方人格的谩骂语言。不文雅的言语，轻则引起听话对象不愉快，重则激化矛盾，引起冲突。因此，言语表达时一定要杜绝脏话、粗话，清除语言垃圾，做到语言干净、文雅而有礼貌

谦和
谦和是指诚恳、虚心、谦逊，即在口语表达时能够接受他人的意见，正确对待他人的批评，不自以为是，不把观点强加于人。谦虚的语言体现出真诚相待，从而让别人体验到说话者内心的感情和期望，增强彼此的信任和了解，从而建立真挚而友善的人际关系

图6-14 礼貌言语的三方面

2. 在与对方交谈时，要先注意对方的名字

初次见面，双方都会做自我介绍，这时就应及时记住对方的名字。如果没有听清楚，不妨再问一次，坦率地承认记不清楚无伤大雅。如果一直把疑问埋在心里，会影响以后谈话的进行。之后最好再做一次自我介绍，因为对方也许会像你一样，听不清楚你的名字。如果你想熟知对方的名字，也可详细地询问姓名具体的写法，对方也许会对你的坦率及对他的重视产生友好的回应。

3. 要相信自己，建立自信

初次见面，素昧平生，有人感到周身不自在，不好意思交谈；有人感到无从说起，没有话题交谈。产生这种种状态的原因是缺乏和陌生人交谈的勇气。因此，在与人交谈时要相信自己，因为任何人与陌生人交谈的勇气都不是与生俱来的，都是通过训练逐步提高的。建立自信的方法有两种，如图 6-15 所示。

4. 交谈是一种双向沟通

成功的交谈需要交谈者双方合理地组织自己交谈的内容和语言。美国著名语言心理学家罗西·萨尔诺夫指出："交谈是双行道。""没有回应的谈话是无效的谈话，说话艺术最重要的应用就是与人交谈。"图 6-16 所示为双向沟通的方法。

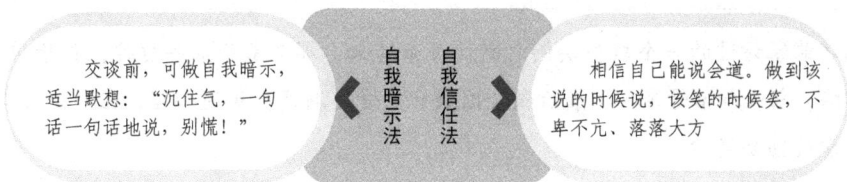

图6-15 建立自信的两种方法

左侧：交谈前，可做自我暗示，适当默想："沉住气，一句话一句话地说，别慌！"

中间：自我暗示法 ‹ › 自我信任法

右侧：相信自己能说会道。做到该说的时候说，该笑的时候笑，不卑不亢、落落大方

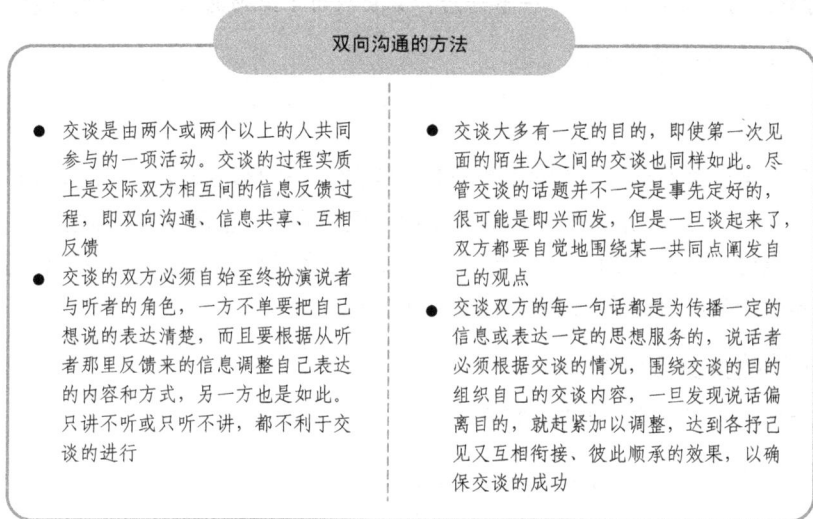

双向沟通的方法

- 交谈是由两个或两个以上的人共同参与的一项活动。交谈的过程实质上是交际双方相互间的信息反馈过程，即双向沟通、信息共享、互相反馈
- 交谈的双方必须自始至终扮演者与听者的角色，一方不单要把自己想说的表达清楚，而且要根据从听者那里反馈来的信息调整自己表达的内容和方式，另一方也是如此。只讲不听或只听不讲，都不利于交谈的进行

- 交谈大多有一定的目的，即使第一次见面的陌生人之间的交谈也同样如此。尽管交谈的话题并不一定是事先定好的，很可能是即兴而发，但是一旦谈起来了，双方都要自觉地围绕某一共同点阐发自己的观点
- 交谈双方的每一句话都是为传播一定的信息或表达一定的思想服务的，说话者必须根据交谈的情况，围绕交谈的目的组织自己的交谈内容，一旦发现说话偏离目的，就赶紧加以调整，达到各抒己见又互相衔接、彼此顺承的效果，以确保交谈的成功

图6-16 双向沟通的方法

作为说话者，要做到不使对方感到乏味、疲劳；听人讲话也是一种劳动，所以讲话时要幽默、精简，条理清晰，明白通畅，迅速厘清说话的思路，做到话语明白易懂。

作为听者，要做到认真倾听，不随意打断别人的话，并且与说话者保持一定的目光交流。

三、幼儿教师家庭访问

引导案例

新博最近的学习成绩有些下降，而且不怎么爱说话。老师为了解具体情况，提前与新博的父母约好了时间进行家访。家访当天，新博一开门，老师便闻见了满屋子的烟味，走进客厅，看见新博的母亲正蓬头垢面地与三个中年女人打牌。看到老师来后，新博母亲说："老师，您稍等一下，等我打完这一局。"老师并没有表现出不满，而是点了点头。

原来新博的母亲最近迷上了打牌，逐渐忽略了新博，导致新博越来越消沉，不爱学习，也不喜欢和同学们玩。很久之后，新博的母亲才打完牌，老师没有一丝不耐烦，从容地对新博的母亲说："新博妈妈，我之前也认识一个家长，很喜欢打牌……"之后，老师

将自己之前家访过的一个典型实例向新博母亲道来，那个家长常年打牌，孩子学习成绩日益下降，家长却不管不问，最后孩子因缺少关爱逐渐产生叛逆心理，在学校打架斗殴，最后被学校勒令退学。

老师讲完之后，又对新博母亲说："新博是一个特别乖巧懂事的好孩子，学习也上进，但是最近状态很不好，希望您能把注意力多放在孩子身上，我相信您对新博的期望肯定比我们对新博的期望更高……"一番话后，家长明白了老师的用意，心生愧意，答应老师不再打牌，多关心孩子。

家访是教师走进学生家庭、对学生进行的一种访问，也是对教育教学工作的重要补充。它是教师关爱学生的一种表现，是教师与家长交换意见的途径，也是共同对学生进行教育的一种方式。教师在进行家庭访问之前，一定要做好充足的准备工作，掌握家访的基本程序与基本方式，注意着装与语言上的要求，使家访达到最佳效果。

（一）家访的类型与特点

家访的类型主要有六种，如图 6-17 所示。

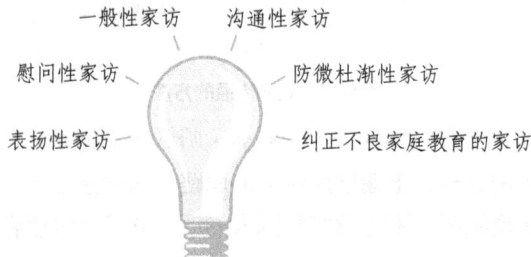

图6-17　家访的类型

家访的交际特点主要有三点，如图 6-18 所示。

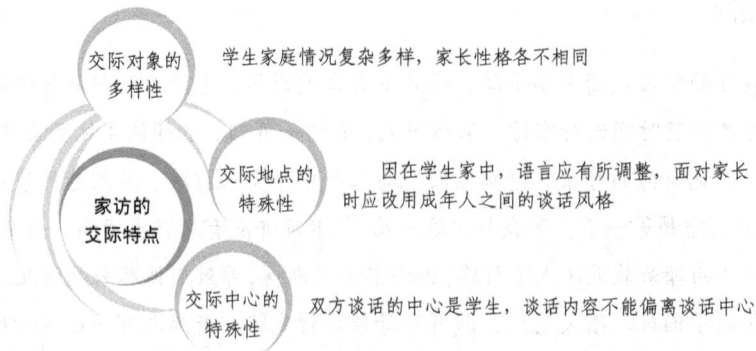

图6-18　家访的交际特点

（二）家访的交际原则

家访的交际原则主要有四种，如图 6-19 所示。

图6-19　家访的交际原则

（三）家访的注意事项

1. 与家长约好家访的时间

第一，不要选择晚饭时间；第二，应提前商定家访时间，以双方都觉得合适为宜。

2. 树立良好的教师形象

首先，教师应仪表整洁，给家长落落大方的感觉；其次，在遇到家长请客吃饭、送礼时应婉转拒绝，使家长充分感受到教师的素养。

3. 注意家访时的态度和表达方式

家访时教师的态度要大方得体，说话温和，多听家长谈，特别是没怎么见过面的家长，不要否定其观点，要多了解家长对幼儿园教师和自己孩子的看法；说话的内容应客观翔实，使家长感到教师对自己的孩子有很深入的了解。

4. 家访要有主题

一般来说，教师应带着问题进行家访，当家长在说明这一问题时，教师一定要神情专注地倾听，不要打断家长说话，并且随时记录家长谈话的要点，作为日后改进的依据。

5. 解决问题

针对孩子的问题，教师应在家访的最后和家长就如何做好家园互助工作达成一致，共同努力教育好孩子。

家访语言要做到"五要五不要"，如图 6-20 所示。

图6-20　家访语言"五要五不要"

（四）家访的基本程序和基本方式

教师与家长谈话的基本程序和基本方式如图 6-21 所示。

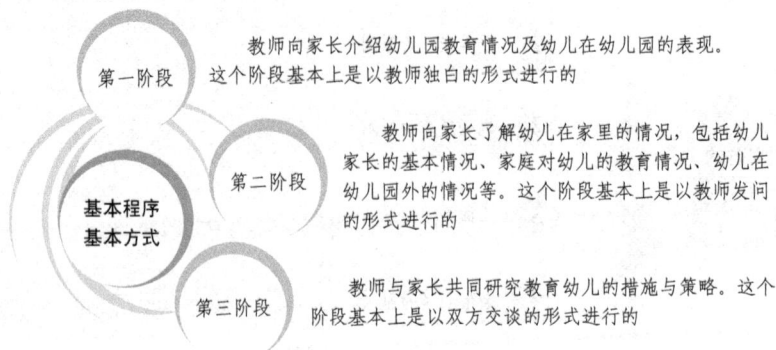

图6-21　教师与家长谈话的基本程序和基本方式

四、幼儿活动中的教师口语

引导案例

　　今天是小林第一次来幼儿园，面对陌生的环境，他始终不肯离开妈妈的怀抱。小林的妈妈很着急，怎么劝小林都不听，最后妈妈说："妈妈真的得走了，你要听老师话。"小林便直接抱住妈妈的腿哭了起来。

　　这时，小林的老师走了过来，对小林说："这是小林吗？我听妈妈说小林可乖了，还特别勇敢，是个小男子汉，怎么还哭鼻子呢？"老师看到小林没有抵触的心理，但还是紧紧抱着妈妈，又说道："你的小伙伴们在玩小火车，他们都在等着你陪他们一起玩呢，小男子汉是不是应该满足大家的要求呀！"小林不哭了，问道："是什么火车啊？"老师便拉着小林的手，一边兴致勃勃地向他解释，一边带着小林向教室走，成功转移了小林的注意力。

　　《幼儿园教育指导纲要（试行）》指出："幼儿园教育应当贯彻国家的教育方针，坚持保育与教育相结合的原则，对幼儿实施体、智、德、美各方面全面发展的教育"。幼儿园的教育教学主要渗透在一日生活的常规活动。在这些活动中，教师要恰当地运用各种口语，对幼儿实施保育和教育工作，促使幼儿身心全面、健康地发展。

（一）幼儿园一日生活中的教师口语

　　幼儿园一日生活主要包括生活活动、运动活动、学习活动和游戏活动。游戏活动是幼儿的主要活动，《幼儿园工作规程》指出，幼儿园教育要以游戏为基本活动，寓教育于各项活动之中。游戏活动渗透在一日生活之中，教师口语在各种活动中的运用，也包括在游戏活动中的运用。集体教学活动是幼儿学习活动的主要形式，教师口语的运用主要是教学口语的运用。因此，这里主要介绍幼儿教师在幼儿生活活动和除体育教学活动之外的户外体育活动中的口语运用。活动不同，教育的目的、内容、形式也不同，教师所用的口语也各有不同，有各自的要求。

幼儿园的生活活动是指满足幼儿基本生活需要的活动，包括入园、饮水、盥洗、进餐、如厕、睡眠、离园等活动。在这些活动中，教师应培养幼儿生活自理、与人交往、自我保护等生活能力及遵守集体生活规则的意识，帮助幼儿养成健康的生活方式和良好的卫生习惯。

1. 入园、离园环节的教师口语

幼儿入园是幼儿园一日生活的开始，而离园是幼儿园一日生活的结束。这两个时间都有些特殊，幼儿入园离开父母，总是依依不舍，不少幼儿会有不同程度的入园焦虑；离园之前的幼儿都盼着父母早点来接自己回家。这两个特殊时间，幼儿教师的迎送语言显得尤为重要。教师迎送语言的特点和要求主要有两点，如图 6-22 所示。

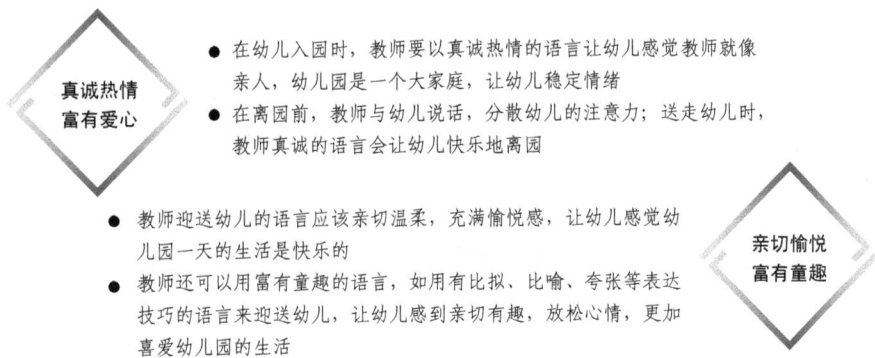

真诚热情富有爱心
- 在幼儿入园时，教师要以真诚热情的语言让幼儿感觉教师就像亲人，幼儿园是一个大家庭，让幼儿稳定情绪
- 在离园前，教师与幼儿说话，分散幼儿的注意力；送走幼儿时，教师真诚的语言会让幼儿快乐地离园

亲切愉悦富有童趣
- 教师迎送幼儿的语言应该亲切温柔，充满愉悦感，让幼儿感觉幼儿园一天的生活是快乐的
- 教师还可以用富有童趣的语言，如用有比拟、比喻、夸张等表达技巧的语言来迎送幼儿，让幼儿感到亲切有趣，放松心情，更加喜爱幼儿园的生活

图6-22 教师迎送语言的特点和要求

教师在幼儿入园的时候要主动和幼儿打招呼；离园的时候与幼儿互道再见，叮嘱幼儿。在与幼儿交流的时候，还可以辅以肢体语言，对幼儿进行安抚。例如幼儿入园时，轻轻抚摸幼儿的脸、手、头，亲亲、抱抱幼儿等，幼儿离园时给他擦擦汗、整理衣服等。

2. 饮水、进餐环节的教师口语

饮水、进餐是幼儿一日生活中不可缺少的环节。教师在这些环节中，要通过语言培养幼儿良好的饮水、进餐习惯以及道德品质，促进幼儿身心和谐、健康地发展。饮水、进餐环节对教师口语的要求主要有两点，如图 6-23 所示。

教师在饮水、用餐环节培养幼儿良好习惯的同时，还要注意培养幼儿良好的道德品质，如不争不抢、礼貌谦让、爱惜粮食等。

3. 午休环节的教师口语

在幼儿园一日生活中，幼儿每天有 2~3 小时的午休时间。教师要通过语言沟通，引导幼儿快速入睡，保证其良好的睡眠质量。午休环节对教师口语的要求主要有以下两点，如图 6-24 所示。

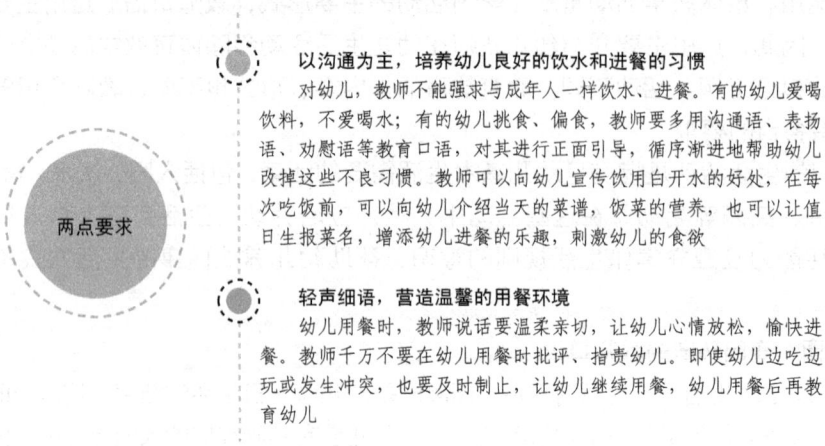

以沟通为主，培养幼儿良好的饮水和进餐的习惯

对幼儿，教师不能强求与成年人一样饮水、进餐。有的幼儿爱喝饮料，不爱喝水；有的幼儿挑食、偏食，教师要多用沟通语、表扬语、劝慰语等教育口语，对其进行正面引导，循序渐进地帮助幼儿改掉这些不良习惯。教师可以向幼儿宣传饮用白开水的好处，在每次吃饭前，可以向幼儿介绍当天的菜谱，饭菜的营养，也可以让值日生报菜名，增添幼儿进餐的乐趣，刺激幼儿的食欲

两点要求

轻声细语，营造温馨的用餐环境

幼儿用餐时，教师说话要温柔亲切，让幼儿心情放松，愉快进餐。教师千万不要在幼儿用餐时批评、指责幼儿。即使幼儿边吃边玩或发生冲突，也要及时制止，让幼儿继续用餐，幼儿用餐后再教育幼儿

图6-23 饮水、进餐环节对教师口语的要求

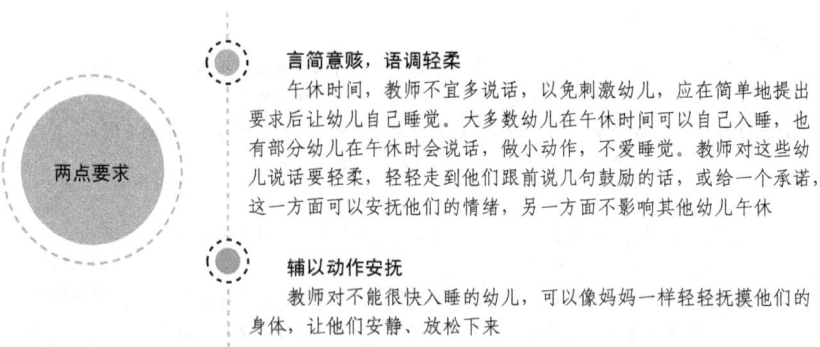

言简意赅，语调轻柔

午休时间，教师不宜多说话，以免刺激幼儿，应在简单地提出要求后让幼儿自己睡觉。大多数幼儿在午休时间可以自己入睡，也有部分幼儿在午休时会说话，做小动作，不爱睡觉。教师对这些幼儿说话要轻柔，轻轻走到他们跟前说几句鼓励的话，或给一个承诺，这一方面可以安抚他们的情绪，另一方面不影响其他幼儿午休

两点要求

辅以动作安抚

教师对不能很快入睡的幼儿，可以像妈妈一样轻轻抚摸他们的身体，让他们安静、放松下来

图6-24 午休环节对教师口语的要求

4. 户外体育活动环节的教师口语

户外体育活动是幼儿园体育活动的重要组织形式。《纲要》指出，幼儿园要"开展以多种有趣的体育活动，特别是户外的、大自然的活动，培养幼儿参加体育锻炼的积极性，并提高其对环境的适应能力"。户外体育活动在很大程度上弥补了体育课、课间操的不足，从幼儿的兴趣、爱好、能力、水平出发，具有趣味性和自由度，给幼儿提供了更多自由活动的机会。幼儿教师要鼓励幼儿积极参加户外活动，让幼儿接触大自然，充分体验户外活动的快乐，并且在户外体育活动中树立幼儿的集体意识，培养其积极进取的精神。户外体育活动环节对教师口语的要求主要有三点，如图 6-25 所示。

（二）幼儿园区角活动中的教师口语

幼儿园区角活动是教师根据教育目标和幼儿发展水平有目的地创设多样的活动环境，投放活动材料，让幼儿进行自主学习，从而实现一定学习目标的一种活动形式。在区角活动中，

幼儿可以在宽松、和谐的环境中按照自己的愿望和能力，自主选择学习内容和活动伙伴，以操作摆弄为主要形式，主动地进行探索和交往。区角活动是幼儿园活动的重要组成部分。教师要充分发挥口语的指导作用，引导幼儿自主学习，发展智力，愉悦精神，培养探索、创新、合作精神。

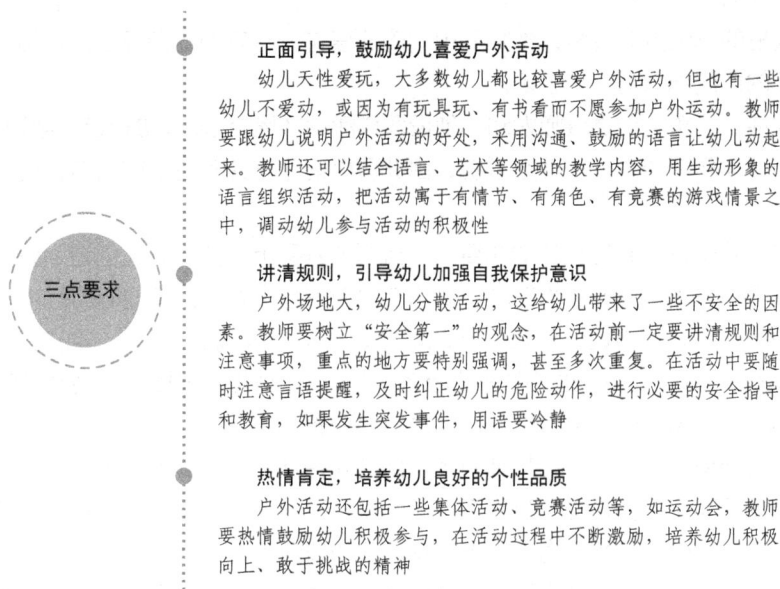

三点要求

正面引导，鼓励幼儿喜爱户外活动
幼儿天性爱玩，大多数幼儿都比较喜爱户外活动，但也有一些幼儿不爱动，或因为有玩具玩、有书看而不愿参加户外运动。教师要跟幼儿说明户外活动的好处，采用沟通、鼓励的语言让幼儿动起来。教师还可以结合语言、艺术等领域的教学内容，用生动形象的语言组织活动，把活动寓于有情节、有角色、有竞赛的游戏情景之中，调动幼儿参与活动的积极性

讲清规则，引导幼儿加强自我保护意识
户外场地大，幼儿分散活动，这给幼儿带来了一些不安全的因素。教师要树立"安全第一"的观念，在活动前一定要讲清规则和注意事项，重点的地方要特别强调，甚至多次重复。在活动中要随时注意言语提醒，及时纠正幼儿的危险动作，进行必要的安全指导和教育，如果发生突发事件，用语要冷静

热情肯定，培养幼儿良好的个性品质
户外活动还包括一些集体活动、竞赛活动等，如运动会，教师要热情鼓励幼儿积极参与，在活动过程中不断激励，培养幼儿积极向上、敢于挑战的精神

图6-25 户外体育活动环节对教师口语的要求

1. 区角活动中教师口语的特点和要求

区角活动是幼儿在活动区角所进行的某种特定活动，幼儿园通过开展区角活动促进幼儿自主参与活动，自发学习，锻炼幼儿动手操作能力，增进幼儿之间、师生之间的交流，培养幼儿交往能力，促进幼儿社会性的良好发展。教师在区角活动区要恰当运用口语指导幼儿才能达到活动目的。教师在区角活动中的口语有以下特点，如图 6-26 所示。

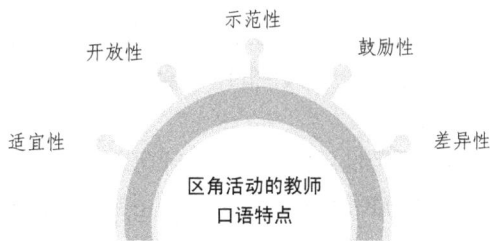

开放性　示范性　鼓励性

适宜性　差异性

**区角活动的教师
口语特点**

图6-26 区角活动中教师口语的特点

（1）适宜性。区角活动的目的是培养幼儿主动学习的能力，所以活动的安排、设计，环境的创设，材料、玩具的提供等都要适合幼儿的年龄特点，考虑其已有的生活经验及能力，使幼儿在原有基础上得到发展。教师的口语也应该适合幼儿的年龄特点和已有的经验。

小班幼儿生活经验贫乏，接触社会的范围小，教师应该多以具体的语言对幼儿进行示范、

指导，要讲清每一步的做法，边说边做，语言要简洁、通俗易懂，帮助他们学会独立操作和表达。

中班和大班的幼儿有了一定的经验，特别是大班幼儿还会有许多创新的想法和玩法，教师的指导不宜太细，语言不宜太具体，应在幼儿出现困难的时候给予及时点拨，这样更有利于培养幼儿的创造能力。

中班和大班的小组游戏增多，教师要用明确的语言，有意识地指导幼儿互相合作，取长补短，培养幼儿的协调能力与合作意识。

（2）开放性。区角活动是教师为幼儿创设多样活动环境，让幼儿进行自主学习的活动形式，教师要把整个活动环境作为一个动态系统，由此可以衍生出许多游戏的情节，促进幼儿创造力和想象力的发展。

但是，这个动态系统要建立在幼儿自觉、自愿的基础上，要由幼儿创造，教师只是为他们创设一定的环境，并引导他们想象新的游戏情节，而不是由教师指定他们的行为。

教师的语言应该是开放的，要启发幼儿想象，多用开放式的提问。例如在孩子有了材料，准备活动的时候，教师可以问他"你想做什么？"，引导幼儿说出接下来他要做的动作；教师可以通过问他"你想怎么做？"来引导幼儿说出他的做法。

这样的问答看似简单平常，但教师已经帮助幼儿把他心里明确的或不很明确的计划变成了一种心理图像和操作过程。这样的过程不是教师强加给幼儿的，而是幼儿自己想做的。这种开放式的提问可以发挥幼儿的想象力，还能培养幼儿的口语表达能力。

让幼儿自主学习并不是放任自流，教师要适时地给予反馈，引发幼儿多方面的互动，即师生互动和幼儿之间的互动。例如，在合作活动中，教师可以让某一名幼儿介绍自己的做法，其他幼儿讨论补充，教师也可参与其中。教师还可以让幼儿把自己的成果与他人分享："如果你会玩，你可以告诉你的好朋友你是怎么做的。"

（3）示范性。幼儿的语言教育是贯穿一日生活始终的。在区角活动中，教师要有意识地对幼儿进行语言教育，使幼儿在活动中发展语言能力。教师口语要能够起到示范作用。

幼儿园活动区精彩的实践活动，对于丰富幼儿的词汇和句式有很大帮助。幼儿是通过模仿来学习语言的。在与幼儿共同游戏时，教师可以通过适当的示范来丰富幼儿的词汇、句式。例如，告诉小班幼儿"橡皮泥有红色的，有黄色的，有蓝色的，还有绿色的"，以此来教给幼儿"有……有……还有……"的句式。

在语言活动区，教师语言的示范性更为突出，教师可以与幼儿共同阅读，然后用生动的语言为幼儿讲述，激发幼儿的阅读兴趣和讲述兴趣，学会用学过的词语描述故事，用连贯、完整的语言进行讲述。

（4）鼓励性。在活动区，教师应为幼儿创造一个自由、宽松的交往环境，让幼儿想说想做，敢说敢做，从而体验说和做的乐趣，进而乐于与人交流。教师的信任、理解、接受的态度可以使幼儿探索、交流的愿望自然增长。教师要多用语言鼓励幼儿开口说，动手做。在鼓励幼儿时，教师的口语要符合以下要求。

① 语言表达方面。当幼儿词不达意时帮助说，让幼儿觉得教师爱听、能听懂他的话。

教师可以利用区域环境丰富幼儿的词汇，提高口语表达能力，让幼儿多听多讲，边看边讲，主动用语言与接触到的人交往。

教师在幼儿掌握讲述方法的基础上，可以鼓励幼儿多在成年人和同伴面前讲故事，用连贯、完整的语言仿编、续编、创编故事，培养幼儿说的兴趣和能力。

② 自由探索方面。教师应该鼓励幼儿发散思维，动手去做，敢于表现，勇于创新。由于幼儿经验有限，教师还应对幼儿适时点拨，帮助幼儿解决问题，鼓励幼儿敢于面对困难，不轻言放弃。

（5）差异性。幼儿园的活动区角很多，不同的活动区角有不同的特点，教师在不同活动区角的口语运用应有所不同。

2. 不同区角活动的教师口语运用

幼儿园的区角有很多，其中最常见的是语言区、美工区、科学区、建构区、角色游戏区等。在不同的区角活动中，不同的教师口语，能使区角活动真正发挥作用。

（1）角色游戏区的教师口语。角色游戏活动是幼儿在活动区中进行角色扮演的一种游戏活动。角色游戏区对幼儿的自身发展有很大的促进作用，如图6-27所示。

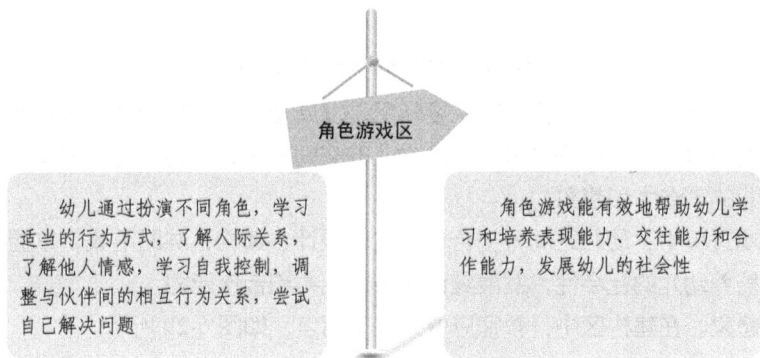

图6-27　角色游戏区的作用

角色游戏主题源于生活，幼儿扮演的角色源于各行各业。因此，在角色游戏区中，教师的口语运用要注意两个问题。

① 运用讨论、谈话的方式对幼儿进行指导。角色游戏的主题应是幼儿熟悉和接触过的或感兴趣的。在确定游戏主题与内容时，教师要与幼儿共同讨论，倾听他们的想法，根据幼儿的兴趣确定主题，指导幼儿制定游戏内容、基本步骤和游戏规则。

在活动过程中，教师还要随时提醒幼儿，促使游戏不断向前推进。

② 表演性与生活化的语言相结合。角色游戏模仿的是各种社会活动，幼儿模拟进入的是成年人的世界，所以角色语言带有浓厚的表演性。

教师要丰富幼儿关于各行各业的知识，抓住各行业人物的语言特点，引导幼儿模仿各行业人物的语言。

教师的语言首先必须有表演性，才能符合特定人物的角色定位。教师语言必须是生动活泼、充满生活气息的，而不是照本宣科、模式化的。

教师要根据游戏的进程，随时生成新的、生动的、反映生活真实的角色语言，促使游戏不断向更深层次发展。

语言的生活化不等于俗语化，更不是低俗化。教师要为幼儿营造一个规范、优美的语言环境，促使幼儿语言的健康发展。

（2）语言区的教师口语。语言区活动主要是发展幼儿语言能力的一种活动。幼儿在语言区中，通过阅读培养阅读兴趣，掌握正确的阅读方法，形成良好的阅读习惯；通过对图书中故事情节的感受、模仿、学习和欣赏，培养审美能力；通过对图书、图片、卡片的观察、操作以及对操作过程和图书的讲述，培养语言表达能力。

语言区的主要功能是培养幼儿的阅读能力和讲述能力，所以在语言区中，教师要做到以下两点，如图 6-28 所示。

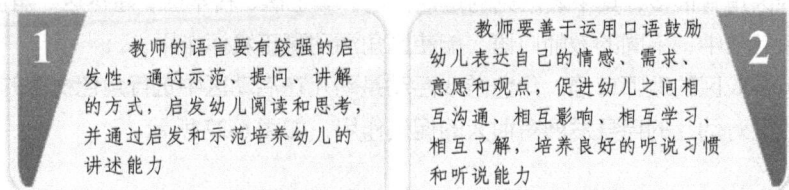

1 教师的语言要有较强的启发性，通过示范、提问、讲解的方式，启发幼儿阅读和思考，并通过启发和示范培养幼儿的讲述能力

2 教师要善于运用口语鼓励幼儿表达自己的情感、需求、意愿和观点，促进幼儿之间相互沟通、相互影响、相互学习、相互了解，培养良好的听说习惯和听说能力

图6-28　语言区教师口语的运用

（3）建构区的教师口语。建构区的主要作用是发展幼儿的建构能力，教师通过让幼儿尝试各种不同的建构材料，学习建构技法，发展幼儿的空间知觉，使幼儿能认识基本形状、数量关系等，激发幼儿的创造力和想象力。

在建构游戏过程中，幼儿之间分工合作，共同设计、建构，共同游戏，掌握自行解决问题的方法，可以培养幼儿的社会性，发展其语言表达能力和合作能力。

建构需要想象。在建构区中，教师应做到以下两点，如图 6-29 所示。

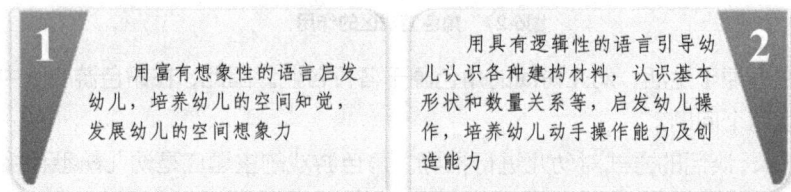

1 用富有想象性的语言启发幼儿，培养幼儿的空间知觉，发展幼儿的空间想象力

2 用具有逻辑性的语言引导幼儿认识各种建构材料，认识基本形状和数量关系等，启发幼儿操作，培养幼儿动手操作能力及创造能力

图6-29　建构区教师口语的运用

（4）美工区的教师口语。美工区的主要功能是通过撕、贴、剪、画、捏、做等美术活动发展幼儿的动作操作能力、创造力、想象力等。在美工区中，教师给幼儿提供接触各种材料的机会，使幼儿了解各种材料的特性，学习利用工具进行立体造型，表达个人情感和思想，体验成功的喜悦。

美工区活动培养幼儿的操作、表现和创造能力，教师的语言必须具有艺术性，形象生动，才能激发幼儿表现和创造的欲望，所以在美工区，教师的语言要做到三点要求，如图 6-30 所示。

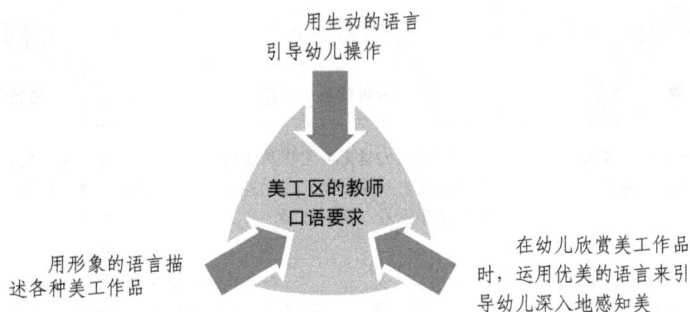

图6-30 美工区教师口语的运用

（5）科学区的教师口语。科学区主要通过各种科学小游戏及操作活动，给幼儿提供尝试、探究和实验的机会，让幼儿实地操作，认真解决问题，获得知识，形成概念，活跃幼儿思维，培养分析、判断和推理能力，激发幼儿探究科学现象的兴趣。

在科学区，一方面，教师口语要符合客观规律，规范严谨，这样才能指导幼儿进行操作，培养幼儿较强的逻辑思维能力；另一方面，教师口语要符合幼儿的认知特点，浅显生动，才能激发幼儿探究的兴趣。

五、幼儿教师与不同年龄阶段幼儿的沟通方式

引导案例

课堂上，小赵老师问刚上小班的孩子们："如果你们的小伙伴来家里做客，你们会怎么招待客人呀？"问完后，孩子们都没有回答，一脸疑惑的样子，原来大家都不懂"招待"是什么意思，对"做客"这一词也比较陌生。这时，老师换了一种问法："如果你最喜欢的小朋友第一次去你家，你会怎么做呀？"大家都活跃起来，有的说："我会给他找好吃的！"有的说："我要和他一起玩变形金刚！"有的说："我要带着他去我的秘密基地。"……

幼儿的年龄不同，他们的思维能力、知识水平、语言能力也有很大差别，所以在小班、中班、大班的幼儿学习活动中，教师应该有针对性地选择恰当的教学口语。

（一）小班幼儿

小班幼儿（3~4岁）的神经系统发育还很不完善，他们知识经验少，理解能力差，所掌握的词汇有限，思维处于具体形象阶段的初期。因此，教师在对小班幼儿说话时应抓住具体、形象这两个关键点。图 6-31 所示是小班幼儿教学口语应做到的五个方面。

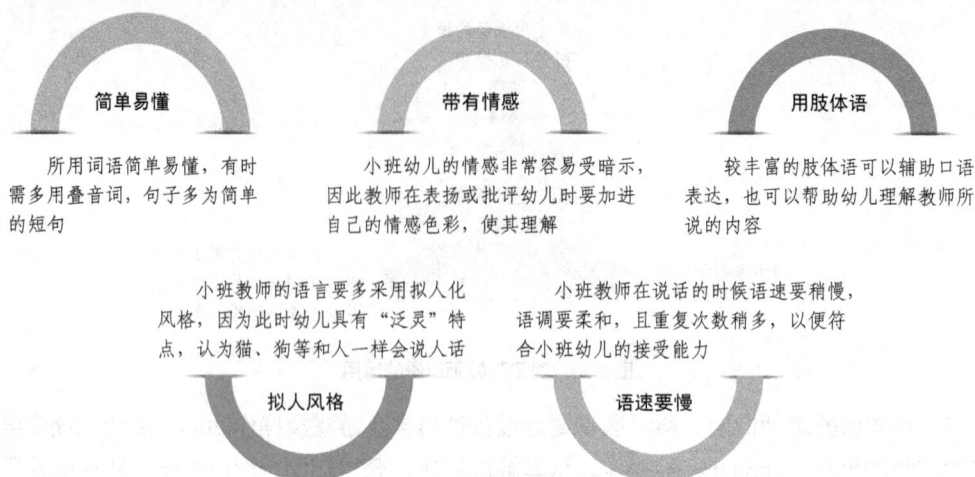

图6-31　小班幼儿教学口语要求

（二）中班幼儿

中班幼儿（4~5岁）的思维仍处于形象思维阶段，教师的语言仍然要有具体、形象的特点。但是，他们毕竟比小班幼儿有进步，主要表现为知识、经验丰富了一些，语言的接受能力和表达能力都有所增强。和小班教师相比，中班教师的口语有三方面的变化，如图6-32所示。

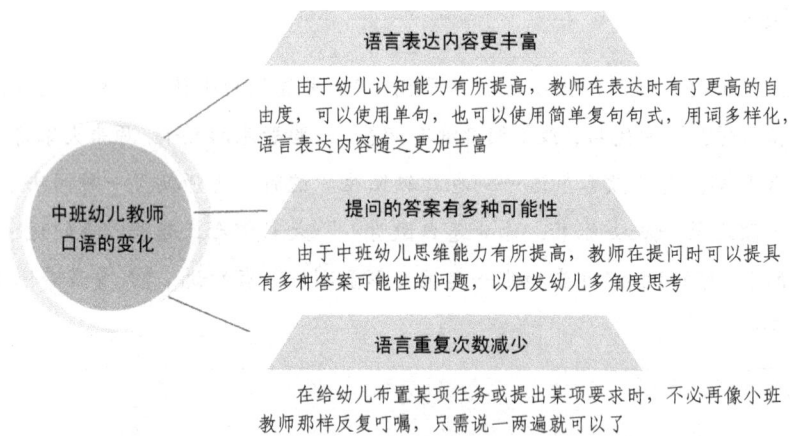

图6-32　中班幼儿教师口语的变化

（三）大班幼儿

大班幼儿（5~6岁）的思维水平虽然还处在形象思维阶段，但是由于神经系统的发育已趋于完善，他们已有了初步的抽象思维，与此相对应，教师的口语有三个特点，如图6-33所示。

1 语言中出现一些表示类别概念的词
大班幼儿对事物的类别有了初步认识，这时教师要教他们一些表示类别概念的词，如家禽、家畜、交通工具、塑料制品等

2 复句增加
大班幼儿对事物及其关系有了进一步理解，教师在口语表达中可增加复句的数量及难度

3 语言更简洁
教师在小班需要说得较具体的话，在大班可说得较概括、简洁

图6-33 大班幼儿教师口语的特点

六、幼儿教师其他工作口语训练

引导案例

在说课活动中，小程老师向学校领导及同事讲述了自己在工作中是如何引入新课的。他说，在某一堂以"花生"为主题的课程中，他首先以一个谜语引起了幼儿对花生的兴趣："麻屋子，红帐子，里面住个白胖子。"

在孩子们兴致勃勃地猜出谜底后，他再拿出花生，介绍它的播种季节和收获季节，又详细介绍了花生的味道。他给每个孩子发了一些花生，一边让孩子们品尝，一边介绍花生的生长过程。最后，他让孩子们自己讲出花生的生长过程，大家在轻松愉快的学习氛围中掌握了花生的知识。对于小程老师的授课方法，领导和同事都给予了高度的认可。

幼儿教师在幼儿园工作中的口语，主要用于幼儿一日生活中对幼儿进行教育和教学，开展各类活动。除此之外，教师还要参加各类与幼儿园工作有关的活动。在这些活动和工作中，教师只有掌握各种工作口语的特点和要求，学会运用有关的口语技巧，才能顺利地完成各项工作任务。

（一）说课活动中的口语训练

说课是指说课教师运用口头语言向其他人讲述自己在课堂教学中具体课题的活动设想及其依据的一种教研活动形式，是教师在制定教学方案后向听课的教师讲述"教什么""怎样教""为什么这样教"的过程。说课内容应以教育教学理论为指导，依据幼儿教育相关文件要求和幼儿教材，根据幼儿学习和发展的特点、规律，说出自己对教材的理解、教法、学法的设计，其目的是厘清教学思路，把握教学目标，用好教学手段，从而提高教学质量。

1. 说课与授课的区别

授课与说课既有相同点，又有不同之处。相同点在于两者都采用相同的活动教材，两

者都要在备课的基础上进行，都是运用口语进行表达的过程。不同之处体现在以下方面，如图 6-34 所示。

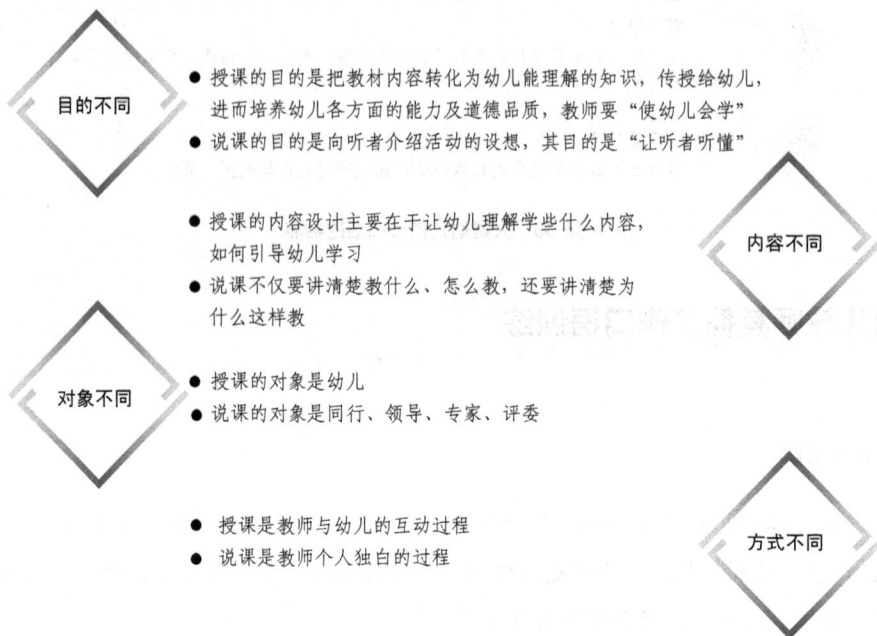

目的不同
- 授课的目的是把教材内容转化为幼儿能理解的知识，传授给幼儿，进而培养幼儿各方面的能力及道德品质，教师要"使幼儿会学"
- 说课的目的是向听者介绍活动的设想，其目的是"让听者听懂"

内容不同
- 授课的内容设计主要在于让幼儿理解学些什么内容，如何引导幼儿学习
- 说课不仅要讲清楚教什么、怎么教，还要讲清楚为什么这样教

对象不同
- 授课的对象是幼儿
- 说课的对象是同行、领导、专家、评委

方式不同
- 授课是教师与幼儿的互动过程
- 说课是教师个人独白的过程

图6-34 说课与授课的区别

2. 说课的特点和要求

说课与授课有明显差异，说课具有鲜明的特点，如图 6-35 所示。

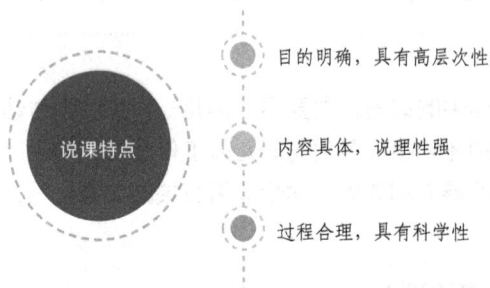

说课特点
- 目的明确，具有高层次性
- 内容具体，说理性强
- 过程合理，具有科学性

图6-35 说课的特点

（1）目的明确，具有高层次性。幼儿教师说课是以提升课堂教学水平，进而提高幼儿教育质量为目标所进行的一种教研活动形式，所以教师必须深入学习有关教育理论，学习先进的教学经验和教学方法，在理论的指导下充实说课的理论依据。

在教材的处理、教法的选择、教学过程的安排方面，幼儿教师要精心处理。除此之外，由于听课的对象是懂教材、熟悉业务并具有一定教研水平的领导和教师，幼儿教师在语言的推敲、结构的安排上要更为精心，更趋合理。因此，说课具有更高的层次性。

（2）内容具体，说理性强。授课过程是教师把自己所学的理论用于实践，而说课不仅要说

出"教什么""怎样教"，还要说清楚"为什么这样教"。

教师要从教材、教法、学法、教学过程等方面分别阐述，而且要特别强调每一部分内容的"为什么"，即运用教育学、心理学等教育理论知识，以《幼儿园教育指导纲要（试行）》《3~6岁幼儿学习与发展指南》的相关要求、建议为依据去阐明道理。因此，说课的内容要具体，层层深入，具有较强的说理性。

（3）过程合理，具有科学性。课堂教学要求教师以科学的理论为指导，用科学的方法解决教学的矛盾和问题。教师必须遵循教学原则对教材进行处理，设计教法、学法和教学过程，挖掘教育因素。

说课就是教师把这样的课堂教学的设计及依据讲出来，这个过程既要符合幼儿教育教学规律，又要符合语言表达的要求，具有科学性、逻辑性和思想性。

3. 说课的内容

教师在"说"的过程中，不仅将书面的活动说出来，更要求教师将隐含于教育方案后面的设计思想、教育理念、具体依据说出来。因此，说课的重点在于说出教师为什么要如此设计问题。

说课有的是在活动之前说，有的是在活动之后说，从整个说课过程来看，说课内容可分为以下几个部分。

（1）说教材。幼儿园里的说教材不单指说教材内容，还包括分析幼儿的情况，阐述教学目标，说明活动准备。

说教材内容就是说出所选活动主题的内容特点，指明它在整体或主题网络教学中的地位，所以教师首先必须说清楚此次活动的内容及选择这些内容的原因。

对幼儿情况的分析主要包括幼儿的年龄、特点、身心发展状况、幼儿原有知识经验和基础技能的掌握情况、智力的发展情况、幼儿的非智力因素，包括幼儿的兴趣、动机、行为习惯、意志等发展状况。这个环节是选择教材、制定教学目标的依据。

阐述教学目标要从认知、情感、态度、能力、技能等方面综合表达，并能体现主题的教育要求，最后说出确立此目标的依据。确立目标要与《幼儿园教育指导纲要（试行）》对这一领域总目标的要求和各年龄阶段的目标要求相一致。

说出活动的重点和难点。活动重点也可以称为学科教学的核心知识。一般来说，重点是本次活动中幼儿必须掌握的知识和基本技能。活动难点是指活动中幼儿不易理解的知识，或不易掌握的技能技巧。活动的难点不一定是重点，也有些内容既是难点又是重点。教师在说重点和难点的时候要说明解决的办法和依据。

活动准备必须与幼儿的能力、兴趣、需要等相适应，包括活动前的准备（家长工作、社区协调、环境创设、资料收集、幼儿园活动等）、活动中的准备（即有关玩具、教具等材料，包括幼儿用书、教学挂图等）。说课过程要分层次、清晰地说明准备情况，还要说明教师所准备的教具、学具在教学活动中的作用和意义。

（2）说教法、说学法。一般来说，教法和学法是不能分割的。教法中包含着学法，学法里体现着教法，两者同处于教学过程，彼此又具有独立性，不可相互代替，如图6-36所示。

说教法主要说明在本次活动中将采用的教学方法和运用的教学手段，以及这样做的原因，要着重说明自己独创的做法，特别是培养幼儿创新精神和实践能力的具体做法。一般幼儿园常用的教法：一是以语言为主的方法，如讲解法、谈话法、讨论法、暗示法；二是以直观为主的方法，如直观演示法、示范法、观察法、情境表演法。

说教法时应注意根据教材的特点、幼儿的实际、教师的特长及教学设备情况等来说明选择某种方法或手段的依据

说教法

说学法就是说明幼儿要"怎样学""为什么这样学"的问题，教师要说出教给幼儿哪些学习方法，培养幼儿的哪些能力。

幼儿园教学活动中常用的方法有多通道参与法、体验法、操作法、小组合作法、观察法等，教师要说出怎样根据班级特点和幼儿的年龄、心理特征，运用哪些教育教学规律指导幼儿进行学习

说学法

图6-36　说教法与说学法

（3）说教学活动过程。说教学活动过程就是说明整个活动的流程，说出教学活动过程的整体安排，即各个活动环节的实施过程。说活动过程是说课的重点部分，要说出活动的各个环节、各环节步骤的安排、方式方法的选择等。图 6-37 所示为说教学活动过程。

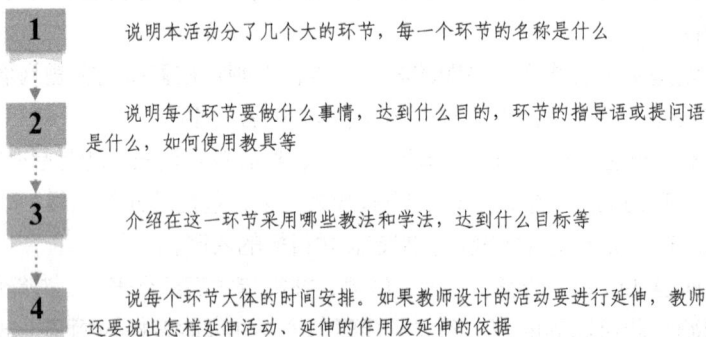

1 说明本活动分了几个大的环节，每一个环节的名称是什么

2 说明每个环节要做什么事情，达到什么目的，环节的指导语或提问语是什么，如何使用教具等

3 介绍在这一环节采用哪些教法和学法，达到什么目标等

4 说每个环节大体的时间安排。如果教师设计的活动要进行延伸，教师还要说出怎样延伸活动、延伸的作用及延伸的依据

图6-37　说教学活动过程

说教学活动过程，不仅要说清楚教学过程中教学各环节的衔接和过渡，还要将如何突出目标重点、如何突破难点及采用的方法一并交代清楚。

（4）说教学活动反思。活动反思是指教师对教育教学实践的再认识、再思考，并以此来总结经验教训，进一步提高教育教学水平。一般来说，如果是在活动实施以后说课，教师就要说活动反思。活动反思主要从目标的达成、幼儿的反应、活动的效果、活动时间与对应的相关理论等方面来说。

4. 说课活动中的教师口语

说课能力是一个教师专业素质和文化水平的综合体现。而在说课过程中，具体表现出教师的专业素质和文化水平的就是教师说课时的教师口语。说课教师通过自己的教师口语表达自己对教材、教法的看法，阐述教学过程的设计思想，也表达自己的儿童观和教育观，展现自我形象和风格，所以说课时的教师口语是非常重要的。

了解说课的内容，就是要了解说课时要说些什么，了解说课的特点和要求，也在一定程度上要了解如何说。那么，具体在说课教师口语的运用上还要注意哪些问题呢？

（1）综合运用各种类型的语言，表达完整内容。说课是教师把自己教学设计的全过程说出来的一种活动，内容丰富、环节众多，所用的语言也是丰富多样的。

从内容上看，说课语言有理论性语言、专业性语言、教学性语言等，如图 6-38 所示。

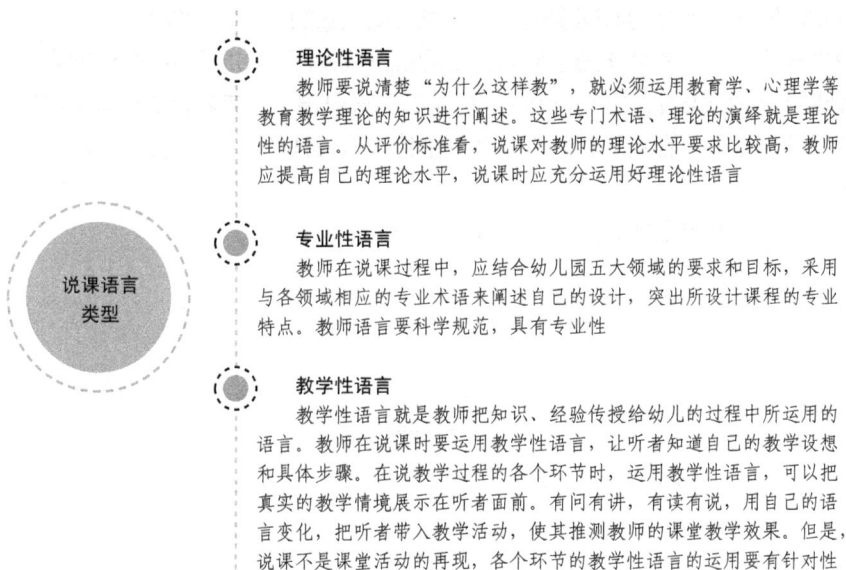

说课语言类型

理论性语言
教师要说清楚"为什么这样教"，就必须运用教育学、心理学等教育教学理论的知识进行阐述。这些专门术语、理论的演绎就是理论性的语言。从评价标准看，说课对教师的理论水平要求比较高，教师应提高自己的理论水平，说课时应充分运用好理论性语言

专业性语言
教师在说课过程中，应结合幼儿园五大领域的要求和目标，采用与各领域相应的专业术语来阐述自己的设计，突出所设计课程的专业特点。教师语言要科学规范，具有专业性

教学性语言
教学性语言就是教师把知识、经验传授给幼儿的过程中所运用的语言。教师在说课时要运用教学性语言，让听者知道自己的教学设想和具体步骤。在说教学过程的各环节时，运用教学性语言，可以把真实的教学情境展示在听者面前。有问有讲，有读有说，用自己的语言变化，把听者带入教学活动，使其推测教师的课堂教学效果。但是，说课不是课堂活动的再现，各个环节的教学性语言的运用要有针对性

图6-38 说课语言类型

（2）运用过渡语言，处理好衔接和过渡。说课是说明整个教学活动的设计过程，大环节里面还有小环节。因此，教师可以先说出整个环节的安排，再逐一把其他小环节说出来，也可以把一个环节的内容说完后，依次说下个环节的内容。不管用什么样的方式，环节之间尽量用上恰当的过渡语，处理好各个环节之间的衔接和过渡，使整个说课内容浑然一体。

教师可以运用表示目的、依据、原因、承接等含义的关联词语和句式来连接，如"为了贯彻这样的目标，我设计了下列教法。""根据教材内容、教学目标，我设计安排了以下几个环节"。

（3）适时适当，与演示文稿（PPT）有机结合。教师说课时会运用演示文稿配合讲述，教师的语言和演示文稿的内容应有机结合，互为补充。首先，演示文稿要做得简练美观，提纲挈领，突出重点。教师在说课时不宜照念演示文稿，应围绕演示文稿展示的内容灵活地表达。其次，口语表达要适时，与演示文稿配合得当，两者才能相得益彰，表达将更为完美。

（4）运用技巧，使过程流畅有变化。说课的语言要运用得当，根据内容选择不同形式的表达方式，有针对性，简练准确，紧凑连贯。为了吸引听者，更好地进行表达，教师在说课时还要注意语音技巧和态势语技巧的运用。

首先，在语音上，发音要准确，音量要恰到好处，做好重音、顿连处理，轻重缓急随内容的变化而变化，语调要亲切自然而充满激情。

其次，在态势语上，身姿要挺拔自然，举止要端庄，步态应轻盈，精神要饱满，在说话过

程中要始终保持微笑。眼神要和听者进行交流，用手势辅助有声语言的表达。

教师应运用各种技巧，动静结合，有声有色地进行讲述，让听者受到感染，引发共鸣。

（二）幼儿园活动主持人语言训练

幼儿园每一场大型活动都少不了主持人，主持人引导着活动的方向，掌控着活动的进程。一场活动成功与否，主持人是最重要的环节之一。要成为幼儿园大型活动的主持人，教师必须具备一定的知识修养、良好的心理素质、应变能力和较强的语言表达能力。

在大型主题活动中，教师作为主持人，要使自己成为活动和参与者之间的桥梁，能驾驭整个活动，就要用标准的语音、规范的语句、恰当的语气语调、充满智慧的语言主持活动。因此，主持好一场活动也是很不容易的，研究并训练主持人口语技巧，对于提高教师的职业口语水平具有重要意义。

对主持人的口语要求主要有四点，如图 6-39 所示。

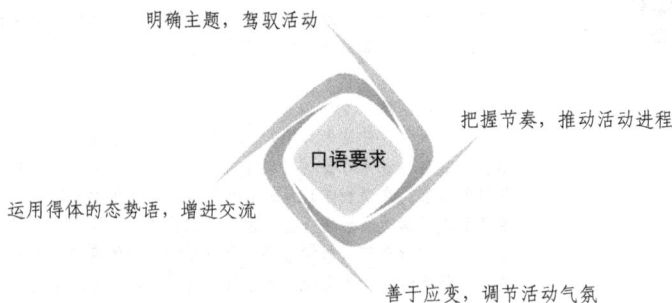

图6-39　教师作为主持人的口语要求

1. 明确主题，驾驭活动

幼儿园大型活动都有突出的主题，教师要紧紧围绕主题来主持，根据主题确定主持的语言，从而向参与者（观众）传达某种精神，使他们在每次活动中都受到感染，有所收获。在活动过程中，主持人要运用恰当的音色、语调为活动确定基调，调动自己的情感，把这个基调传达给参与者。

2. 把握节奏，推动活动进程

主持人要熟悉活动的各个环节，把握好各个环节的进程，通过语言表达控制活动的节奏，推动活动的顺利进行。主持人的语言要轻松洒脱、简洁明快，有时带点风趣幽默，或做一点形象生动的描述，这样轻松、流畅、明快的表达，节奏感强，能统摄全场，营造轻松愉快的活动氛围。

3. 善于应变，调节活动气氛

活动过程是多变的，主持人要善于应变。一方面，主持人要有一双敏锐的眼睛，在主持各种活动中，面对各种复杂情况，随时准确地观察并迅速地做出判断，这样才能掌握活动的主动权。另一方面，主持人要用语言适时调节活动气氛，可以抓住契机临场发挥；可以瞄准热点，趁热打铁；在冷场时，通过有趣的语言、多变的语调调动参与者的情绪，转冷为热；还可以通过语言沟通，增强互动等。

4. 运用得体的态势语，增进交流

主持人的身姿步态、表情动作直接影响观众的观感。恰当得体的态势语可以给参与者留下好印象，赢得他们的信任，使其产生交流的欲望。主持人是活动的引导者，只有热情真诚、亲切自然，才能搭建起连接观众心灵的桥梁。

在幼儿园大型主题活动中，主持词贯穿活动始终，从活动的各个环节来看，常用的主持词有三种，如图 6-40 所示。

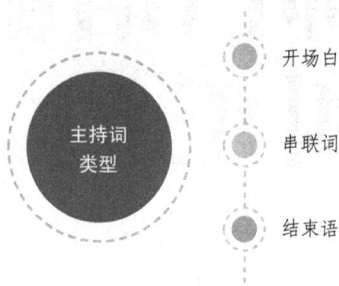

图6-40　主持词类型

（1）开场白。主持人的开场白主要用于活动开始环节，包含称呼、问好、介绍来宾和参与者等，更重要的是宣布活动主题（或活动主要内容）。好的开场白能够为活动奠定基调，拉近活动与参与者的距离。因此，教师在主持节目时要用富有感染力的语言，恰当的语气、语调、态势语，营造与主题相适应的良好气氛，使参与者较快进入活动状态，积极参与活动。

（2）串联词。串联词主要用于活动过程，其作用就是将整场活动串成一个整体，形成整体效果。在幼儿园各项大型活动中，每个内容、环节都是独立的。教师主持时，要根据活动内容找准切入点，用承上启下的语言将各个环节、各项内容串联起来，或赞扬，或强调，或突出主线，或点明题旨，使整场活动浑然一体。

（3）结束语。结束语用于活动结束环节。好的结束语能够升华活动的思想和意义，深化活动的目的性和针对性。在结束环节，教师可以运用口语结合主题点明主旨，提出希望、祝福、表示感谢等。语言要简短有力，语调要高昂热情，不可啰唆冗长，也不可草草收场。

【思考与练习】

1. 简述幼儿教师交际口语的特点。
2. 简述幼儿教师与幼儿家长的交际口语。
3. 幼儿教师应该怎样进行家访？

【拓展训练】

1. 在进行家访时，如果家长表示对孩子的学习成绩毫不在乎，你打算怎样说服家长？
2. 以自然现象"雨"为主要内容设计一篇说课稿。

第七章

幼儿教师口语常见问题与纠正

【学习目标】

◆ 掌握幼儿教师规范性的口语词汇。

◆ 掌握幼儿教师口语表达的正常速度。

◆ 了解言语编码形成和发送过程中常见的口语问题。

幼儿教师是幼儿的启蒙老师，幼儿园的各种教育教学活动多以教师口传身授的形式完成，幼儿教师语言的规范、语音的准确不但直接影响教育教学的效果，还可能会奠定幼儿一生语音的基础。幼儿园一日活动的过程绝大多数是教师和幼儿口语交流的过程，在大量的言语活动中，每个人都难免言多语失。本章根据幼儿教师在单向交流、双向交流中常见问题的各种表现，进行分类纠正和分析。

一、口语表达过程分析

📚 引导案例

小楠是新来的幼儿园教师。这天中午，她带领孩子们玩玩具，孩子们非常开心，玩得不亦乐乎。不一会儿，一阵极为响亮的哭声传来，某人似乎受到了极大的委屈，原来是小亮在哭，旁边是不知所措的鹏鹏。

小楠老师急忙跑过来，一边给小亮擦眼泪一边问："发生了什么事啊？"小亮抽泣着说："鹏鹏抢我的玩具，还踩我的脚。"小楠老师看了看小亮肿起来的脚，非常心疼，经验尚浅的她情急之下对鹏鹏说道："为了玩具，伤害自己的小伙伴，是非常不对的！"说完后，小楠老师反应过来，自己说的话有语病，存在语法问题，这是她不该犯的错误。

语言包括书面语言和口头语言两种形式，在以文字为载体的书面语言中，尽管有文字作为介质存在，但违反语言规范的现象时有发生，如表现在词汇、语法方面的用词不准、搭配不当、语法混乱等。在口头语言的使用中，由于语言的即时性，除词汇、语法容易出现错误外，包括语音、语用等更多的层面也容易出现错误，要对其产生原因进行分析，杜绝这些不良现象，才能保证幼儿学习的规范性。

（一）口语表达过程及其影响因素

口语表达过程是一个从生活到思维、再由思维到语言的转化过程，是对说话人多方面素质和潜能的综合调动。在这个过程中，观察、记忆、思考、联想、想象等智力因素的参与必不可少，同时说话人的知识、经验、情感、态度、气质、性格等非智力因素也能够起到一定的制约作用。由于口头语言以语音为载体，以声音为信息传递媒介，它是由语音表现的音节、词句以及语调构成的表意系统，借助语音的快慢、强弱来表情达意。因此，相对而言，口头语言交际中存在的问题就远比书面语言更为复杂。

（二）语言交际过程的信息传递阶段

语言的交际过程是一个由内到外的动态过程，也是一个复杂的信息输入与输出过程，包括"编码—发送—传送—输入—解码"几个阶段。作为输出的一方，要经过信息编码、发送和传送。在编码阶段要求有丰富的词汇，以便选择和使用，这是编码的必备材料；还要懂得语法、语义（包括词义）和修辞规则，考虑怎样使编码正确和便于发送，并且有利于接收。在编码形成的过程中，不管是语言贫乏、思维不畅，还是心理紧张或情绪不佳，都会造成这样或那样的口语问题。

二、单向交流中的常见问题与纠正

📚 引导案例

　　小冰是一名非常年轻的幼儿教师，作为一名时尚的年轻人，她很喜欢用一些网络词语，不仅仅在网络上使用，在现实生活中也会使用。最近小冰对"有木有"（有没有）这一词非常着迷，不仅在与同事交谈时使用，在与小朋友们聊天或上课时也会这样说。例如，"小朋友们，有木有想老师啊""大家有木有发现啊""你早上有木有吃饭啊"等。小朋友们总是听老师这么说，也开始这样说，一方面觉得有趣，另一方面出于对老师的崇拜心理，故意模仿老师的一言一行。

　　家长们逐渐发现了这个问题，纷纷向小冰老师反映孩子的不标准发音，小冰意识到自己的错误，觉得非常惭愧，不再当着小朋友们的面使用网络用语了。

　　随着经济的飞速发展，科学技术日新月异，人们的物质生活水平迅速提高，而包括语言在内的社会精神文明，由于其自身的文化特质，发展却相对滞后。因为社会大环境的影响，以及幼儿教师特定的性别、年龄、职业、身份等因素，年轻的幼儿教师身上总会出现这样或那样的口语不规范问题，必须及时进行纠正，保证优质的幼儿学习环境。

（一）受语境影响的语言不规范现象

1. 教育教学活动中的知识性、常识性错误屡见不鲜

在整个语言文字表达的环节中，口头语言是表达的下游和末端。口语表达的过程是看似简单、实则复杂的心理和生理活动的过程，在这个过程中，人们将自己的内部语言（无声语言、思维）借助于词语，按照一定的规则转化成以语音为载体的外部语言。其中，规范丰富的书面语言、缜密清晰的思维是口语表达的基础。良好的口语表达能力要以深厚的文化基础、良好的阅读习惯、流畅规范的书面语表达能力作为前提条件。

现实生活中有些年轻人，业余时间被电视、网购、视频、微博所占据，网络上的点击浏览取代了阅读；复制、粘贴取代了写字；QQ、微信等虚拟空间交往取代了现实生活的人际语言交流，加上工作压力大、社会竞争激烈，人们逐渐养成了不读书、不动笔、不动脑的习惯。这一系列现象导致幼儿教师群体出现识字量小、词汇贫乏、知识面狭窄和综合素

质较差的现象。

工作中出现的"硬伤"之一是经常将一些常用字读错，如将"莘莘学子"读作"辛辛学子"，"人物角色"读作"人物脚色"，"模样"读作"磨样"等。

国家语言文字工作委员会（简称国家语委）编写的《普通话水平测试大纲》中收录的都是日常生活、工作中最常用的词语，熟读并记住其中易错的音节，克服习惯性误读，能够有效地减少语音失误，提高普通话水平，从整体上提升自身的文化素质。

面对天真无邪、充满好奇心、满脑子"十万个为什么"的幼儿，合格的幼儿教师应该知识丰富，表达准确。同时，教师还要有求真务实的科学态度，"知之为知之，不知为不知"，不可敷衍了事，不懂装懂，否则就会出现知识性、常识性的错误。

2. 推广普通话过程中出现的矫枉过正现象

为了规范教师的口头语言，国家语委、教育部依据 2000 年国家颁布的《中华人民共和国国家通用语言文字法》，率先在全国各级各类教师中开展普通话培训测试，经过十几年的努力，教师的普通话意识不断增强，普通话水平也逐渐提高。但是，在全社会的推普热潮中，也难免出现矫枉过正的现象，例如"尖音"现象。

尖音是指 z、c、s 声母拼 i、ü 或 i、ü 起头的韵母。尖音与团音相对而言，团音指 j、q、x 声母拼 i、ü 或 i、ü 起头的韵母。有的方言中把"尖音"和"团音"分得很清楚，如把"尖、千、先"读作"zian、cian、sion"，把"兼、牵、掀"读作"jiān、qiān、xiān"。

而普通话中不分尖、团音，或者说没有尖音。"尖、千、先"也分别读作"jian、qian、xian"，音节中不存在 z、c、s 声母与 i、ü 或 i、ü 起头的韵母相拼的现象。但是，受方言和其他一些因素的影响，很多人在读 j、q、x 与 i、ü 或 i、u 开头的韵母相拼而成的音节时，总会带出类似尖音的读音。这种现象普遍存在于人们日常的发音中，这就是常说的"尖音"问题。图 7-1 所示为造成"尖音"问题的原因。

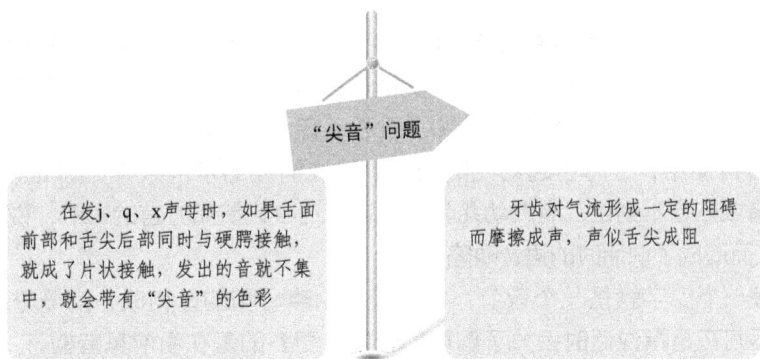

在发 j、q、x 声母时，如果舌面前部和舌尖后部同时与硬腭接触，就成了片状接触，发出的音就不集中，会带有"尖音"的色彩

牙齿对气流形成一定的阻碍而摩擦成声，声似舌尖成阻

"尖音"问题

图7-1　造成"尖音"问题的原因

"尖音"出现的原因归纳起来有三点，如图 7-2 所示。

幼儿园的特定语境也是形成尖音的土壤，幼儿的发音普遍靠前，时间一长，对教师产生了负迁移。

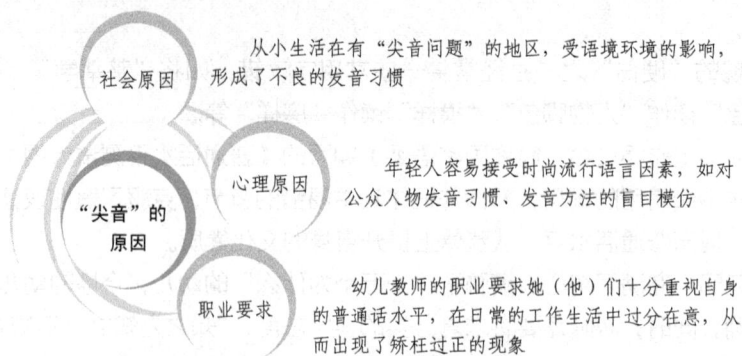

图7-2 "尖音"的原因

3. 现代化传媒带来的负面影响

如今，现代化传媒技术的发明创造日新月异，时刻左右着人类的生产生活方式，语言文字规范化的速度远远落后于科学技术的发展。影视、网络、通信等技术手段的更新令人目不暇接；文化的多元化发展趋势使各种时尚流行元素鱼龙混杂，甚至乱象丛生，这一切势必会对教育、教师和以社会生活为表现对象的教师口语产生负面影响。

（1）语音方面。语音方面的问题主要有三点，如图 7-3 所示。

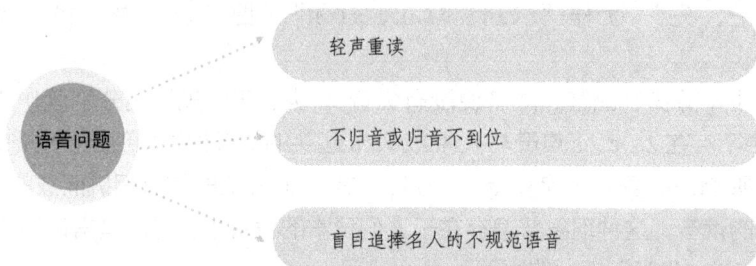

图7-3 语音方面的问题

① 轻声重读。部分方言区中轻声的读音不规范，在讲普通话时往往不读轻声甚至轻声重读。例如"明白""麻烦""朋友"等词语的第二个音节应该读为轻声，而在这些方言区内，他们在口语中一律读成了本调或词语重音。一些年轻的幼儿教师将轻声重读当作时尚语言盲目使用，进而引起幼儿的模仿，造成消极的示范效果，因此必须注意纠正。

② 不归音或归音不到位。有的幼儿教师受自身语言习惯和方言的影响，说话不归音或归音不到位，从而造成了说话时的语音缺陷。

汉语中每一个汉字就是一个音节，每个音节由声母和韵母构成，韵母分韵头、韵腹和韵尾。韵尾不归音是指说话时丢掉了韵尾的音素，更多的是在由前鼻音韵母 "n" 做韵尾构成的音节中，如 "on、en、in、un"，往往韵母不归音或归音不到位，如 "男孩"（nánhái）、"完善"（wánshàn）中的 "an" 都丢失 "n"，发成接近于 "nahái""washà" 的音。

归音不到位是指复韵母动程不够，即不能把复韵母的每个音素都发到位，较常见的有 "ou" 韵母和 "ao" 韵母，如 "肉" 发成 "ro"；"bao""zhao" 等音节韵尾弱化，读音接近 "bae""zhae"，使这类音节语音不规范。

③ 盲目追捧名人的不规范语音。年轻人对新鲜或时尚的信息兴趣高，接受快。部分地区广播电视台的综艺节目主持人，语音发音不够规范，口语表达中带有不同程度的地方方言色彩，但由于他们特殊的地位、名气而受到年轻人的盲目追捧，误将其错误和缺陷当作风格特色，并模仿他们说话，从语音发音、口头禅使用、语气语调到体态语言都兼收并蓄。

普通话是教师的职业语言，每个幼儿教师都应该有正确的审美观，自觉抵制流行元素的消极影响，为幼儿做好语言示范。

（2）词汇方面。受社会语境影响，幼儿教师口语在词汇方面也存在诸多不规范现象，主要表现在四个方面。

① 网络语言。网络语言是汉语在虚拟环境下的一种语言变体，在网络这一交流平台使用中，因其方便、简单、幽默而被使用者接受。在特定语境中使用网络语言是可以理解的，但从语言规范化方面看，网络语言破坏了汉语的使用规则，干扰了语言文字的规范性，对青年一代尤其是对教育机构的教学活动造成了不好的影响。

幼儿教师要注意根据语境适度把握，可以在生活中或网络的虚拟世界适当使用，而在幼儿园工作中要杜绝未被最新版《现代汉语词典》收录的网络语言，以准确、规范的语言为幼儿做出表率。

② 生造词。生造词的问题主要表现在两个方面，如图 7-4 所示。

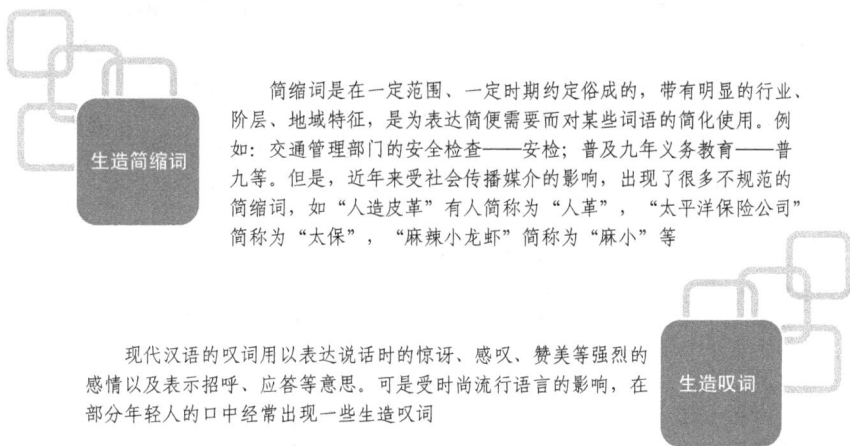

生造简缩词

简缩词是在一定范围、一定时期约定俗成的，带有明显的行业、阶层、地域特征，是为表达简便需要而对某些词语的简化使用。例如：交通管理部门的安全检查——安检；普及九年义务教育——普九等。但是，近年来受社会传播媒介的影响，出现了很多不规范的简缩词，如"人造皮革"有人简称为"人革"，"太平洋保险公司"简称为"太保"，"麻辣小龙虾"简称为"麻小"等

现代汉语的叹词用以表达说话时的惊讶、感叹、赞美等强烈的感情以及表示招呼、应答等意思。可是受时尚流行语言的影响，在部分年轻人的口中经常出现一些生造叹词

生造叹词

图7-4 生造词的问题

③ 词语滥用。词语滥用主要表现为副词滥用和叠音词滥用，如图 7-5 所示。

1 滥用否定副词
滥用否定副词，造成表达上语义相反的效果，如"小朋友要尽量少去公共场所，就可以防止感冒病毒不再侵害我们"

2 副词重叠
为了突出某种效果，却因词汇贫乏找不到恰当的语言，于是就出现副词重叠使用，如"孩子们，你们是最最棒的"

3 滥用叠音词
用音节重叠的方式生造的词，就是把许多词（名词居多）随意重叠，创造了新的叠音词，这种方式在网络里很常见，如"东东"——东西、"漂漂"——漂亮。幼儿期的孩子们因生理条件限制，偶尔会用错叠音词或喜欢使用叠音词，但这些生造的叠音词不合乎现代汉语用词规则，不利于幼儿语言的健康发展

图7-5 词语滥用

④ 词语误用。口语交流中词语误用的现象较常见，很多时候属于口误，如图7-6所示。

1 » 词性误用：一个人经历了千辛万苦时，对其说"你吃了很多辛苦"，将形容词当名词用

2 » 搭配不当："教练对这个孩子投入了关怀和帮助"

3 » 不明词义或词的色彩出现错用，如"一位莘莘学子"，而"莘莘学子"是群体名词

4 » 语法方面："爱国主义热情"，这种说法就很随意，"爱国热情""爱国主义"都可以，"爱国主义热情"的说法是不准确的

图7-6　词语误用

（3）语法方面。我们日常生活中的交流比较随意，不会考虑语法的问题，因此很容易出现语法问题。但在教学过程中，要根据语法正确造句。图7-7所示为口语表达在语法方面的问题。

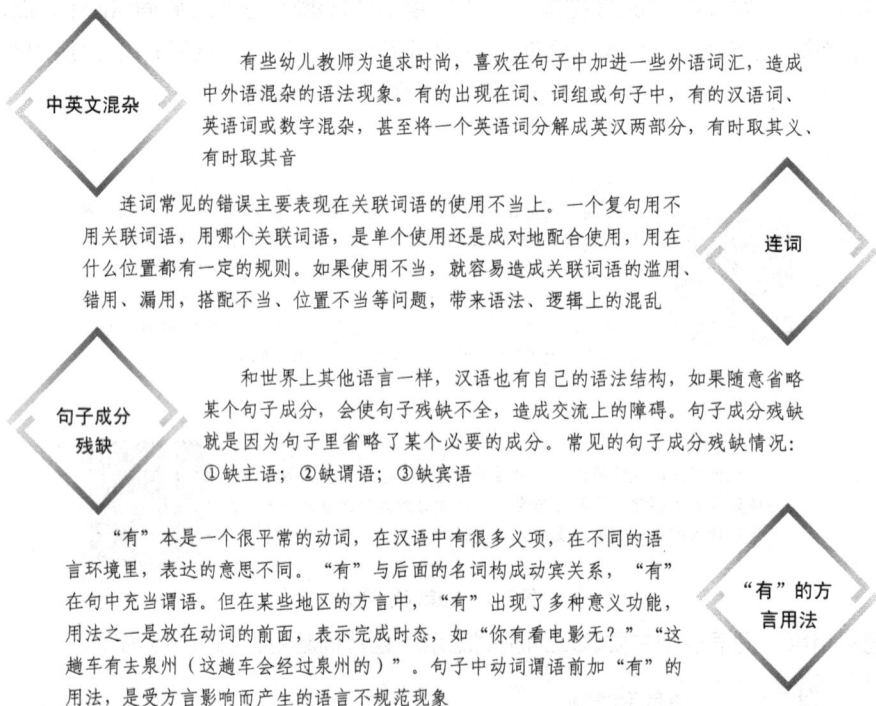

中英文混杂　有些幼儿教师为追求时尚，喜欢在句子中加进一些外语词汇，造成中外语混杂的语法现象。有的出现在词、词组或句子中，有的汉语词、英语词或数字混杂，甚至将一个英语词分解成英汉两部分，有时取其义、有时取其音

连词常见的错误主要表现在关联词语的使用不当上。一个复句用不用关联词语，用哪个关联词语，是单个使用还是成对地配合使用，用在什么位置都有一定的规则。如果使用不当，就容易造成关联词语的滥用、错用、漏用，搭配不当、位置不当等问题，带来语法、逻辑上的混乱　**连词**

句子成分残缺　和世界上其他语言一样，汉语也有自己的语法结构，如果随意省略某个句子成分，会使句子残缺不全，造成交流上的障碍。句子成分残缺就是因为句子里省略了某个必要的成分。常见的句子成分残缺情况：①缺主语；②缺谓语；③缺宾语

"有"本是一个很平常的动词，在汉语中有很多义项，在不同的语言环境里，表达的意思不同。"有"与后面的名词构成动宾关系，"有"在句中充当谓语。但在某些地区的方言中，"有"出现了多种意义功能，用法之一是放在动词的前面，表示完成时态，如"你有看电影无？""这趟车有去泉州（这趟车会经过泉州的）"。句子中动词谓语前加"有"的用法，是受方言影响而产生的语言不规范现象　**"有"的方言用法**

图7-7　语法方面

（二）言语编码过程中的常见问题

受到各种因素的影响，教师在言语编码过程中会遇到各种各样的问题。

1. 知识贫乏，词汇单调

幼儿教师是幼儿学习语言的楷模。由于幼儿的年龄特点，幼儿教师与幼儿的交流方式主要是口头语言，因而教师的语言素养直接关系到与幼儿的交流沟通，也直接影响教育教学效果。如果教师知识贫乏、词汇单调，就会带来各种问题，如图7-8所示。

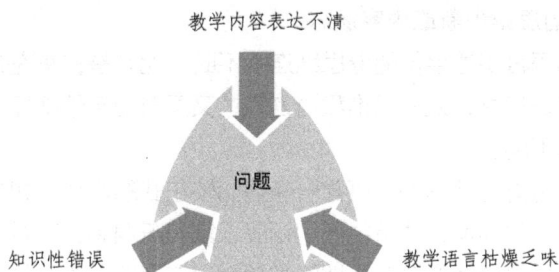

图7-8　知识贫乏、词汇单调产生的问题

（1）教学内容表达不清。有的幼儿教师因为专业知识贫乏，语言修养欠缺，导致词不达意，教学内容表达模糊。教学语言表达不清，含糊其辞的主要原因是教师对学科知识理解和掌握得不够扎实，知其然而不知其所以然，只会照本宣科，一旦幼儿出于好奇提出一些生活中的问题，要么被问住，要么岔开话题。这样的教师很难承担当好"幼儿学习活动的支持者、引导者"的任务。

（2）知识性错误。幼儿园里的知识传授以教师的介绍讲解为主，其中各个学科都有一套专业的概念、术语，知识点之间又有着内在的逻辑关系。这就要求教师做到用语规范，表达严密，不能信口开河下定义，不能想当然地解释词语，不能模棱两可、不懂装懂，更不能出现知识性错误。

有的幼儿教师试图用自己的语言阐释说明某些专业知识，解释一些术语、概念时，就往往出现语言不够严密、解释不够准确的现象。

（3）教学语言枯燥乏味。幼儿教师的语言应当形象生动，富有感情。如果幼儿教师语言素养不够，就会在教学活动中出现重复啰唆、话语干瘪的情况，缺少生动、丰富的词语，缺少语调的变化，不善于用近义词、同义词表达同一内容。

2. 思维混乱，条理不清

思维是口语的内化，口语是思维的外在表现。一个幼儿教师如果没有较好的思维能力，就不会有较好的语言表达能力。如果思维混乱，就会出现语言表达上的逻辑性错误。

（1）教学语言杂乱无章。教学口语是按照一定的教学目标展开的，怎么导入，怎么讲授，在什么地方提问，怎么点拨，都要精心设计，遵循其内部构成，层层展开。否则，没有把握知识内在的联系，随意解说，就有可能造成教学口语的杂乱无章。教学口语混乱无序的表现是：说话跑题或话题变来变去，让人不知所云；信口开河，把握不住中心；东拉西扯，最后偏离了主题，甚至忘记了预设的话题。

（2）知识性错误。语言和思维相互依存，密不可分。两者的活动要同步，否则就会发生以下两种问题。

① 思维超前。如果思维呈跳跃性运动，口语呈"步行"运动，一快一慢，两者不协调，语言跟不上思维，就会张口结舌，词不达意，形成表达的"迟滞"和"嗫嚅"，话语语义有大幅度空白，使口语不连贯，表达有漏洞。

② 思维滞后。思维迟缓，甚至呆滞，就会"前言不搭后语"，思维的停滞会造成表意上的"空白"，出现教学口语的停顿、断断续续、语义中断、语速迟缓、插入过多等混乱现象。

3. 特殊环境造成的思维中断或内容遗忘

一般情况下，人的语言表达会伴随着思维连续不断，尤其是在有充分准备的情况下，话语的连续性会保持得更好。但是，人的思维和语言表达又同时受到外部环境的影响，不同心理素质的人受到的影响各有不同。

有些人平时口语表达能力并不差，可是一遇到比较正式的场合，如参加较大规模的演讲比赛，或在幼儿园接受同行的观摩，或有关部门领导、家长听课等，面对大庭广众便会出现表达不畅、手足无措、面部表情僵硬的情况，期间难免会丢三落四、语无伦次、中途卡壳，也就是由于心理过度紧张而导致的"暂时性遗忘"。

幼儿教师容易遗忘的大多是枯燥抽象的教学内容。有些年轻的幼儿教师，尤其是性格内向、腼腆胆小的教师，平时缺乏锻炼，在有人听课时就会紧张，思维混乱，心跳加速，甚至出现大脑一片空白，被"挂"在讲台上的情形。

4. 长期的身心亚健康状态导致语言失控

现在社会变化快，竞争压力大，高期望值的家长对教育、教师的过分关注，使本来就担负着多重社会角色的幼儿教师承受了更为巨大的心理压力。长期工作在身心的亚健康状态中，难免会有如下表现，如图7-9所示。

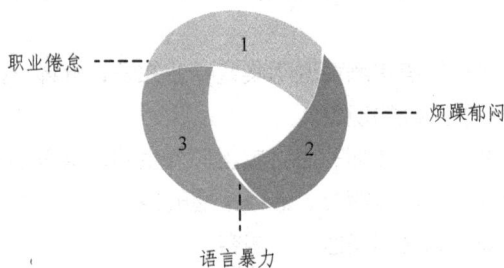

图7-9　身心亚健康状态的表现

（1）职业倦怠。从业人员对自己所从事的职业产生厌倦情绪，导致身心疲惫的心理状态，就是职业倦怠。幼儿园教师工作是一项精细的、长期的、紧张的并带有创造性的精神劳动，工作的压力，社会、家庭诸事的困扰往往使人身心疲惫。产生职业倦怠的幼儿教师，对自己所从事的工作不感兴趣，没有热情，做事无精打采，说话漫不经心，眼神呆滞，表情麻木，见到幼儿就烦躁，言辞冷漠、尖刻。

（2）烦躁郁闷。幼儿教师工作繁杂琐碎，事无巨细。工作中的困惑、压力，同事间的矛盾、竞争，来自社会的歧视、偏见、不公正等，都可能造成幼儿教师的心情烦闷、焦躁、抑郁甚至恼怒。如果幼儿教师的自我调节力不强，便会导致焦躁不安，情绪失控，有时可能给幼儿造成身体或心理上的伤害。

（3）语言暴力。来自幼儿教师的"语言暴力"可分为讽刺挖苦型、谩骂侮辱型、粗暴恐吓型三类。

讽刺挖苦型，如"全班就你明白，让你来当老师吧！"

谩骂侮辱型，如"你听见没有，没长耳朵啊！"

粗暴恐吓型，如"肃静！再不听话就把你送园长那儿去！"

近年来，全国相继出现了令人震惊的"虐童事件"，尽管是特殊案例，却告诉我们，健康的心理状态是合格教师的必要条件，这一点也许比渊博的知识、全面的技能更为重要。当教师的心理出现亚健康状况时，应该像对待身体上的疾患一样，积极矫正，对症下药，或根据专家的建议进行自我调整，这样做既是为自己负责，同时也是对幼教事业负责。

（三）言语编码发送过程中常见的口语问题

口语交际过程首先是编码，即选取储存于自己大脑词库中的恰当词语，按照一定的语义和语法规则把它们有机编排起来，然后进入发送阶段。在言语编码发送过程中会出现以下问题。

1. 语音方面

在教育教学活动中，由于个人的生理或心理原因，幼儿教师在语音方面会存在不同程度的问题，主要表现在音量上面，声音过大、过小或忽高忽低都不适宜。

（1）声音过小。有的幼儿教师说话时气息微弱，底气不足，不会使用共鸣，给人造成听觉上的困难。如果伴有语音含混不清，句末的字音弱化、虚化，就可能造成语义含混，使听者感到疲惫吃力、昏昏欲睡，教学效果大大降低。

许多中小学生反映，如果上午第一节课的老师说话声音太小，整个上午都会迷迷糊糊。中小学生尚且如此，自制力差、注意力持续时间短暂的幼儿更可想而知。为了增强口语表达效果，幼儿教师必须掌握呼吸发声、共鸣控制、吐字归音的要领，使用科学的发声方法，让自己的声音响亮、清晰、持久。

（2）声音过大。有的幼儿教师身体健壮，嗓门高，声音大，说话像高音喇叭，分贝太高，这种声音会造成幼儿听觉上声音过大的疲劳，并形成噪声污染。时间久了，不仅影响幼儿的接收效果，还影响自己的形象。

（3）声音忽高忽低。有的幼儿教师受情绪影响，声音忽高忽低。发脾气或情绪高昂时，音高八度，声似雷鸣，令人胆战心惊；心情不好或情绪低落时，又有气无力，声音在嗓子里转。这种时高时低、一惊一乍的说话习惯会影响幼儿情绪的稳定，使其缺乏安全感，从内心惧怕教师。

在正常情况下，幼儿教师口语的音量应做到：音量大小适度，音速徐疾相间，根据内容、听众的需要做适当调整，要让人跟得上，听得懂。音量有两点要求，如图7-10所示。

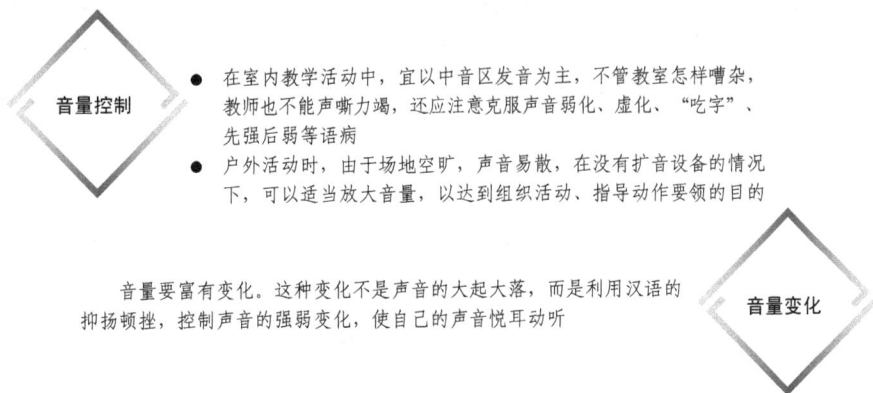

音量控制
- 在室内教学活动中，宜以中音区发音为主，不管教室怎样嘈杂，教师也不能声嘶力竭，还应注意克服声音弱化、虚化、"吃字"、先强后弱等语病
- 户外活动时，由于场地空旷，声音易散，在没有扩音设备的情况下，可以适当放大音量，以达到组织活动、指导动作要领的目的

音量要富有变化。这种变化不是声音的大起大落，而是利用汉语的抑扬顿挫，控制声音的强弱变化，使自己的声音悦耳动听

音量变化

图7-10 音量要求

2. 语速方面

语速是指语流的速度，是指说话和朗读时每个音节的短长和音节之间连接的松紧。口语转瞬即逝，使得语言节奏是否合理成为信息交流的必要保证。语速快慢要考虑两个因素，如图 7-11 所示。

图7-11 语速快慢考虑因素

由于性格和习惯等原因，有的幼儿教师在口语表达中语速过快或过慢，这样对幼儿会产生很大影响。

（1）语速过快。有的幼儿教师性子急，快人快语，思维敏捷，说话速度过快。每个音节停留时间过短，一闪而过，音节、句子之间的连接过于紧密，形成了紧张、高频的节奏，给人的感觉像连珠炮、机关枪，这种表现被称为"急语"。"急语"不仅会导致一些口误的发生，还会使幼儿无法领会教师的意图，跟不上教师的思维，迫使教师重复强调，使得师生双方都很紧张和疲劳。

（2）语速过慢。与急性子幼儿教师相反，有的幼儿教师是慢性子，说话慢条斯理，把每个音节的发音时间延长，尤其是一句话的尾音拉长，即所谓的"拉长腔"。句子之间停顿时间过长，像"挤牙膏"一样一句一顿地说话。拖音长，停顿多，信息容量太小，即所谓"缓语"。这种语言使教学结构松散，幼儿注意力分散，与领导、同事、家长交谈时延长了交流时间，也会让听者不耐烦。

3. 语调方面

为了表达思想感情，在说话或朗读时，句子会出现高低升降的变化，这种变化就形成了语调。语调是有声语言所特有的，是口语中表达各种语气的声音色彩。说话或朗读时，借助丰富多彩的语调，可以增强有声语言的感染力和说服力。同一句话，用不同的语调可表达不同的思想感情。有的人说话和朗读时，不能根据思想内容的需要使用语调，总是按照自己固定的语调进行，声音前高后低，前强后弱，或者相反。语调没有明显变化，把复杂变化的语调形式固定成为一种格式，形成一种固定的调子。幼儿教师在语调方面存在的问题主要有三种，如图 7-12 所示。

图7-12 语调方面

4. 语流中的"吃字"现象

"吃字"现象是语言学上说的"脱落"或"减音"现象，由于说话语速过快，三音节词语中间的音节往往被"吃"。通常情况下，"吃字"并不是这个音节完全被"吃"尽，而是和前一个字的发音融合成一个。

例如"派出所"前两个音节会融合为一个音节，读为 pair suo；"大木板"读为 dam ban 等。

"吃字"现象表现的程度不同，有的含糊一些，如"有的家长太霸道"，其中的"霸道"听感上好像是 bada；"这些问题可能是由于心理原因造成的"，是"心理"还是"xīlǐ"让人分辨不清。

有的走音变成另一个音，或干脆"吃"掉了某个音节，在上下文的交流中引起一定的误解，如"通过研讨分析制定出具体方案"，其中的"方案"一词听起来近似"翻 fan"。

吃字表现很复杂，归纳起来主要有三种，如图 7-13 所示。

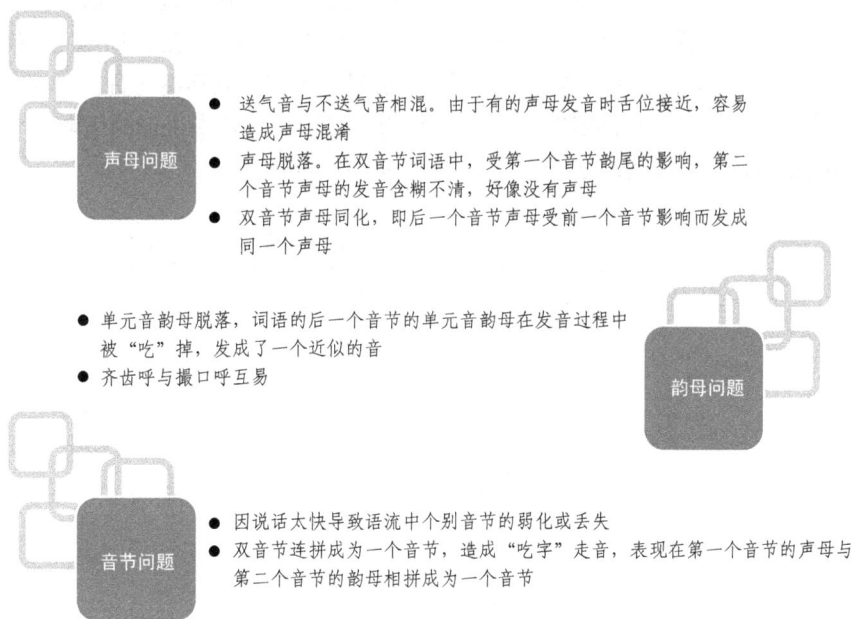

声母问题
● 送气音与不送气音相混。由于有的声母发音时舌位接近，容易造成声母混淆
● 声母脱落。在双音节词语中，受第一个音节韵尾的影响，第二个音节声母的发音含糊不清，好像没有声母
● 双音节声母同化，即后一个音节声母受前一个音节影响而发成同一个声母

韵母问题
● 单元音韵母脱落，词语的后一个音节的单元音韵母在发音过程中被"吃"掉，发成了一个近似的音
● 齐齿呼与撮口呼互易

音节问题
● 因说话太快导致语流中个别音节的弱化或丢失
● 双音节连拼成为一个音节，造成"吃字"走音，表现在第一个音节的声母与第二个音节的韵母相拼成为一个音节

图7-13 "吃字"问题

"吃字"现象的出现主要是生理原因，有时是由于语流中前后相关的词语争相出口造成发音位置偏误；有些是因为声母发音部位或发音方法接近引起的语音替代。归根到底，主要是因为说话人口齿不够伶俐，对各发音器官"指挥不灵"。

幼儿教师必须口齿清晰，吐字准确，如果平时对口腔控制的练习不够，说话时舌位动程不圆满，就易出现吐字归音不到位或某个音节含糊不清，形成"吃字"现象。因此，教师必须按前面的发音技巧认真训练，才能克服这些现象。

5. 常见语病

（1）口误。口误主要有两种，一是由于发音器官紧张（心理或生理原因）出现的口误；二是综合型口误。

综合性口误是指说话人虽然知道或是懂得某种规矩或原则，但是由于主观上注意不够而造成的失误。由于口语表达具有"临场性"的特点，一般与听话人进行面对面的信息交流。说话人通常是现想现说，边想边说，思维和语言处于同步运动状态，说话人往往来不及酝酿斟酌，加工润色，因而说的话难免出现一些不合乎语法、逻辑的语句，造成口误。

（2）无意识重复。在语言表达时，有时为了强调，有意识地重复相同的词语或句子，这是正常的修辞技巧。可是在口语表达中，有些人会经常无意识地重复已经说过的某个词语或某句话，即无意识重复，也被称为"重语"。究其原因，可能是由于缺乏严格的口语训练，形成了不良口语习惯；也可能是自以为重复一遍会起到强调作用，久而久之，习惯成自然，变成难以克服的"顽疾"。这种现象在不同年龄、不同教育机构的教师身上均会出现。例如，有的小学教师说"今天我们讲第三节，讲第三节"；有的幼儿园教师讲故事时说"街上走来一个小矮人，啊——小矮人，小矮人背着一个大布袋，啊——大布袋"。

这种无意识重复割裂了话语的内容，阻断了语流的连贯，传递的是无效信息。这不仅容易造成信息传递的模糊不清，而且会造成话语的堆砌和臃肿，引起听觉上的不适，特别是同词、同句的重复，更使口语表达冗长、拖沓。这是每个教师应该避免的不良习惯。

（3）口头禅。口头禅是一种常见的口语表达"顽疾"。口头禅指说话时周期性地在一句话开头、中间或结尾夹杂一些毫无意义的附加词语，如图 7-14 所示。

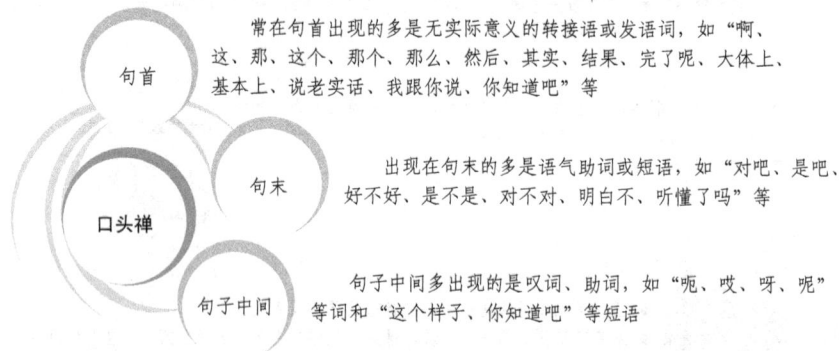

常在句首出现的多是无实际意义的转接语或发语词，如"啊、这、那、这个、那个、那么、然后、其实、结果、完了呢、大体上、基本上、说老实话、我跟你说、你知道吧"等

出现在句末的多是语气助词或短语，如"对吧、是吧、好不好、是不是、对不对、明白不、听懂了吗"等

句子中间多出现的是叹词、助词，如"呃、哎、呀、呢"等词和"这个样子、你知道吧"等短语

图7-14 口头禅

这些口头禅在话语中已经失去原词的意义，只是作为习惯性的转接语词或停顿符号，严重破坏了表达的连贯流畅，干扰了有效信息的传达，增加了听话人听辨的困难，也会破坏听话人的情绪。这是名副其实的"废话"。之所以形成口头禅，主要有以下原因。

① 口头禅常常是一些肤浅乏味的词，与语言贫乏有关。

② 口头禅是无意识状态下说出来的，与思路不清有关。

③ 口头禅是一种语言定势，与说话习惯有关。

要想解决口头禅的"顽疾"，说话前应先厘清思路，把话说得慢些，到口头禅易出现的地方，不妨先停顿一下。开始时可能不习惯，经过一段时间的纠正之后便可以逐渐适应，直到彻底克服口头禅。

（4）语言啰唆、缺乏逻辑性

喋喋不休、短话长说就是啰唆。啰唆的情形有多种，前面谈到的无意识重复、口头禅、口误都可造成啰唆。此外，还表现为短话长说、说话跑题、东拉西扯，一件事情总要从远处说起，半天说不到正题。有时解释一个词，要说好多废话。有时反复讲一件事，想把意思表达清楚，却让人越听越糊涂；有时是说话人发现口误后为了纠正而造成语言啰唆。语言啰唆、缺乏逻辑性具体表现在五个方面，如图 7-15 所示。

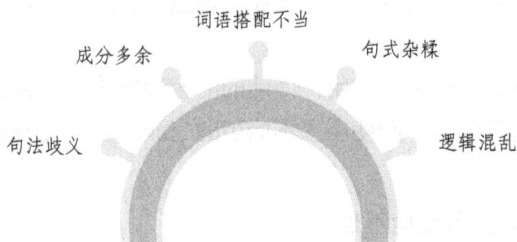

词语搭配不当

成分多余　　　　　句式杂糅

句法歧义　　　　　　逻辑混乱

图7-15　语言啰唆、缺乏逻辑性

三、双向交流中的常见问题与纠正

引导案例

　　一名家长来到幼儿园，想和老师谈谈孩子最近的情况。家长对老师说："我家孩子自从上了幼儿园，不爱哭闹了，学东西也更加积极了，但……"老师自豪地说道："我们幼儿园采用的学习方法是最先进的，幼儿园也特别注重培养小孩子的生活习惯……"家长说："但是……"还没等家长说完，老师又说道："我们幼儿园声誉特别好，很多家长都争着抢着要把孩子送到我们幼儿园……"老师滔滔不绝地讲着，家长始终没有将"但是"后面的话讲出来。

　　在幼儿园教育教学中，教师每天都要和幼儿、家长、同事等进行交流沟通，在各种形式的沟通中，语言沟通对于幼儿教师来讲具有极为重要的意义。语言沟通具有双向性的特点，对于沟通双方来说，它既是一种信息的交换，也是一种情感的交流，其效果取决于双方的沟通能力。下面重点探讨幼儿教师在双向交流中常见的几个问题，阐述其原因并重点提出纠正办法，旨在帮助幼儿教师提高语言沟通的能力。

（一）语境不当

1. 关于语境

　　语境就是指语言环境，在双向交流的时候，我们都希望把话说得恰当得体。所谓恰当得体就是指在当时的语境中，说话的内容、说话的方式恰到好处。谈到语境，角度和分类有所不同。有的按主客观语境来分，主观语境包括说话者的身份、职业、思想修养、年龄、性别、情结等方面，客观语境包括社会背景、时空场合、沟通对象等；有的分为大语境、中语境和小语境，大语境是社会背景，中语境一般指时空场合，而小语境是上下文或说话中的前言后语。

2. 什么是语境不当

凡是语言的沟通都离不开具体的语境，这个语境或者是语言交流时的社会大背景，或者是具体交流时的时间场合、空间场合等，不论是哪一种语境，都对语言沟通的内容和方式有制约作用。

如果没有充分认识到语境的制约作用，谈话的内容和方式就不会适应当时的语境。换句话说，就是因为忽略了语境的因素，而使用了不恰当的交流内容或交流方式，这就是我们所说的语境不当。

3. 如何在双向交流中克服语境不当

在双向交流中，克服语境不当需要从三个方面入手，如图 7-16 所示。

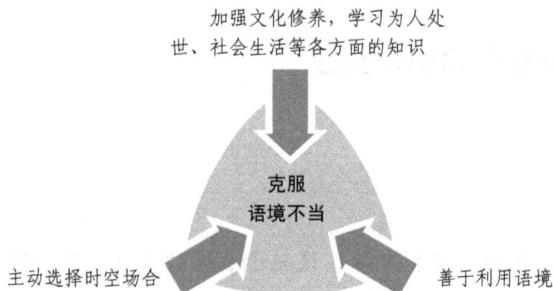

图7-16　克服语境不当的方法

（1）加强文化修养，学习为人处世、社会生活等各方面的知识。每个人与社会都有千丝万缕的联系，作为社会的一员，如果不具备基本的为人处世知识，是无法在社会上立足的。这些处世知识都是和日常生活紧密相连的，如访友、寒暄、问候、拒绝、吊唁、介绍别人等。

社会生活方面的知识包括的内容比较广泛，如风土、人情、习俗、掌故等，更需要潜心学习，并在实践中体会、感悟。为了达到彼此交流沟通的目的，教师就必须掌握这些知识，只有这样才能说出与当时的语境相适宜的话语，否则就会因无知而讲错话，造成不良后果，导致沟通失败。

（2）主动选择时空场合。这里所说的时空场合是指语言沟通中的时间背景、特定的空间场合，按照语境的分类，我们可以把它称为中语境。时空场合是决定交流效果的重要因素，因此为了达到交际目的，我们可以主动选择恰当的时空场合。在沟通之前，我们应该认真思考一下，哪种场合对自己的语言沟通更为有利，那么就主动选择合适的场合，以避免不必要的麻烦。

（3）善于利用语境。俗话说"机不可失，失不再来"，如果在交流沟通中能够主动地利用语境，同样会达到预想的效果。

有一次，马克·吐温与一位夫人对坐，他对夫人说道："你真漂亮。"夫人高傲地回答："可惜我实在无法同样地赞美你。"马克·吐温毫不介意地笑着说："夫人，只要像我一样说假话就行了。"

这种回答风趣，机智，有反讽意味，利用弦外之音令对方哑口无言，非常适合于社交场合。

（二）角色失当

自从新《课程》改革以后，越来越多的幼儿教育工作者已经深刻认识到尊重幼儿自主性的重要性，这也成为幼儿学前教育的核心理念。然而，长期以来形成的传统教育理念并没有消失不见，而是仍然普遍存在。

很多教师仍然按照以前的教育理念，要求幼儿纹丝不动地端坐在那里听讲，把手放在自己的大腿上摆齐，有的甚至要求幼儿背着手。在一些活动中，一些教师对幼儿的活动总是百般禁止或干涉，幼儿不知不觉就会"犯错"。

而与此同时，还有不少幼儿教师走了另一个极端，认为尊重幼儿就是对幼儿实行"散养"。一些教师让幼儿任意活动，自己在一旁观看，他们不关心幼儿是如何学习的，对幼儿在学习活动中产生的问题视而不见，甚至看到一些幼儿欺负别的孩子时也不上前制止。

这两种截然相反的现象，恰好说明幼儿教师没有形成对自身角色的清醒认识。因此，必须对幼儿教师的角色进行正确定位，这是学前教育健康发展的前提。

在新的教学形势下，幼儿园教师应扮演怎样的角色呢？

（1）教师要理解幼儿，鼓励、支持幼儿积极探索和表达，由知识文化的传播者转化为幼儿学习活动的支持者。

从字面的含义来讲，"支持"就是给予鼓励和赞助。也就是说，教师在幼儿的学习活动中要对其实施鼓励和适时的帮助。教师要尽量多地把教育活动的空间留给幼儿。在教育活动中，教师不要一味地向幼儿传输知识，而是要帮助幼儿发现矛盾和问题之所在，激励他们自发探索。

只要是幼儿自己的想法、做法，不管结果怎样，教师都要鼓励他们，支持他们，在适当的时候提供一定的帮助。

（2）教师要尊重、信任幼儿，与幼儿平等交往，关注幼儿不同的需要，及时给予应答，由居高临下的权威者转化为幼儿学习活动的合作者。

教师应该尊重幼儿，从心底去关怀、接纳每一位幼儿，在教育活动中要平等地和他们交往。教师要倾听幼儿的心灵声音，了解幼儿的需要，及时地给予应答。教师要解决好与幼儿在教育活动中的交流和合作的问题。

（3）教师要注重幼儿个性差异，因人施教，善于捕捉有价值的教育信息，积极加以引导，由教育活动的管理者转化为幼儿学习活动的引导者。

幼儿教师要向幼儿全面实施素质教育，首先，应做幼儿学习热情和学习兴趣的诱发者。其次，教师要做幼儿智慧潜能的发掘者，在教育活动中应充分发挥幼儿的创造才能和主体精神，把开发幼儿智慧潜能作为首要任务。最后，教师要做幼儿道德和人格精神的塑造者。教师在发展幼儿知识和技能的同时，千万不能忽视幼儿道德与人格品质的培养。

（三）忽视交流对象

兵法上说："知己知彼，百战不殆。"语言交流也是一样，不仅要"知己"，还要充分做到"知彼"，对交流对象的职业、文化水平、性格特点等都要有一个比较充分的了解，并根据掌握的情况选择恰当的交流方式。

日本某位社会心理学家说过："即便是最有效的发送者传播最有效的信息内容，如果不考虑接受者方面的态度及其条件，也不能指望获得最好的效果。"因此，对于双向交流的任何一方来说，如果忽视了对象的存在，在交流中以自我为中心，那么就不能保证信息的准确传达和接收，从而影响交流沟通的效果。

在幼儿园的教育教学中，幼儿教师常常和幼儿、家长打交道，一旦忽视了交流对象，就会带来不必要的麻烦。

有一位刚入园的幼儿，生活自理能力很差。一天家长来接孩子，保育员当着其他家长的面对他说："你的孩子什么也不会，吃饭、大小便、穿衣、脱衣服都要人帮忙，他的能力这么差，你们家长也不注意培养，这样的孩子将来是成不了大器的。"家长听了这一番数落，脸色由红变青，最后终于爆发了："我的孩子就是不会才来上幼儿园的嘛……"弄得双方关系很僵。

这位教师因为不注意家长爱面子的心理，直截了当地指出了孩子的缺点，而且还指责家长的过错，沟通就难免失败了。一般来说，教师找家长谈话时，最好先肯定幼儿的长处，以表扬为主，取得家长信任后，再冷静客观地说出孩子存在的问题。

语言交流具有双向性的特点，不论是在公共场合还是和别人在私下场合交谈，说话人不能想说什么就说什么，而要从对方的角度考虑谈话内容和方式，创造和谐的交流氛围，达到说话的目的。

幼儿教师如何在双向交流中做到以"交流对象"为中心呢？

1. 尊重交流对象

在幼儿教师和幼儿的双向交流中，幼儿教师忽视交流对象的原因之一是并没有把幼儿放在平等的交流地位上，扪心自问"我们平时怎样和幼儿谈话？""有没有设身处地地考虑孩子的感受？""有没有征求过孩子们的意见？"我们会发现，每个幼儿都是一个独立和谐的发展个体，师生双向交流中，幼儿是思考者、参与者，绝不是被动的服从者、接受者。因此，为了实现真正的沟通，教师应该本着尊重幼儿的原则，为幼儿提供一个和谐、宽松、民主、平等的沟通环境，把幼儿放在平等的交流地位上，怀着一颗爱心来和幼儿交流。

尊重交流对象还表现在当对方谈话的时候，做一个积极的倾听者，在听话的过程中表现出足够的耐心，不插话，不打断对方；当自己说话的时候，要留心观察交流对象的表情、目光、动作、姿态等，以此来获取有价值的非语言信息，调整自己的交流方式，以期达到最佳效果。

2. 重视交流对象的文化程度

沟通对象的文化层次对语言沟通效果有很大影响，因为文化层次的不同，人们对语言的识别能力和理解水平就会不一样，因而对文化层次不同的人，语言沟通的内容和形式也要有所不同。

例如，幼儿教师问一个经常来接送孩子的老奶奶："佳佳的双亲常出差？"老太太茫然，直到教师补充了一句："我是问佳佳的爸爸妈妈。"老太太才恍然大悟，"双亲"就是"孩子的爸爸妈妈"。后者更适于交际对象，而前者不能达到互相沟通的交际效果。

3. 学会换位思考，揣摩对方的心理

人在不同的情况下会有不同的心态，而且有时候未必会明显地表现出来，因此要学会察言观色，洞悉对方的心理，以便有效沟通。

社会上广为流传着一则笑话。一个人做东请客，客人未到齐时他有些着急，就自言自语地

说："这该来的都没来！"在场的一个人听到后认为自己是"不该来的来了"，就起身走了。主人又自言自语道："这不该走的又走了。"于是，到场的客人全都走了。尽管这是个笑话，但告诫我们说话时要注意语境，因为在特殊的语境中言者无心，但听者有意。

妻子正在厨房炒菜，丈夫在她旁边唠叨不停："慢些，小心！火太大了。赶快把鱼翻过来、油放太多了！"妻子脱口而出："你烦不烦啊？我懂得怎样炒菜。"丈夫平静地答道："我只是要让你知道，我在开车时，你在旁边喋喋不休，我的感觉如何。"

丈夫并未直接表达对妻子平时语言啰唆、干涉太多的不满，而是利用妻子炒菜的时机，巧妙创造换位思考的机会，让妻子意识到并能够克服自身的缺点。

4. 了解沟通对象的年龄特征

沟通对象的年龄是语言沟通中不可忽视的重要因素，和不同年龄层次的人交流，一定要选择适合对象的谈话内容和恰当的语言表达方式。如果忽略了交流对象的年龄，那么难免会闹出笑话。

一个上幼儿园的小朋友见妈妈挽留客人吃饭，也拖着客人的衣角不让走。客人问孩子："你用什么招待阿姨啊？"小朋友瞪着眼睛，他听不懂什么叫"招待"。客人忙改口说："那你有什么好吃的给阿姨吃啊？"小朋友听明白了，兴高采烈地说："有好多啊！巧克力、旺旺雪饼。"

幼儿的年龄特点决定了他们的语言接受能力和理解能力，因此在和幼儿交流的过程中，幼儿教师要充分考虑到幼儿的年龄特征，使用恰当的话语和他们进行沟通，力求达到最佳的交流效果。

5. 了解交流对象的性格特点

俗话说"百人百性"，所以对于不同性格的人应采用不同的方式与之沟通。与性格憨厚的人交谈要实实在在，不可旁敲侧击；与性格直爽的人交谈，要直言直语，不可拐弯抹角；与性格孤僻的人交谈要循循善诱，不可急于求成。

《论语》记载了这样一个事情：

有一次，孔子的学生子路问孔子："学了礼乐，就可以行动起来了吗？"孔子回答说："有父亲、哥哥在，怎么能不向他们请示就贸然行事呢？"过了一些天，冉有也向孔子问同样的问题，孔子回答说："听到当然要马上行动！"公西华对此十分迷惑，不明白为什么同一个问题老师却有不同的回答。

孔子解释道："冉有办事畏缩、犹豫，所以我鼓励他办事果断一些，叫他看准了马上去办；而子路好勇过人，性子急躁，所以我得约束他一下，叫他凡事三思而行，征求父兄的意见。"公西华听了老师的回答，顿时恍然大悟。

实际上，孔子正是因为看到了子路和冉有的不同性格，才恰当地给出不同的回答。

幼儿教师在和不同个性的幼儿沟通时，也要根据幼儿的个性特点，注意选择恰当的词语、句式和语气语调。

6. 关注交流对象的兴趣点

沟通交流是一种双向行为，因此交流时要善于寻找对方的兴趣点，寻找共同的话题，使交谈顺利进行下去，达到交际的目的。

幼儿教师和幼儿的年龄差距比较大，因此一定要走进幼儿的心灵，"以幼儿的眼睛去观察，以幼儿的耳朵去聆听，以幼儿的心灵去感受"，真正了解幼儿的兴趣，把话说到幼儿的心里，激发幼儿的倾听欲望和谈话兴致。

（四）打断对方谈话

在双向交流中，很多人不能够专心听别人说话，时常走神，表现得心不在焉，而且当对方谈兴正浓时，突然插嘴打断对方，从听话者变成说话者，显得很不礼貌。

出现打断对方谈话的原因一般有五点，如图 7-17 所示。

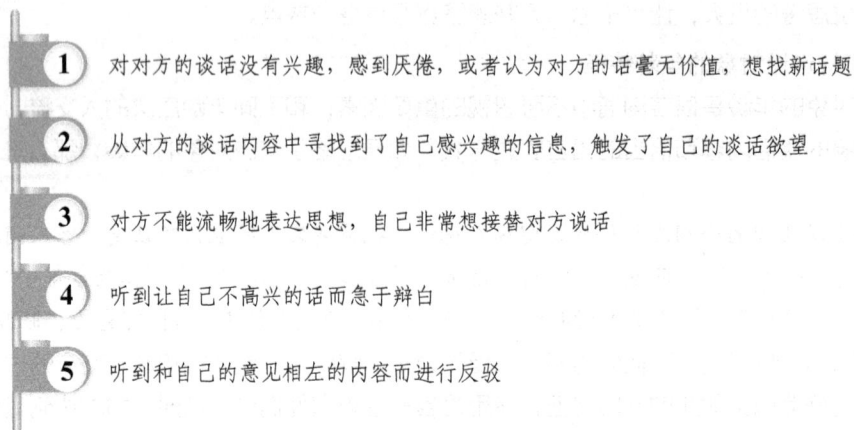

① 对对方的谈话没有兴趣，感到厌倦，或者认为对方的话毫无价值，想找新话题

② 从对方的谈话内容中寻找到了自己感兴趣的信息，触发了自己的谈话欲望

③ 对方不能流畅地表达思想，自己非常想接替对方说话

④ 听到让自己不高兴的话而急于辩白

⑤ 听到和自己的意见相左的内容而进行反驳

图7-17　打断对方谈话的原因

一般来讲，喜欢打断对方谈话的人常常是那些表现欲望比较强的人，这样的人喜欢在双向交流中以自我为中心，自己滔滔不绝，侃侃而谈，全然不顾他人的感受。

打断对方谈话的不良习惯不仅对幼儿教师这个职业来说有较大的恶劣影响，从人们自身发展上讲，这一不良习惯也会导致很多不良后果，因此必须对其进行纠正。图 7-18 所示为纠正打断对方谈话的不良习惯的方法。

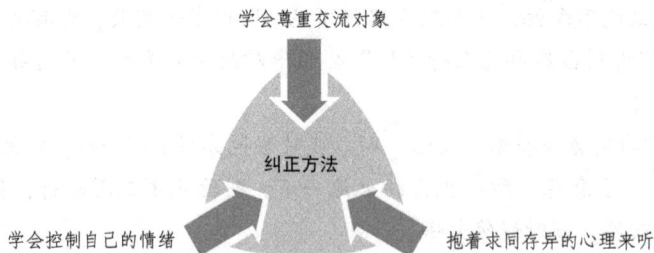

学会尊重交流对象

纠正方法

学会控制自己的情绪　　　　抱着求同存异的心理来听

图7-18　纠正打断对方谈话的不良习惯的方法

1. 学会尊重交流对象

美国心理学家马斯洛提出过著名的人类需要层次理论，其中尊重需要处于第四层次。尊重需要包括自我尊重的需要和获得别人尊重的需要。人一方面要感受到自己的重要性，另一方面也需要获得他人的认可，包括给予尊重、赞美、赏识和承认地位，以支持自己的感受。

在人际交流中，人们只有学会尊重，才会有真正意义上的沟通。要有以"交流对象"为中心的意识，在交谈中每个人都有表现欲，同时也有被发现、被承认、被赞赏的心理需求，如果只热衷于表现自己而轻视他人的存在，对自己的一切津津乐道，对他人的一切不屑一顾，以自我为中心，就会造成交流的失败。对于幼儿教师来说，学会尊重交流对象是成功沟通的前提。尤其当面对的沟通对象是幼儿时，更要放下教师的架子，专心聆听幼儿的谈话，不随意打断幼儿的谈话。即使在幼儿口齿不清或表达不十分流畅的时候，教师也不能越俎代庖，随意打断幼儿的说话。

2. 学会控制自己的情绪

如果谈话者的内容刺激了你的情绪，或者是兴奋，或者是愤怒，这时你的内心就会有一种不可抑制的冲动，想要去打断对方的谈话进行争辩。你可能会心急如焚，欲罢不能，但这时一定要学会控制情绪。

一个不能很好控制自己情绪的人，就无法在交流中占据主动地位，甚至因为自己的言语不当而让交流变得一塌糊涂。如果你非常赞同对方的观点或看法，可以通过语言反馈来鼓励对方，如"你说得太好了""你说得太有趣了""我也是这样想的"；如果发现对方说话内容与自己的意见相左，也不要马上反驳，实在不得已，则可以用商量的口吻征询一声，如"请允许我打断一下""请等等，让我插一句"，暂时舒缓自己的情绪，但不能就此抢过话题，滔滔不绝。

3. 抱着求同存异的心理来听

良好人际关系的建立需要努力寻找双方的"一致性"。所谓"一致性"是指双方无论在生理或心理上都能进入一个共同的"频道"，是指双方观点一致，思考方式一致，行为模式一致。但是，由于每个人的阅历不同，对事物的认识也不一样，观点的分歧也不可避免，这是正常现象，所以在交流中要抱着求同存异的心理，不把自己的观点强加于人，努力寻找他人和自己一致性的信息，让自己比较专注地倾听下去。

（五）超前判断

语言沟通具有双向性的特点，一方发送信息，另一方接收信息并试图理解信息。对于接收者来说，在接收信息的过程中，需要对信息做出分析、判断，从而正确了解谈话人的真正意图。判断应该是在对接收的信息做出全面分析的基础上进行的，但是在很多时候人们往往忽略了做出判断之前的分析工作，单纯按照自己的经验和理解提前判断接收到的信息，揣测发送信息一方的意图，这就是所说的超前判断。

超前判断产生的原因主要有三种。

（1）心浮气躁，没有带着理解和尊重去倾听交流对象的谈话。例如，在教师与幼儿交流的过程中，由于幼儿的语言及思维发展的局限，在表述中出现词不达意的现象，这时如果幼儿教师没有足够的耐心继续倾听，就会根据听到的只言片语而妄下结论，做出不恰当的评判。

（2）当交流的双方处在不平等的沟通地位时，也会出现超前判断的情况。例如，在教师与幼儿的交流中，幼儿教师没有把幼儿放在一个平等交流的地位，认为倾听幼儿的谈话并不能获得有价值的信息，在幼儿还没有把话讲完时就按照自己的理解评判幼儿，这时候做出的判断往往就会歪曲幼儿的意思，和幼儿内心的真正意图产生偏差。

（3）如果沟通双方在知识、年龄、兴趣爱好等诸多方面存在明显差距，那么占据优势主动地位的一方就会以自我为中心，主观臆断，推测谈话人的意图。因为没有全面分析接收到的信息，因此判断难免出现偏差，有时甚至和谈话者的真正意图背道而驰。

要避免超前判断，主要从两点入手，如图 7-19 所示。

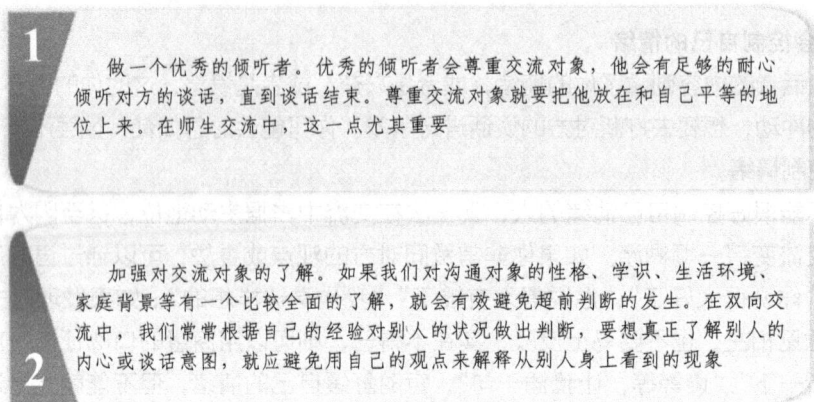

1 做一个优秀的倾听者。优秀的倾听者会尊重交流对象，他会有足够的耐心倾听对方的谈话，直到谈话结束。尊重交流对象就要把他放在和自己平等的地位上来。在师生交流中，这一点尤其重要

2 加强对交流对象的了解。如果我们对沟通对象的性格、学识、生活环境、家庭背景等有一个比较全面的了解，就会有效避免超前判断的发生。在双向交流中，我们常常根据自己的经验对别人的状况做出判断，要想真正了解别人的内心或谈话意图，就应避免用自己的观点来解释从别人身上看到的现象

图7-19 避免超前判断的方法

（六）假意倾听

从字面意义上来看，假意倾听就是别人在谈话的时候，假装在听。美国著名心理学家托马斯·戈登研究发现，按照影响倾听效力的行为特征，倾听可以分为三个层次。

（1）层次一。在这个层次上，听者只是假装在听，其实完全没有注意说话者所说的内容，他在考虑其他毫无关联的事情，或者内心想着如何辩驳说话者。其实他对说更感兴趣，倾听只是做个样子而已。这种层次的倾听，只会导致两者关系破裂，产生冲突，或者制定出拙劣的决策。

（2）层次二。人要想成功并准确地接收对方的言语信息，就一定要正确理解对方说话的字词意义，同时还要注意结合对方的体态语言。在第二个层次上，听者主要在听对方说的话，而对讲话者的语调、身体姿势、手势、脸部表情和眼神传达的信息有所疏忽。这将导致听者出现误解，从而出现错误的举动，导致沟通不畅而浪费时间。另外，因为听者通过点头同意来表示自己正在倾听，并没有通过询问来确认问题的解答，所以说话人就误解自己说的话完全被听懂并理解了。

（3）层次三。在这一层次上，听者的表现展现了作为一个优秀倾听者的所有特征。听者在说话者的信息中主动寻找自己感兴趣的部分，从中获取新的有用信息。听者十分清楚自己的喜好和态度，做出最大努力来避免自己对说话者做出武断的评价，使自己免受过激语言的不良影响。听者不会急于做出判断，而是设身处地地看待事物，更多的是询问说话者而非辩解。

据统计，约有 80% 的人只能做到层次一和层次二的倾听，在层次三上的倾听只占 20%。按照心理学家的研究，处在较低层次的倾听就属于假意倾听。它主要表现为沟通的一方在倾听的时候多为有耳无心者，听话人听而不闻，心不在焉，眼睛左顾右盼；或者口头上只是"嗯嗯啊啊"地随意应答；倾听的时候心里只想着自己想要说的话，只等对方把话说完，好马上说出自己的

想法；或者只摘取自己感兴趣的信息来听，从而误解或没能真正了解谈话者讲话的真正意图。

如果听者在双向交流中常常表现出假意倾听的状态，就会让谈话者失去兴趣，自尊心受到伤害，从而阻碍有效信息的获取，导致沟通失败。因此，教师应尽量避免假意倾听，如果有这种习惯，应对其进行纠正。

1. 树立倾听的意识，充分认识倾听的重要性

有效的沟通始于真正的倾听。戴尔·卡耐基认为，"在沟通的各项能力中，最重要的莫过于倾听的能力""做个听众往往比做一个演讲者更重要""一双灵巧的耳朵胜过十张能说会道的嘴巴"。可见，学会倾听是沟通成功的关键。

社会学家兰金早就指出，在人们日常的语言交往活动（听、说、读、写）中，听的时间占45%，说的时间占30%，读的时间占16%，写的时间占9%。这说明，听在人们交往中居于非常重要的地位。古希腊圣贤说："自然赋予人类一张嘴，两只耳朵，也就是要我们多听少说。"

在古希腊，有个人慕名而来，向苏格拉底求教演讲的技巧。为了表现自己在这方面的天赋，他滔滔不绝地讲述了自己做了哪些准备，说自己具有特殊的天赋。苏格拉底听了他的叙述后，表示可以收他为学生，但又对这个人讲，"你必须交纳双倍的学费，不然无法学成"。此人大惑不解，怯生生地问："为什么要收我双倍的学费呢？"苏格拉底回答说："我除了教你演讲术之外，还得给你开一门听众课，教你如何保持沉默。你得先学会当听众。"

对于幼儿教师来说，只有学会倾听，才能打开幼儿心灵的窗户，引领他们走进知识的殿堂，让他们快乐地成长。

2. 有效倾听的技巧

（1）精神专注。精神专注是要求听众把所有的注意力都集中在说话人的身上，要心无二用地听别人讲话，最忌"左耳朵进，右耳朵出"。倾听时专注的神情不仅可以让对方感受到你的尊重，更重要的是专注倾听可以准确捕捉对方发出的信息，领会对方谈话的意图。做到精神专注要注意四点。

① 注意自身的姿势，一般来讲，经常将身体倾向对方是表达专注的方式，但要注意前倾的程度不能太过。

② 注意倾听时的表情，人的面部表情在人际交往中起着十分重要的作用，它能反映出一个人的情感，传达着一个人的肯定或否定的态度。认真倾听他人谈话时的表情应该是面带微笑，真诚友好的，这样可以让谈话者感到轻松愉快。

③ 面部表情还应该随着说话人的情绪而变化，谈话人从中看出了你的专注、用心，就会保持良好的说话兴致，使交流顺利进行下去。

④ 注意保持目光交流。眼睛是心灵的窗户，是传递信息尤其是心理活动信息最有效的器官。倾听者如果与谈话者保持目光接触，通常表示他对谈话很有兴趣；相反，避免或中断目光接触，通常是对一个人不感兴趣，或对谈话内容不感兴趣的表现。因此，倾听者应以亲切友好的目光注视对方，始终与谈话者保持目光交流。

（2）积极反馈。反馈使沟通成为一个双向的交互过程。在沟通中，双方都不断地把信息送给对方，这种信息回返过程叫反馈。反馈可将接收者在接收和理解信息时的状态告知发送者。因此，在倾听的过程中，倾听者并不是自始至终双唇紧闭，纹丝不动地坐着。倾听是一个积极

主动的过程，倾听者通常要对谈话的内容做出反应，这样在沟通过程中就是一个合作者而非被动的接收者。倾听过程中的反馈可以是语言的反馈，也可以是非语言的反馈。

① 语言的反馈。在听话的过程中，语言的反馈可以通过不时地说"是的""明白了""继续说吧""对"等话语来表示自己在认真倾听。

适时地插入"您说得对""是这样的""真有意思"等话语，可以极大地鼓舞讲话者，使交谈愉快地进行下去。

如果对对方谈到的内容感兴趣，可以先点点头，然后简单地表明自己的态度，最后说"请接着说下去""这件事你觉得怎么样""还有其他事情吗"等，这样会使对方谈兴更浓。

如果对对方的谈话不感兴趣，也可以委婉地转换话题，如"我想我们是不是可以谈一下关于……的问题"等。

在通常情况下，我们可以通过复述来帮助我们理解和弄清对方的意思。我们可以把谈话人刚刚讲过的话按照自己的理解陈述一遍，如"我听下来，感觉你说的是……"，这样就不会曲解谈话者的意图。

② 非语言的反馈。在倾听的过程中，运用眼神、表情等非语言传播手段来表示自己正在认真倾听，尽可能以柔和的目光注视着对方，并通过点头、微笑等方式及时对对方的谈话做出反应。

如果对交谈对象的话语明确表示欣赏、赞同，可以不时地交流目光，点头微笑。

在倾听他人谈话时，适度地点头是对别人谈话的积极反馈，它既表示了你在认真地倾听，又表示你理解或者同意了对方的意思。

（3）勤于思考。听话听音，要准确地理解对方的意图和内涵，抓住对方说话的要点，并且要善于体察对方谈话的言外之意、弦外之音，注意说话者的语气、用词，理解潜藏在话语中不便说出的深意，从而提高双方沟通交流的质量和效率。

四、提高幼儿教师口语表现力的四个维度

📚 引导案例

今天是小盼第一次正式上台讲课，台下除了目不转睛地看着她的可爱的同学们，还有一脸严肃的校长。小盼紧张得手心都出了汗，强迫自己稳定下来后，她开始了自己的第一堂课。

可是由于她太过于紧张，第一句话就出现了错误："大家好，这节课我要给大家讲一个故事，故事的名字是树林里的百年老鼠。"同学们发出了笑声，原来黑板上写着几个大字，是"树林里的百年老树"。小盼红了脸，觉得非常丢人，在剩余的课堂时间中发挥得不是很好。如果小盼的心理素质强一些，就完全可以将这一个失误转化为幽默诙谐的开头，以此激发同学们的学习兴趣。

教师口语是教师传道、授业、解惑的主要工具，是各级、各类学校教师、师范类院校学生必备的职业能力。幼儿教师要从思维能力、心理素质、职业热情和普通话水平四个维度提高自身的素养和口语表达运用能力，从而增强教育教学效果。

（一）调整思维方式

思维是语言的基础，语言是思维的工具，口语表达的过程实际就是把思维的结果表述出来的过程，口语表达又对思维有加工、提高的作用，两者互相依存，密不可分。思维能力直接决定着说话的质量和效率，提高口语表现力离不开思维方式的调整和训练。

1. 思维方式

常见的思维方式从思维的轨迹来看，有发散思维与集中思维、正向思维与逆向思维。

（1）发散思维与集中思维。发散思维是指思路从某一中心向不同层次、不同方向辐射，从而引出许多新的信息的思维方式，是一种同中求异思维。训练发散思维能使说话者思路畅通，擅长联想发挥，善于应急变通。

发散思维可以通过三种联想进行，如图 7-20 所示。

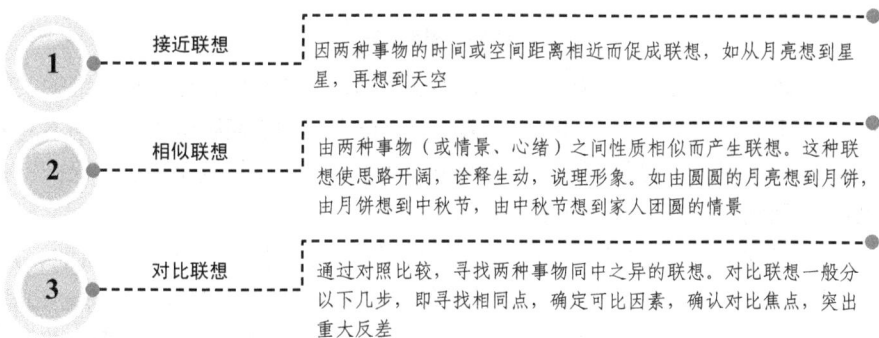

1	接近联想	因两种事物的时间或空间距离相近而促成联想，如从月亮想到星星，再想到天空
2	相似联想	由两种事物（或情景、心绪）之间性质相似而产生联想。这种联想使思路开阔，诠释生动，说理形象。如由圆圆的月亮到月饼，由月饼想到中秋节，由中秋节想到家人团圆的情景
3	对比联想	通过对照比较，寻找两种事物同中之异的联想。对比联想一般分以下几步，即寻找相同点，确定可比因素，确认对比焦点，突出重大反差

图7-20 发散思维的三种联想

集中思维是将许多新的信息围绕中心进行选择、归纳和重新组合的思维方式。集中思维常见的形式主要是散点连缀，即把几个思维点拢向一个核心，组成一段完整的话。如在上海市"钻石表杯"业余书评授奖会上，一个获奖者的演讲：

"今天，我参加钻石表杯业余书评授奖大会，我想说的一句话是：钻石代表坚韧，手表意味着时间，时间显示效率。坚韧与效率结合，这是一个人读书的成功之所在，一个人的希望所在。谢谢大家！"

这段话由"钻石""手表"这两个散点，联想到"时间""效率"两个散点，以读书为中心，把这四个散点连接起来，言简意赅。

（2）正向思维与逆向思维。正向思维是指常规的思维方式，逆向思维是指与常规思维相反的一种思维方式，也就是从相反方向思考问题，或者说对思维对象进行反向思考。逆向思维可以打破人们的思维定式，能够对一些传统观念进行反思更新，使人在口语交际中新意迭出。

对于小草精神，人们多从褒扬的角度去讲，但是也有大学生指出："如果小草也算英雄的话，天下就不会有大树。年轻的朋友，当你高喊一声我是一棵小草的时候，你的内心是何种感受？是觉得自己高大了，还是渺小了？是觉得自豪，还是失落？是觉得有了进取之心，还是觉得已经找到了混日子的借口？"

这段话从新的角度进行反思，提出"我是一棵小草"这种说法的消极之处，言之成理，体现当代大学生积极进取的精神，具有积极意义，又颇有新意。这正是逆向思维的积极体现。

2. 思维品质

我们要保证思维效果，提高思维效率，就必须具有良好的思维品质。良好的思维品质主要包括以下几个方面，如图 7-21 所示。

思维的敏捷性

思维的开阔性　　　　　思维的灵活性

思维的条理性　　　　　思维的新颖性

思维品质

图7-21　思维品质

（1）思维的条理性。说话必须中心明确，条理清晰，言之有序，这就是思维的条理性的表现。条理性是思维的最基本要求。只有思路清晰，才能保证语言清晰畅达；思路不清晰必然会导致语言杂乱，叙事不清，说理不明。思维的条理性主要指：议论要有论点、论据，有论说过程；叙事要主线明确，层次分明，衔接严谨。

（2）思维的开阔性。思维的开阔性是指思维的广度。我们不仅要全面地、辩证地看问题，而且要富有联想，善于想象，要运用各种思维方式进行思考。这样在口语交际中才更有谈资，才能取得更好的效果。当然，要思维开阔，必须多听、多看、多读、多想，积累丰厚的知识。

（3）思维的敏捷性。口语的突出特点是双向交流，即席表达。它要求说话人必须思维敏捷、反应快速。因此，在口语交际中，思维敏捷以及思维向语言的快速转化是最重要的思维品质，也是衡量一个人口语能力的重要标志之一。要培养敏捷的思维能力，就必须加强快速观察、分析、判断能力和临场应变能力的训练。

（4）思维的灵活性。思维的灵活性即思维的变通性，要求当事人根据具体情境与临场变化随机应变地做出切合情境的巧妙反应。

（5）思维的新颖性。在口语交际中，如果什么问题都重复别人的观点，缺乏个人见解，一定不会受到欢迎。要使表达有新意，就要打破固有的思维模式，不能形成思维定式，要善于运用发散思维和逆向思维等思维方式，而且要有一定的广度和深度。

3. 思维方式和思维品质的关系

思维方式和思维品质是不能截然分开的，它们是统一的。能发散思维，思维才更深刻，更敏捷、灵活；能逆向思维，思维才能更有新意。

幼儿教师不是外交家，也不是谈判专家，不需要与人针锋相对地进行争论，但幼儿教师同其他人一样，具有社会性，必须与人交往沟通，如与幼儿、同事、家长、朋友等交往。

在幼儿园，幼儿常常会出现意想不到的情况，提出出乎意料的问题。在工作中，幼儿教师还要和家长、领导、同事打交道，如果没有敏捷而深刻的思维，在口语交际中就会处于被动状态，时间一长就会影响自己口语交际的心理素质，甚至可能造成心理障碍，造成口语交际的失败，影响自己的职业生涯。

在生活中，如果没有良好的思维品质，不善于口语交际，同样也会影响自己的人际关系。因此，要想成为一名合格的幼儿教师，成为受欢迎的人，平时就要多听，多看，多读，多想，多练，掌握多种思维方式，提高思维品质，以提高口语表达能力。

（二）加强心理素质

心理是人脑对客观现实的能动反映。人的心理素质包括观念、意识、情感、意志等，与一个人的生活、学习、事业、人际交往都有直接联系。积极良好的心态是保证口语交际成功的重要因素。

我们在口语交际中可能会有胆怯、自卑、自傲的心理障碍，从而影响交际的效果。因此，克服心理障碍，具备健全的心理素质，懂得心理沟通的方法，形成自信的心理，是人际交往和教师口语交际获得成功的前提条件。

一个人要把话说好，离不开过硬的心理素质。交际能力强，会说话的人在什么时候都能做到自信、自控与自强，拥有主动性、坚毅性和果断性。这些良好的心理素质不是先天具备的，而是通过后天的训练形成的。只要时刻保持说话的热情，学会调节说话中的自卑、羞怯及其他消极心理，学会处理说话中的冷场等情况，善于向他人学习，就会慢慢向一个善于沟通的说话高手迈进。

1. 口语交际中的心理障碍

在面对公众说话时，许多人都有不自在、担心、害怕等心理反应，这些不良或不适的心理反应现象即心理障碍。心理障碍是影响口语交际的重要因素，口语交际过程中常见的心理障碍主要表现为以下几种情感及心理活动。

（1）胆怯。胆怯的具体表现是声音细小，目光呆滞，不敢与别人对视，面红耳赤，呼吸急促，甚至手腿发抖等。胆怯心理除了是口语交际障碍的表现之一，也是刚上讲台的年轻幼儿教师常见的心理障碍。

胆怯心理产生的原因很多，有的是因为个性问题；有的是因为认知问题，如过分注重自我，怕被别人耻笑，怕出丑；还有的是因为遭受过失败和挫折等。但总体来说，是出于自我保护的本能。

要逐步克服胆怯，一定要用意志来克服害怕的心理，努力提高自信心，多给自己鼓励，而不是自己吓自己。

（2）自卑。自卑是一种消极的心理状态，在口语交际过程中，有自卑心理的人不敢大大方方地与人交往，担心受别人冷落与嘲笑，常常会情不自禁地出现脸红心跳、语无伦次、手足无措等状况。如此反复，便逐渐强化了怯懦感与自卑心理。

自卑的本质是自我意识的弱化。自卑的人总是过分地看重自己的弱点，而看不到自己的优势，它使人离群、孤立、苦闷，失去自信心，甚至导致嫉妒、沮丧、暴怒、自欺欺人等不良情绪的产生。很多人就是因为害怕别人嘲笑而不敢在公众面前进行话语表达的，这样不仅难以提高口语水平，也会因此产生极度的抑郁心理，影响心理健康。

自卑心理对于口语交际，尤其是对于教师开展正常的教育教学工作，是十分有害的。

（3）自傲。自傲是一种以自我为中心的心理倾向。在口语交际中表现出自傲心理的人，只把注意力集中在自我身上，他们往往有一定的口语表达基础，但是过高地估计了自己的能力。于是在交际会话中滔滔不绝，自以为技压群雄；在演讲中高谈阔论，不顾听众情绪，口语交际的效果并不好。自傲心理使人孤傲离群，使交际双方的关系难以协调，对口语交际极为有害。因此，自傲也是应该克服的心理障碍。

自傲与自尊是两种截然不同的心理倾向。自傲是建立在以自我为中心基础上的一种超现实的自我评价与自我态度；自尊是建立在客观实际基础上的正确的自我评价与自我态度。在口语交际中要建立自尊心理，消除自傲心理。

2. 口语交际中良好的心理素质

口语交际中良好的心理素质主要有三种。

（1）自尊、自信。自尊就是尊重自己的人格和荣誉；自信就是对自己现有能力和潜在能量的充分估计。自尊、自信是做人的基本标准，也是口语交际顺利进行的前提。

在生活中，只有自尊、自信的人，说话才有说服力，才能影响别人的心理和行为；只有自尊、自信的人，才能有所作为，受人尊敬。

（2）真诚、热情。真诚是高尚的品德，热情是友善的标志。只有真诚，尊重别人，以心换心，才能使交际双方在心理上确立安全感和信任感，促使交际的深入。因此，真诚、热情是交际的前提和基础。

（3）宽容、果敢。宽容是做人的美德，果敢是强者的表现。在社会交往中，面对一些矛盾尖锐、复杂难解的问题，应该具有一种既宽容又果敢的心态。

宽容可以化解矛盾，赢得信任；果敢可以争取时间，创造机遇。

在口语交际中，要宽容大度，得理要让人；不能咄咄逼人，说话不饶人；也不能说话含含糊糊，模棱两可，让人摸不着头脑，费时费力。

3. 克服口语交际中心理障碍的方法

克服口语交际中的胆怯、自卑和自傲等心理障碍，根本在于正确地认识自己和估计自己。同时，还要通过积极的自我暗示进行有意识的口语交际实践，在实践中摆正自己在人际交往中的位置，逐步形成健康的交际心理。心理素质是可以训练的，如果训练方法得当，就可以取得较好的效果。

心理训练的要领在于根据造成心理障碍的原因有针对性地选择训练方法，形成良好的心理素质。图 7-22 所示为克服心理障碍的方法。

（1）心理稳定法。教师初上讲台或在大会场所讲话，事先可采取多种方法使心理状态趋向稳定，如多做几次深呼吸，使呼吸与心跳趋向正常；慢慢喝水，慢慢咽下，稳定情绪，专心致志地考虑讲课或演讲内容；上台后不急于开口，扫视全场，待静场后再开讲。

很多人初次在大庭广众下讲话觉得紧张，目光无处可放或呆呆地望着某处不动，甚至会低头以躲避台下听众的目光，对此可通过目光接触来稳定心理。不要只探究别人目光的含义，而要用自己的目光去同别人交流，并尽量体会自己的目光是否体现出友好的交流感，如果这样训练仍然感到紧张，则也可以用虚视或扫视的办法来解决。

图7-22 克服心理障碍的方法

（2）自我心理暗示法。由于自我分析不当，期望值过高而形成自卑，可采用此法，有意识地做自我心理调节。例如，可以这样暗示：大家都是人，没什么好紧张的；我做了充分准备，交谈一定能成功。这样，可以帮助自己克服紧张心理。

具体做法：一是上讲台前闭上眼睛，扩张胸腔，深呼吸数次，心中暗暗说"我有把握讲清楚，会表现得比别人好"；二是目光向前平视，并自我暗示"只要我不慌，紧张一定就会消除""说话语速慢一些，语调坚决一点"。

（3）渐进训练法。如果在口语交际中，自卑心理障碍短时间内不能很快克服，也不必急躁，可以用渐进训练的方法，先从容易的事情做起，即使不显眼，也不要放过训练的机会，逐渐增强自信。

例如，第一次试教或演讲不成功，可以先从在自己班级（或小组）内讲一段话开始；与性格内向的人交往不成功，可以先从与性格开朗的人交往开始等。这些由易到难的训练，会使你发现自己并非不会上课，不会演讲，不会口语交际，然后在这个基础上逐渐提高口语表达难度和口语交际水平。

（4）强化训练法。因为性格内向而不爱讲话，或吐字不清、不善讲话而引起胆怯与自卑，则可采用此法，通过增加实践次数来取得效果。

以上介绍的这些方法不是独立的，可以有交叉，对于初上讲台的教师，刚踏入社会的年轻人，可以综合运用，以提高自己的心理素质。

4. 口语表达中心理沟通的方法

口语交际中的心理沟通，是争取对方密切协调配合的过程。对教师来说，能否与学生良好沟通，是教育口语和教学口语能否取得成效的关键之一。

口语交际中心理沟通的方法有倾听、认同、调控等。

（1）倾听。倾听是心理沟通的前提。倾听可以满足对方自尊的需要，为心理沟通创造有利的氛围。倾听的过程也是深入了解对方并考虑如何进一步做出反应的过程。因此，倾听不只是用耳朵去接收信息，必须耐心、虚心、会心地听，这就需要良好的心理素质。

（2）认同。建立认同心理，就是设法寻找谈话双方的共同语言，以求得心理上的接近与趋同。认同心理是相互沟通的基础。认同的方法有以下两种。

① 存异求同。沟通双方往往存在严重的分歧，这些分歧可以暂时搁置，双方可以先找一些比较接近的方面取得共识。待双方有了接近的气氛之后，再转入需要沟通的话题，效果要好得多，容易取得共识。

② 设身处地。先绕开敏感话题，设身处地为对方层层分析。当对方觉得你的确为他着想的时候，他在精神上就会处于松弛和开放的状态，也就可能较为客观地理解和评价你的观点，沟通的目的也就容易达到。

（3）调控。口语交际中的调控是指为达到控制说话主动权，以实现沟通心理、统一思想的目的而运用的言语技巧。对一些难以直说或不便单刀直入的问题，可以采取"曲径通幽"的办法，通过类比、推理等办法来达到心理沟通的目的，这叫作迂回诱导。

良好的心理素质、较强的沟通能力是现代人的良好素质的体现，也是幼儿教师必备的职业素质。幼儿教师要在长期的语言实践中形成自信的心理，掌握沟通的方法，才能更好地进行口语交际，顺利地开展教育教学活动。

（三）提升职业热情

1. 产生职业倦怠的原因

对于刚进入幼教行业的教师而言，需要身兼多种角色。如何在不同的社会角色之间自由转换，是新教师需要不断观察、反思和学习的。幼儿教师在面对幼儿、家长、同事、领导的时候需要扮演不同的角色，为人处事的方式方法也会很不一样，要想充分地适应一个新的工作环境并做到游刃有余还需要一个过程。

当需要独立面对一群幼儿，失去其他人的帮助时，幼儿教师经常会显得手足无措，甚至连基本工作都无法胜任。当他们需要面对不同类型的家长，可能会因为家长的强势、蛮横、极端或是不讲道理而无法继续开展工作。对于来自不同方面的压力和挑战，新教师往往会被弄得筋疲力尽，力不从心。也许刚入职时的冲劲和美好愿景会被现实击碎，职业热情一减再减。进入教师行业十几年的教师依然会产生职业倦怠感，主要原因有两方面，如图7-23所示。

1 ▶▶ 多年重复而单调的生活。幼儿教师工作环境和生活环境较为单一，家里家外做的事情雷同，个别教师回到家会失去耐性，对自己孩子的教育反而显得简单粗暴

2 ▶▶ 一线教师通过多年的打拼，精力、体力消耗很大，觉得自己不如刚参加工作的年轻老师那样有活力，又不如管理人员和专业教师那样有一种被人认同的社会地位，进而不能形成正确的价值观，工作信念也动摇了，严重的职业倦怠感便产生了

图7-23　产生职业倦怠的原因

2. 克服职业倦怠，激发职业热情

幼儿教师口语的魔力皆是源于爱。幼教行业需要每一位教师有吃苦耐劳和甘于奉献的精神。教师每天从早到晚跟幼儿待在一起，除了教学活动的准备和实施外，还要协助保育员照顾好幼儿的饮食起居，这对于任何一位幼儿教师而言都是体力、耐力和心理承受能力的考验。

因此，如果教师对幼教事业没有自己的一份坚持，对幼儿没有爱和包容，是很容易产生职业倦怠感的。一旦教师的职业热情褪去，教师的语言就会变得乏味、枯燥，缺少童真、童趣，这不仅不利于开展对幼儿的教育教学工作，更无助于幼儿的语言表达能力的培养和提高。提高教师口语表现力要从两个方面着手，如图 7-24 所示。

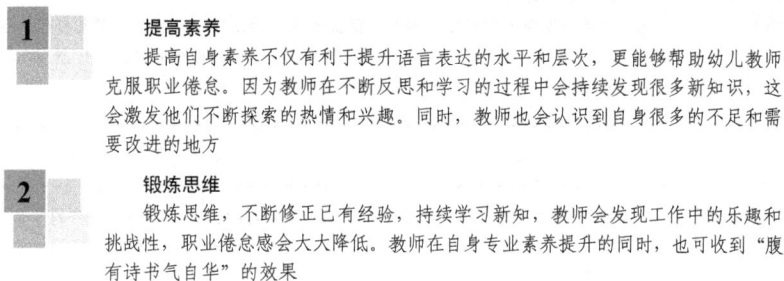

1 提高素养
提高自身素养不仅有利于提升语言表达的水平和层次，更能够帮助幼儿教师克服职业倦怠。因为教师在不断反思和学习的过程中会持续发现很多新知识，这会激发他们不断探索的热情和兴趣。同时，教师也会认识到自身很多的不足和需要改进的地方

2 锻炼思维
锻炼思维，不断修正已有经验，持续学习新知，教师会发现工作中的乐趣和挑战性，职业倦怠感会大大降低。教师在自身专业素养提升的同时，也可收到"腹有诗书气自华"的效果

图7-24　提高教师口语表现力

（四）提高普通话水平

1. 学为人师，言为示范

掌握和使用普通话是教师必备的专业素养之一。目前，幼儿园教师普通话水平相对其他职业的人群要高一些，但仍然会受到方言语调的影响。一般而言，3~6 岁是幼儿语言能力发展的黄金期。这一阶段的幼儿会以教师作为榜样和模仿对象，教师的一言一行时刻影响着幼儿。因此，注意语言的准确性和规范性可以为幼儿树立一个值得学习的标杆，对幼儿语言能力的发展大有裨益。具体来说，教师在运用语言时应注意以下三点，如图 7-25 所示。

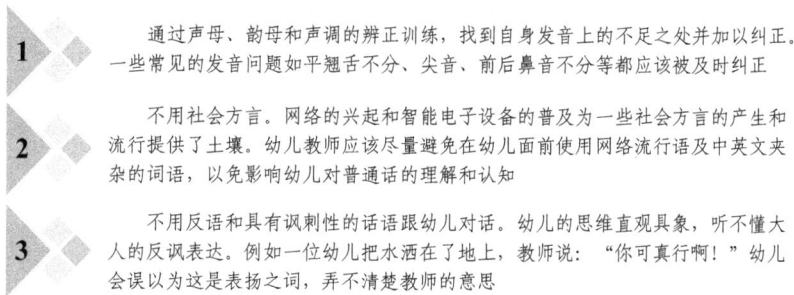

1　通过声母、韵母和声调的辨正训练，找到自身发音上的不足之处并加以纠正。一些常见的发音问题如平翘舌不分、尖音、前后鼻音不分等都应该被及时纠正

2　不用社会方言。网络的兴起和智能电子设备的普及为一些社会方言的产生和流行提供了土壤。幼儿教师应该尽量避免在幼儿面前使用网络流行语及中英文夹杂的词语，以免影响幼儿对普通话的理解和认知

3　不用反语和具有讽刺性的话语跟幼儿对话。幼儿的思维直观具象，听不懂大人的反讽表达。例如一位幼儿把水洒在了地上，教师说："你可真行啊！"幼儿会误以为这是表扬之词，弄不清楚教师的意思

图7-25　教师语言运用

2. 多听勤记，日积月累

普通话水平的提高有赖于反复地听、练、记。因为好多字音和声调都被生活的语言环境"约定俗成"了，以至于教师一直认为自己所读的音、调是正确的。例如晕血、蔗糖、压轴、口角、友谊、脾胃、夹子等，对于这一类的字词，需要教师不断地强化记忆。因为如果只是记一次两次，很难改变以前的错误印象，导致把正确的音和错误的音记混淆了，记来记去记住的还是错误的字音字调。因此，教师必须反复记忆，有意识地强化记忆，直到可以很熟练地掌握某些字

词的发音为止。

如何正音呢？有两个基本的途径和一个必备的法宝可供参考，如图 7-26 所示。

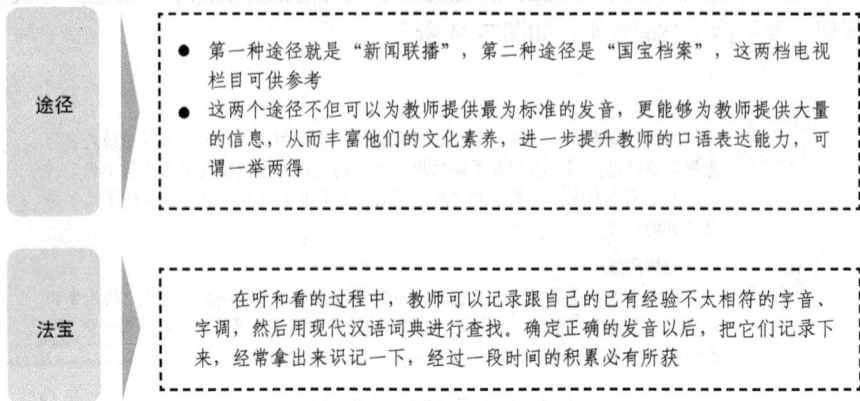

途径	● 第一种途径就是"新闻联播"，第二种途径是"国宝档案"，这两档电视栏目可供参考 ● 这两个途径不但可以为教师提供最为标准的发音，更能够为教师提供大量的信息，从而丰富他们的文化素养，进一步提升教师的口语表达能力，可谓一举两得
法宝	在听和看的过程中，教师可以记录跟自己的已有经验不太相符的字音、字调，然后用现代汉语词典进行查找，确定正确的发音以后，把它们记录下来，经常拿出来识记一下，经过一段时间的积累必有所获

图7-26　正音的途径和法宝

【思考与练习】

1. 简述单向交流中的问题及纠正的方法。
2. 什么是尖音？什么是团音？两者有何区别？
3. 幼儿教师应该如何控制自己的语速？

【拓展训练】

1. 以介绍"秋天的特征"为主要内容，编写教案。
2. 根据下列三种不同类型的家长设计谈话内容，要求谈话内容要有针对性。
一位是脾气暴躁的爸爸；一位是溺爱孙子的奶奶；一位是放任孩子的妈妈。